ブラジルの民衆舞踊
パッソの文化研究

神戸　周　KAMBE, Chikashi

溪水社

謝　辞

　本書は，筆者が 2018 年 1 月に早稲田大学大学院スポーツ科学研究科博士後期課程に提出した審査学位論文にその後入手した新たな情報を踏まえて加筆・修正を施したものである。本書の完成に至るまでには実に多くの方々のお力添えとご協力を賜ったにもかかわらず，この場ですべての方々のお名前を挙げて謝意を表することができないことをまずもってお詫び申し上げたい。

　筆者が 15 年以上に渡り細々と継続していたブラジル連邦共和国ペルナンブーコ州レシーフェのフレーヴォという民衆芸能に関する研究を早稲田大学大学院スポーツ科学研究科へ提出する審査学位論文としてまとめてみるようお勧めくださったのは寒川恒夫先生（元早稲田大学スポーツ科学学術院教授，現静岡産業大学経営学部特任教授）であった。先生は早稲田大学大学院スポーツ科学研究科博士後期課程に進学した筆者の研究指導教員をお務めくださり，当該論文の完成に向けて 3 年間懇切丁寧なご指導を行ってくださった。先生のお声掛けとご指導なくして筆者の拙い研究が審査学位論文という形に結実することはあり得なかった。先生の終始変わらぬお心遣いに対し，衷心より御礼を申し上げる次第である。そして，ご多忙中にもかかわらず，当該論文の副査をお引き受けくださった友添秀則先生（早稲田大学スポーツ科学学術院教授），中澤篤史先生（早稲田大学スポーツ科学学術院准教授）のご厚情に心からの謝意を表したい。小木曽航平先生（広島大学大学院教育学研究科准教授），田邊元先生（富山大学芸術文化学部講師），寒川先生が研究指導教員を務めていらっしゃった早稲田大学大学院スポーツ科学研究科大学院生の皆さんには，寒川研究室のゼミを通じて数々の有益なご助言を頂戴したことに深く感謝申し上げる。また当該論文作成中の筆者を折に触れ激励してくださった山口順子先生（津田塾大学名誉教授）の細やかなお心遣いに対して心より御礼を申し上げたい。

　当該論文を執筆するにあたり，2015 年 10 月から翌 16 年 9 月まで，筆

者はレシーフェで現地調査を行う機会に恵まれた。これは筆者の本務校である国立大学法人東京学芸大学が筆者に1年の研究専念期間を付与してくださったおかげである。この間，筆者の職務を代行してくださった東京学芸大学教育学部健康・スポーツ科学講座の教員各位に改めて感謝申し上げる。またその現地調査に先立ち，ブラジルにおける筆者の受け入れ先研究機関をお引き受けくださったジョアキン・ナブーコ財団，別けてもその窓口となりご対応くださったリタ・ヂ・カッシア・バルボーザ・ヂ・アラウージョ先生に心より御礼を申し上げたい。先生のお力添えがなければ，この現地調査は実現し得なかったであろう。

　そして筆者をフレーヴォという民衆芸能の研究へと誘ってくださった今は亡きメストレ・ナシメント・ド・パッソの御霊に衷心よりの感謝の意を捧げたい。彼との出会いがなければ，筆者はフレーヴォを長年に渡る研究対象とする切っ掛けさえ得られなかったであろう。更に筆者の現地調査を快く受け入れてくださったアナ・ミランダ校長を始めとするフレーヴォの市立学校の関係者の皆さん，そしてエドゥアルド・アラウージョ氏が代表を務めるパッソの戦士たちの関係者の皆さんに心より御礼を申し上げる。彼らの協力なくして当該論文は成立し得なかった。また一人一人お名前を挙げることはできないが，筆者の拙いポルトガル語による聞き取り調査にも嫌な顔一つせず真摯にご回答くださった数多くの現地レシーフェおよびオリンダの皆さんに心から感謝の意を表したい。彼らの発言内容が当該論文に厚みをもたらしてくれた。資料の閲覧に関しては，歴史的にも貴重な数々の文献の写真撮影をご許可くださったジョアキン・ナブーコ財団研究所図書館，パッソ・ド・フレーヴォ参考資料センター，そしてペルナンブーコ州立文書館に深く御礼を申し上げる。

　なお，1995年の訪伯以来，筆者のレシーフェでの宿泊先は常にホテル・ポウザーダ・カーザ・フォルチであったが，ホテル関係者の皆さんの一貫した親切なもてなしと静穏な環境が筆者の滞在を快適なものにしてくれたことを忘れることはできない。また，1993年以来，筆者のすべての訪伯において航空券と査証の手配を行い，その都度有益な情報を提供してくださった株式会社アルファインテルの歴代担当者の皆さんに心より御礼

を申し上げる。

　当該論文の単行本化をいち早くご提言くださったのは，株式会社溪水社の木村斉子氏であった。氏の細やかなお心遣いがなければ，当該論文がこのような形で世に出ることはなかったであろう。そのご尽力に対し深く謝意を表する次第である。

　最後に，今から30年近く前，筆者にブラジルへの関心を喚起してくれた畏友畠山修一氏，そして50歳代半ばを過ぎての審査学位論文提出，およびそれに伴う1年間のブラジルでの現地調査という筆者の我儘をむしろ後押ししてくれた家族に感謝したい。

　2019年11月

　　　　　　　　　　　　　　　　　　　　　　　　　　神戸　　周

目　次

謝辞 ·· i
掲載図表一覧 ·· viii
凡例 ·· x

序　章 ·· 3
第 1 節　研究の背景と目的 ·· 3
第 2 節　先行研究の検討 ··· 9
第 3 節　研究の方法と本書の構成 ··· 16
　序章　注 ··· 19
　序章　引用および参考資料 ··· 28

第 1 章　フレーヴォの誕生 ··· 31
第 1 節　レシーフェのカルナヴァルにおける祝祭形態の変遷 ····· 31
　第 1 項　エントゥルード―秩序無き祝祭 ··· 31
　第 2 項　仮面舞踏会と仮装行列―経済的富裕層のカルナヴァル ············· 33
　第 3 項　フレーヴォ―民衆のカルナヴァル ··· 36
第 2 節　フレーヴォという音楽 ··· 41
第 3 節　パッソと呼ばれるダンス ·· 45
第 4 節　本章のまとめ ··· 53
　第 1 章　注 ··· 55
　第 1 章　引用および参考資料 ·· 62

第 2 章　ナシメント・ド・パッソとフレーヴォ ···································· 67
第 1 節　ナシメント・ド・パッソの経歴 ··· 68
　第 1 項　その少年時代そしてフレーヴォとの出会い ································· 68
　第 2 項　パスィスタとしての経歴―街頭から舞台まで ····························· 72
　第 3 項　指導者としてのナシメント・ド・パッソ ···································· 76

第2節　ナシメント・ド・パッソの指導法 …………………………………… 81
　第1項　パッソの演技を構成する身体動作の収集と
　　　　　それぞれの身体動作への名称の付与 ………………………………… 82
　第2項　基本的な身体動作で構成されるルーティンの考案 ………………… 83
　第3項　ダンスクラスの参加者すべてが行う即興演技 ……………………… 91
　第4項　フレーヴォの音源とパッソの身体動作のみで
　　　　　構成されるダンスクラス ……………………………………………… 93
第3節　フレーヴォに及ぼしたその他の影響と
　　　　2003年以降の動向 ……………………………………………………… 94
　第1項　パスィスタの衣装の考案 ……………………………………………… 94
　第2項　ソンブリーニャの製作 ………………………………………………… 95
　第3項　カルナヴァル団体の街頭行進における
　　　　　パスィスタの位置付けの変化 ………………………………………… 97
　第4項　2003年以降のナシメント・ド・パッソの指導法の動向 …………… 99
第4節　パッソの実際 …………………………………………………………… 101
　第1項　パッソの演技を構成する身体動作 ………………………………… 102
　第2項　パッソの演技の実際 ………………………………………………… 106
第5節　本章のまとめ …………………………………………………………… 120
　第2章　注 ……………………………………………………………………… 122
　第2章　引用および参考資料 ………………………………………………… 134

第3章　フレーヴォの市立学校の活動実践 …………………………… 137
第1節　学校設立の目的とその運営目標 ……………………………………… 138
第2節　学校の施設と運営スタッフ …………………………………………… 140
第3節　学校の活動実践 ………………………………………………………… 142
　第1項　ダンスクラスにおけるパッソの指導 ……………………………… 142
　第2項　学校内に設置された舞踊団の活動 ………………………………… 160
　第3項　各種イベントにおけるパッソの実演 ……………………………… 170
第4節　本章のまとめ …………………………………………………………… 173
　第3章　注 ……………………………………………………………………… 174

第 3 章　引用および参考資料 ………………………………………… 181

第 4 章　フレーヴォの継承に向けた
　　　　　「パッソの戦士たち」の取り組み ……………………… 183
　第 1 節　組織結成の経緯 ………………………………………………… 184
　第 2 節　組織の活動目標 ………………………………………………… 186
　第 3 節　組織の活動実践 ………………………………………………… 186
　　第 1 項　一般市民に対するパッソの指導 …………………………… 187
　　第 2 項　ダンスグループとしての活動 ……………………………… 197
　　第 3 項　フレーヴォに関する研究活動 ……………………………… 201
　　第 4 項　カルナヴァル団体としての活動 …………………………… 203
　第 4 節　本章のまとめ …………………………………………………… 205
　　第 4 章　注 ……………………………………………………………… 207
　　第 4 章　引用および参考資料 ………………………………………… 216

終　章 …………………………………………………………………… 219
　第 1 節　結論 ……………………………………………………………… 219
　第 2 節　残された課題 …………………………………………………… 226

　引用および参考資料一覧 ………………………………………………… 229
　索引（事項） ……………………………………………………………… 237
　索引（地名） ……………………………………………………………… 244
　索引（人名） ……………………………………………………………… 246

掲載図表一覧

【図】

図0-1.	ブラジル概略図	3
図0-2.	レシーフェ市中心部	4
図0-3.	パッソ・ド・フレーヴォ外観	7
図1-1.	エントゥルード	32
図1-2.	劇場で開催される仮面舞踏会についての新聞記事	35
図1-3.	オリャ・オ・フレーヴォ	40
図1-4.	カルナヴァル団体の街頭行進でフレーヴォを演奏するオーケストラ	44
図1-5.	カポエイラ（街頭のならず者たち）	46
図1-6.	19世紀前半のカポエイラ術	47
図1-7.	カポエイラの打撃動作	51
図2-1.	ボイ・ド・カルナヴァル	70
図2-2.	1947年のカルナヴァルのパスィスタたち	71
図2-3.	ナシメント・ド・パッソらフレーヴォ実演者一行のサンパウロ公演を伝える新聞記事	74
図2-4.	民衆舞踊団の舞台で演じられるパッソ	80
図2-5.	フレーヴォの市立学校の副校長当時のナシメント・ド・パッソ	81
図2-6.	21世紀初頭のパスィスタの衣装とソンブリーニャ	96
図2-7.	カルナヴァルの街頭におけるパスィスタの位置付けの変化	98
図2-8.	カルナヴァル団体のコンテストで集団演技を披露するパスィスタたち	99
図3-1.	フレーヴォの市立学校外観	141
図3-2.	フレーヴォの市立学校のダンスクラス	155
図3-3.	フレーヴォの市立学校舞踊団の練習風景	163
図3-4.	フレーヴォの市立学校の生徒によるパッソの実演	172
図4-1.	パッソの戦士たちの新本部	185
図4-2.	パッソの戦士たちのダンスクラス	192
図4-3.	ダンスグループ「パッソの戦士たち」の実演	200
図4-4.	トロッサ・オ・インデセンチのエスタンダルチ	204

【表】

表1-1. フレーヴォの成立過程 ……………………………………… 54
表2-1. ナシメント・ド・パッソ略年譜 …………………………… 69
表2-2. 40種類の基本的な身体動作 ………………………………… 84
表2-3. 92種類の身体動作の分類 …………………………………… 104
表2-4. 独演に用いられた身体動作 ………………………………… 107
表2-5. 都合5分間の独演における身体動作の出現回数 ………… 111
表2-6-1. 独演における身体動作の種類数および延べ出現数（年齢別）…… 112
表2-6-2. 独演における身体動作の種類数および延べ出現数（性別）……… 113
表2-7-1. 独演における身体動作の姿勢別出現数（年齢別）……… 115
表2-7-2. 独演における身体動作の姿勢別出現数（性別）………… 117
表3-1. フレーヴォの市立学校の授業時間割（2007年8月現在）………… 145
表3-2. フレーヴォの市立学校の授業時間割（2011年8月現在）………… 147
表3-3. フレーヴォの市立学校の授業時間割（2016年8月現在）………… 149
表4-1. ダンスクラスへの月別延べ参加者数 ……………………… 189
表4-2. 年度別ダンスクラス開講数，延べ参加者数および
　　　　ダンスクラス1回当たりの平均参加者数 ………………… 190

凡　　例

1. 本研究で引用したポルトガル語ならびに英語の資料，そしてポルトガル語で行われた筆者による聞き取り調査の記録は，筆者がすべて日本語に翻訳した上でその内容を文中に掲載している。またそれら引用個所中の〔　〕内の表記は，著者ならびに発話者の意図をより明確にするため，筆者が便宜的に補足したものである。

2. 本文中の右丸括弧を付した小数字（【例】注1），注2），……）は筆者による注を示す。また本文中の角括弧を付した小数字（【例】[1], [2], ……）は引用および参考資料の出所を示す。なお注ならびに引用および参考資料は各章末に掲載してある。

3. ポルトガル語の日本語表記にはカタカナを用いているが，調査地ブラジルでの発音にできるだけ忠実であるあることを旨としつつも，筆者の判断で日本語に馴染むよう適宜修正を施してある（【例】「ヘスィーフィ」は「レシーフェ」，「ヒオ・ヂ・ジャネイロ」は「リオデジャネイロ」など）。

ブラジルの民衆舞踊パッソの文化研究

序　章

第 1 節　研究の背景と目的

　ブラジル連邦共和国（República Federativa do Brasil：以下単にブラジルと表記する）ペルナンブーコ（Pernambuco）州の首都レシーフェ（Recife）は，広大な南米大陸のほぼ最東端（南緯 8 度 3 分，西経 34 度 52 分）に位置し，2018 年時点で 163 万人余り[1]の人口を有する同国北東部屈指の商業港湾都市である（図 0-1 を参照）。ウラジミール・ケッペン（Wladimir Köppen）の気候区分では世界的にも余り例のない熱帯冬雨気候に分類さ

図 0-1．ブラジル概略図（筆者作成）

序　章　3

図 0-2. レシーフェ市中心部
(2016 年筆者撮影,カピバリーベ川からレシーフェ地区を臨む)

れ,4月から7月にかけて雨季を迎える。大西洋へ注ぐカピバリーベ (Capibaribe) 川の河口に広がる市の中心部には幾つもの橋が架かり,その優美な景観から「南米のヴェネチア」の異名を持つ (図 0-2 を参照)。海岸線に沿って沖合に連なる岩礁 (ポルトガル語でレシーフェと言い,これが地名の由来である) は天然の防波堤となり,ポルトガルの支配下にあった植民地時代以来,この地は大西洋を通じて遠くヨーロッパやアフリカへとつながる海の玄関口としての役割を果たしてきた。

ポルトガル語でノルデスチ (Nordeste) と呼ばれるブラジル北東部は,西暦1500年にポルトガル人の航海者が今日のバイーア (Bahia) 州南部に初上陸して以来18世紀半ばに至るまでブラジルにおけるポルトガル植民地経営の拠点であった。取り分け16世紀半ば以降,当時ヨーロッパで珍重されていた砂糖の生産が今日のバイーア州からペルナンブーコ州にかけての大西洋沿岸地域で軌道に乗ると,それらは極めて重要な海外領土と位置付けられた。ポルトガル人が入植して以降のペルナンブーコの文化形成

に関しては，当地出身の社会学者であるジルベルト・フレイレ（Gilberto Freyre）の古典的名著『大邸宅と奴隷小屋（Casa-Grande & Senzala：原著の刊行は1933年)』[2]に詳述されているが，その主たる担い手は支配層としてのポルトガル人，彼らが到着するはるか以前からこの地で生活していたブラジル先住民，そして砂糖生産の労働力としてアフリカから強制連行された黒人奴隷たちであった．

　フレイレが言及したこれら三つの文化的出自は，今日レシーフェの街頭で演じられる民衆芸能[注1]にも色濃く反映しているのが見て取れる．この地の民衆芸能は，ポルトガル人によりもたらされたローマ・カトリック教の祝祭において演じられるのを原則とするが，中でも最大の舞台は毎年2月上旬からから3月上旬にかけての時期に祝われるカルナヴァル（Carnaval）[注2]の街頭行進である．文化人類学者の荒井芳廣[3]は，レシーフェのカルナヴァルを「民俗のモザイク」と評し，その意味するところを「それぞれ別の歴史的起源と社会的基盤を有し，独自の様式を持つカルナヴァルの行列の種類が並立するという特徴が，リオ〔デジャネイロ〕[注3]やサルヴァドール[注4]に比して特に顕著」なことであると説明している．荒井が指摘する行列の多様性とは，その特徴によってクルーベ・ヂ・フレーヴォ（Clube de Frevo）やマラカトゥ・ナサゥン（Maracatu Nação）といった名称の下に分類される10種類余りのカルナヴァル団体を指す（文化人類学者のカタリーナ・レアウ（Katarina Real）[4]は1960年代前半のレシーフェのカルナヴァルに登場した団体を12種類[注5]に分類しているのだが，それからおよそ半世紀を経過した今日，その様相は幾分変化している[注6]）．

　本書では，今日のレシーフェのカルナヴァルを彩る代表的な民衆芸能の一つであるフレーヴォ（Frevo）[注7]に着目する．民俗学者のルイス・ダ・カマラ・カスクード（Luís da Câmara Cascudo）[5]は，その著作である『ブラジル民俗事典（Dicionário do Folclore Brasileiro）』の中でフレーヴォを「街頭およびサロンのダンス，ペルナンブーコのカルナヴァルにおける錯乱状態．シンコペーションを伴い，心に取り付く，性急で浮き立つようなリズムを主要な特徴とする行進曲．そして波打つ群集は，ダンスの動作を行いながら熱狂する」と説明しているが，この簡潔な記述を通してフレー

ヴォという言葉に込められた三つの意味を我々は読み解くことが可能である。すなわちフレーヴォとは，レシーフェのカルナヴァルにおいて街頭やサロンで踊られるダンス（第1章第3節で詳述するように，独特な身体動作を駆使して踊られるダンスとしてのフレーヴォは特にパッソ（Passo）と呼ばれる）であり，シンコペーションと性急で浮き立つようなリズムを特徴とする音楽であり，カルナヴァルの街頭に密集して波打つように熱狂する群集の態様である[注8]。本書では，このカスクードの説明を参考に，カルナヴァル団体の街頭行進という脈絡において演奏される音楽とそれに合わせて踊られるダンス，そして熱狂的な群集の存在を総合して民衆芸能としてのフレーヴォと解釈する。

　民衆芸能としてのフレーヴォは2007年2月に国立歴史芸術遺産院（IPHAN：Instituto do Patrimônio Histórico e Artístico Nacional）によってブラジル無形文化遺産[注9]に登録されたが，その後2012年12月には国際連合教育科学文化機関（UNESCO：United Nations Ecucational, Scientific and Cultural Organization）によって人類無形文化遺産[注10]にも登録されている。これらの事実からは，その登録に向けたレシーフェ市のフレーヴォという民衆芸能に対する並々ならぬ思い入れが伝わってくる。これに先立つ1996年3月にレシーフェ市はすでに市内在住の青少年にダンスとしてのフレーヴォ，すなわちパッソを指導するための学校（エスコーラ・ヂ・フレーヴォ（Escola de Frevo）：フレーヴォの学校の意。この学校については第3章で検討する）を設立しているのだが，フレーヴォの無形文化遺産としての価値がブラジル国内のみならず世界的にも認められたことを受け，2014年2月に同市はロベルト・マリーニョ財団（Fundação Roberto Marinho）と協力して市内中心部にパッソ・ド・フレーヴォ（Paço do Frevo：フレーヴォの宮殿の意）[注11]というフレーヴォの存続，普及そして発展に向けた教育と研究のための拠点となる文化施設を設立した（図0-3を参照：この施設は20世紀初頭に建設されて1973年まではWestern Telegraph Company（イギリス資本の電信会社）の社屋であった建物を改修したもので，その所在地は以下の通りである：Praça do Arsenal da Marinha, s.nº Bairro do Recife）。更に2016年8月にはリオデジャネイロ市で開催された第31回オリンピック競

図 0-3. パッソ・ド・フレーヴォ外観（2015 年筆者撮影）

技大会の閉会式でフレーヴォの演奏とパッソの演技が披露され，その映像が全世界に向けて発信されたことはまだ記憶に新しい[注12)]。

　筆者が初めてレシーフェを訪れ，フレーヴォという音楽とパッソというダンスに遭遇してその軽快な演技に魅了されたのは 1991 年 3 月のことであるが，それ以来およそ四半世紀の期間に限定しても，フレーヴォという民衆芸能を取り巻く状況が明らかに変化しているのはこれまでの記述からも明らかであろう。特にレシーフェ市が IPHAN にフレーヴォのブラジル無形文化遺産への登録申請を行うことになる 2006 年頃から，行政主導でこの民衆芸能の文化的価値を高めようとする方向性が顕在化したように思われる[注13)]。フレーヴォの文化的価値の向上は，一方で地元住民にこの民衆芸能に対する自覚と誇りを促すとともに，他方で対外的にはこの民衆芸能の観光資源としての価値を高める効果があると考えられる。音楽研究者のウーゴ・ポルデウス（Hugo Pordeus）[6] は，フレーヴォが誕生した歴史的経緯（これについては第 1 章で検討する）を踏まえ，その民衆芸能とレシ

序　章　7

ーフェのカルナヴァルとの密接な結び付きを改めて強調する。彼によれば，フレーヴォという音楽はカルナヴァルの時期にこそその演奏の頻度が格段に増大するが，それ以外の時期の演奏に対する需要は決して高くないという[注14]。翻ってこの指摘は，フレーヴォに合わせて踊られるパッソというダンスについても当てはまろう。すなわちウーゴ・ポルデウスの現状分析を援用すれば，レシーフェ市がパッソを指導する学校やパッソ・ド・フレーヴォという文化施設を設立した背景には，フレーヴォという民衆芸能をカルナヴァルという頸木から解き放ち，年間を通じてそれと触れ合える環境を確保しようとする企図を読み取ることができるのである。

　第1章第1節第3項で記すように，フレーヴォという言葉がレシーフェの新聞紙上に見出されるようになるのは20世紀初頭である。そしてフレーヴォについての小論を掲載した印刷物は，管見では，ペルナンブーコ・カルナヴァル連盟（Federação Carnavalesca Pernambucana）[注15]が刊行した『ペルナンブーコのカルナヴァル年鑑1938（Anuário do Carnaval Pernambucano 1938）』[7]を嚆矢とする。更に，フレーヴォという民衆芸能を構成する音楽とダンス（すなわちパッソ）に初めて焦点を当てた論考は，筆者の知る限り，1946年に刊行された『ラテンアメリカ音楽研究（Boletim Latino Americano de Música）』誌に掲載されているヴァウデマール・ヂ・オリヴェイラ（Valdemar de Oliveira）の『ペルナンブーコのフレーヴォとパッソ（O Frêvo e o Passo, de Pernambuco）』[8]である。これらを勘案するに，フレーヴォという民衆芸能が研究対象として俎上に上るのは1930年代を待たねばならず，その民衆芸能を構成するパッソというダンスに焦点を当てた研究が開始されるのは1940年代に入ってからであると考えられる。以来これまでに蓄積されたレシーフェのカルナヴァルおよびフレーヴォという民衆芸能に関する諸々の研究に可能な限り目を通したところ，この民衆芸能に焦点を絞ってその成立過程をカルナヴァルという枠組みの中で丹念に検証するという試みはなされていないことが判明した。また，パッソの検討に焦点を当てた研究は上記ヴァウデマール・ヂ・オリヴェイラの論考を含めて極めてその数が限られており，特にそのダンスを構成する身体動作や個々の身体動作を組み合わせた結果として成立するそ

の演技について分析を行った研究は皆無であった。このような状況に鑑み，本書では，レシーフェのカルナヴァルの街頭にフレーヴォという民衆芸能が出現する歴史的経緯を検証した上で，特にフレーヴォという音楽の演奏に合わせて踊られるパッソと呼ばれるダンスについて，その技術的側面および指導法の変容を中心に検討することを通じてこのダンスの今日的様相の一端を明らかにすることを目的とする。一外国人が長年に渡り現地の人々に協力を仰ぎながらの作業であったが，その結果としての本書がフレーヴォという民衆文化に関する新たな知見をいささかでも提供し，それとともに，これまで我が国ではほとんど知られていなかったブラジルの一地方文化についての情報を読者に届けることができるのであれば，筆者としてこれに勝る喜びはない。

第2節　先行研究の検討

　前節で述べた本書の目的を達するのに不可欠な先行研究は大きく二つに分けられる。すなわち一つはレシーフェのカルナヴァル史に関わるものであり，もう一つはパッソというダンスについて論じたものである。

　まず，レシーフェのカルナヴァル史に関しては，同地出身の研究者らによってすでにその全体像は提示されている。筆者が確認したレシーフェのカルナヴァルに関する最も古い文献は，前節でも取り上げたペルナンブーコ・カルナヴァル連盟の手になる『ペルナンブーコのカルナヴァル年鑑1938』という刊行物である。この中では，サムエウ・カンペーロ（Samuel Campelo），マリオ・セチ（Mário Sette），マリオ・メロ（Mário Melo），ヴァウデマール・ヂ・オリヴェイラといったその当時のレシーフェを代表する知識人がフレーヴォならびにこの地のカルナヴァルに関する小論を寄稿している[注16]のが目を引くが，それに留まらず，掲載されている商品の広告に至るまでその冊子全体から1930年代後半のカルナヴァルの実態がありありと浮かび上がる貴重な資料である。一方，1960年代前半のカルナヴァルで街頭行進を行う各種カルナヴァル団体に着目し，その実態を文化人類学的な手法を用いて描出したのがアメリカ人研究者のカタリーナ・レ

アウである。その成果は『レシーフェのカルナヴァルにおける民俗研究 (O Folclore no Carnaval do Recife)』[9]という著作に結実したが，彼女が残した克明な記録はその歴史的価値を有するのみならず，今日のレシーフェのカルナヴァル団体のあり様について論じる際にも，なおその比較対象としての重要性を失っていない。

　レシーフェのカルナヴァルの総体に関する歴史的研究として，二つの代表的な著作を挙げられよう。一つは，リタ・ヂ・カッシア・バルボーザ・ヂ・アラウージョ (Rita de Cássia Barbosa de Araújo) が著した『時代の仮面としての祝祭―レシーフェのカルナヴァルにおけるエントゥルード，仮面舞踏会そしてフレーヴォ (Festas：Máscaras do Tempo. Entrudo, Mascarada e Frevo no Carnaval do Recife)』[10]である。その副題が示す通り，この著作は，植民地時代から20世紀初頭までのレシーフェにおけるカルナヴァルの祝祭形態の変遷を，主として19世紀に発行された膨大な新聞記事や外国人旅行者の残した記録などの一次資料を手掛かりに解明しようとした労作であり，本書の第1章第1節の項目立て（第1項：エントゥルード―秩序無き祝祭，第2項：仮面舞踏会と仮装行列―経済的富裕層のカルナヴァル，そして第3項：フレーヴォ―民衆のカルナヴァル）は同書から着想を得ている。もう一つの著作は，レオナルド・ダンタス・シウヴァ (Leonardo Dantas Silva) の『レシーフェのカルナヴァル (Carnaval do Recife)』[11]である。こちらは，ジャーナリズムや文化行政にも精通した著者の経験と広範な資料に裏打ちされた博識に基づき，この地のカルナヴァルの歴史的実像をその祝祭形態，カルナヴァル団体，音楽，ダンス，運営組織など多面的に描写している。

　更に，レシーフェのカルナヴァル史を研究する上で欠かすことのできない二つの刊行物がある。一つは，民俗学者のマリオ・ソウト・マイオール (Mário Souto Maior) とレオナルド・ダンタス・シウヴァが編集を務めた『レシーフェのカルナヴァル選集 (Antologia do Carnaval do Recife)』[12]である。これは，19世紀初頭に二人の外国人が残した旅行記からの抜粋を含め，1897年から1990年までにブラジル在住の研究者および知識人（都合32名）がレシーフェのカルナヴァルに関して記した41の文章を集成し

たものである。編者の眼識に支えられたその内容の充実ぶりは言うに及ばず，今日その原典に当たることが難しい文章も含まれている点で，この書物は資料としての高い価値を有する。もう一つの刊行物は，エヴァンドロ・ラベージョ（Evandro Rabello）の編集による『浮かれ騒ぎの回顧録――ジャーナリストの眼差しから読み解くレシーフェのカルナヴァル（Memórias da Folia：O Carnaval do Recife pelos Olhos da Imprensa 1822-1925)』[13]である。これには，1822年から1925年までの時期にレシーフェの新聞紙上に掲載されたカルナヴァル関係の記事を選択・集成した資料集としての側面がある。19世紀前半から20世紀初頭にかけて発行された新聞の現物を閲覧することが難しい状況[注17]を勘案すれば，その掲載記事の分量が書物のページ数により制限を受けていることを割り引いても，レシーフェにおけるカルナヴァルの祝祭形態の変遷やフレーヴォの誕生について研究する上でこの書物の利用価値は高い。

　次に，フレーヴォの演奏に合わせて踊られるダンス，すなわちパッソについての研究であるが，前節で述べたように，こちらはその数が極めて限られている。「パッソ」および「パスィスタ（passista：パッソの踊り手の意）」という言葉が用いられたこのダンスに関する初めての著述は，管見の限り，医者，ジャーナリスト，劇作家そして音楽家として多岐に渡る活躍をしたヴァウデマール・ヂ・オリヴェイラ[14]の1938年のものである[注18]。その中で彼は，カルナヴァルの街頭でパッソに身を委ねる人々をパスィスタとして描写しているのであるが，恐らくこれは1900年生まれの彼が実際に目撃した情景であろう（残念ながら，いつ頃のカルナヴァルを描写したものなのか，その時期を特定する手掛かりは記されていない）。その後，音楽学者のクルト・ランゲ（Curt Lange）から依頼を受けたヴァウデマール・ヂ・オリヴェイラは，1946年に上述した『ペルナンブーコのフレーヴォとパッソ』という論文を『ラテンアメリカ音楽研究』誌に発表する。36ページに及ぶこの論文の中で，彼は音楽としてのフレーヴォとそれに合わせて踊られるパッソというそれまで前例のない研究対象について個別に論じるとともに，カルナヴァルの街頭における両者の不可分性を強調した（言葉では表し難い音楽やダンスの実際をわかりやすく説明するためで

あろう，この論文には数多くのフレーヴォの楽譜，およびパスィスタの身体動作を撮影した写真やその様子を描いた図画が幾つも挿入されている）。更に，この論文の骨子を踏襲しながらもその内容をより一層拡大・深化させた彼の著作が，1971年に発表された『フレーヴォ，カポエイラそしてパッソ (Frevo, Capoeira e Passo)』[15]である。その題名からもわかるように，この著作は三部構成である。第1部は，第1章でフレーヴォという民衆芸能の全体像を提示し，第2章から第4章では音楽としてのフレーヴォについて論述している。第2部では，第5章でパッソの源泉としてのカポエイラ術について，続く第6章でその武術を実践していたカポエイラたちについて検討している(注19)。そして第3部では，第7章および第8章を通じてパッソの詳細が語られる。本書の第1章第2節（フレーヴォという音楽）および第3節（パッソと呼ばれるダンス）はこの著作に啓発されている。1946年および1971年に発表されたこれら二つの著作物に見られる相違点として指摘すべきは，後者の巻末に「フレーヴォの衰退 (Declínio do Frevo)」という一節が付け加えられていることである（1940年代中葉とそれから四半世紀を経た1970年代初頭とではフレーヴォを取り巻く環境が大きく変化し，その民衆芸能自体も弱体化を余儀なくされている状況は，往時を知るこの研究者には痛恨の極みだったのであろう）。これら二つの著作をもって，ヴァウデマール・ヂ・オリヴェイラのフレーヴォ研究の第一人者としての地位は確立したと言える。『フレーヴォ，カポエイラそしてパッソ』の刊行から半世紀近い年月が経過した今日においてもなお，フレーヴォという民衆芸能を研究しようとする者にとって，この書物は知識と着想の源泉としての重要性を失っていない。

　フレーヴォに焦点を絞った研究としては，ジャーナリストであるルイ・ドゥアルチ (Ruy Duarte) が1968年に発表した『フレーヴォの社会史 (História Social do Frevo)』[16]も一読を要する著作である。この中で彼は，フレーヴォという現象がなぜペルナンブーコで発生することになったのか，その歴史的背景を丹念に検証するとともに，1940年代以降リオデジャネイロからもたらされたエスコーラ・ヂ・サンバ (Escola de Samba：本章の注3を参照のこと) の増殖によって招来された1960年代のフレーヴォ

という民衆芸能の弱体化について言及している。パッソについての記述も見受けられるが，こちらは上述したヴァウデマール・ヂ・オリヴェイラによる 1946 年の『ペルナンブーコのフレーヴォとパッソ』という論文[17]にその内容の多くを依拠しており，そこから特に新たな知見は見出せない。

　1971 年にヴァウデマール・ヂ・オリヴェイラが『フレーヴォ，カポエイラそしてパッソ』を発表して以降のパッソの研究は，その多くがダンス研究者の手でなされている。筆者の手元にある最も古い資料は，レオナルド・ダンタス・シウヴァが 1978 年に編集した『リズムとダンス：フレーヴォ（Ritmos e Danças：Frevo）』[18]という小冊子である。この中では 20 種類のパッソの身体動作[注20]が写真入りで例示されているのだが，文字によるその説明はダンス研究者のジュランディ・アウステルマン（Jurandy Austermann）が担当し，写真のモデルは 20 世紀後半を代表するパッソの踊り手にして指導者としても有名なナシメント・ド・パッソ（Nascimento do Passo：彼の人物像とその業績については本書の第 2 章で詳述する）が務めている。これと時期を同じくして 1977 年には，ペルー人研究者のカルメーラ・オスカノーア・デ・カルデナス（Carmela Oscanoa de Cárdenas）がレシーフェ市内の教育施設で就学前の幼児を対象に音楽としてのフレーヴォとパッソの身体動作を教材とした授業実践を行っている。この授業実践も含め，1 年余りのレシーフェ滞在中に彼女が行ったその地の民衆芸能に関する研究成果は，それから 4 年後の 1981 年に『教育における民俗芸能の活用：就学前教育におけるフレーヴォ（O Uso do Folclore na Educação：O Frevo na Didática Pré-escolar）』[19]という書物として発表された。彼女の教育実践は，1970 年代後半という時期の就学前教育にフレーヴォという音楽とパッソというダンスを活用しようとした画期的な取り組みとして評価されよう（しかしながら，1991 年に始まる筆者のこれまでのレシーフェでの調査において，現地の学校教育のカリキュラムの中にフレーヴォなどの民衆芸能が学習内容として明確に位置付けられているという話は聞いたことがない[注21]）。なお，この著作の序文でナシメント・ド・パッソへの謝辞が述べられていることから，この授業実践で用いられたパッソの身体動作に関しても何らかの形で彼からの情報提供が行われた可能性がある。

次いで，パッソに関わる重要な研究に数えられるのは，ダンス研究者であるマリア・ゴレーチ・ロッシャ・ヂ・オリヴェイラ（Maria Goretti Rocha de Oliveira）が1993年に発表した『1970年から1988年までのレシーフェにおける公衆のための見世物としての民衆舞踊（Danças Populares como Espetáculo Público no Recife de 1970 a 1988)』[20]という著作であろう。この題名が示す通り，この中で著者は1970年代から1980年代にかけてのレシーフェにおける民衆舞踊の見世物化（舞台化）について論じているのだが，本書との関わりで言えば，「パッソの歴史的回顧（Retrospectiva Histórica do Passo）」と題された第5章では，カルナヴァルの街頭で自発的・即興的に踊られていたパッソの技能を競うコンテストの開催がこのダンスの見世物化（舞台化）に少なからぬ影響を及ぼしたこと，そして第6章「レシーフェにおけるパッソの学校化と学識化の過程：Processo de Escolarização e Eruditização do Passo no Recife」[注22]では，パッソが「学校」という社会的装置を介して指導される対象となったことに言及している点が注目される。特に第6章にはパッソの普及に向けた1970年代のナシメント・ド・パッソの精力的な活動が記されており，彼の人物像とその業績に迫るための貴重な手掛かりを与えてくれる。

　今世紀に入り，パッソの研究に関わってナシメント・ド・パッソの活動実践に言及する論考の発表が相次いだ。まず，ダンス指導者であるジュリアーナ・アメリア・パエス・アゾウベウ（Juliana Amelia Paes Azoubel）が2007年にアメリカ合衆国のフロリダ大学（University of Florida）に提出した『ブラジル，ペルナンブーコ州におけるフレーヴォならびに現代舞踊の状況―伝統の100年間を検証する（Frevo and the Contemporary Dance Scene in Pernambuco, Brazil：Staging 100 Years of Tradition)』[21]という学位論文を挙げることができる。この論文は，その第1章の冒頭（p. 15）で記されているように，「1907年から2007年までのペルナンブーコの街頭および劇場で演じられたダンス様式としてのフレーヴォ〔すなわちパッソのこと〕の形式化と展開について検討した」ものであり，「この〔ダンス様式の〕伝統の発展と保存に対する民衆芸術家たち〔その代表者の一人がナシメント・ド・パッソに他ならず，彼はこの論文の主たる研究対象ともなっている〕

の貢献を論証するために歴史的研究と民族誌学的調査が行われた」のであった。次に，民衆舞踊家のルセリア・アウブケルケ・ヂ・ケイロース（Lucélia Albuquerque de Queiroz）が 2009 年にレシーフェのフラシネッチ単科大学（Faculdade Frassinetti do Recife）の大学院課程に提出した『パッソの戦士たち─抵抗のための増殖（Guerreiros do Passo：Multiplicar para Resistir）』[22] という研究論文がある。この論文の著者は，ナシメント・ド・パッソの長年に渡る教え子であるとともに，本書の第 4 章でその活動実践についての詳細を検討することになる「パッソの戦士たち（Guerreiros do Passo：2005 年の設立以来，ナシメント・ド・パッソの教えを胸に一般市民に対するパッソの普及に向けた活動を継続している）」という組織を立ち上げた当事者でもある。そのような著者の経歴を踏まえれば，ナシメント・ド・パッソおよび「パッソの戦士たち」の活動実践を明らかにする上で欠かすことのできない文献である。最後に取り上げるのは，振付家にしてダンス研究者でもあるアナ・ヴァレリア・ヴィセンチ（Ana Valéria Vicente）が 2009 年に発表した『つま先とかかとの間で─レシーフェにおいてフレーヴォはどのように国民，国家そしてダンスを演出したのか（Entre a Ponta de Pé e o Calcanhar：Reflexões sobre Como o Frevo Encena o Povo, a Nação e a Dança no Recife）』[23] という著作である。この中で著者は，1990 年代に初演された三つのダンス作品[注 23] に着目し，その中に組み込まれているパッソの身体動作を分析することにより，それらの作品を成立させている思想的背景が「均質的な共同体としての国家という理想化（a idealização da nação como comunidade homogênea）」と伝統的に結び付いていることを指摘する。本書との関わりで重要なのは，現代芸術としてのダンス作品にパッソの身体動作が組み込まれるようになるその原点を踊り手および指導者としてのナシメント・ド・パッソの活動実践に求めていることである（なおヴィセンチは，2015 年にジオルダーニ・ヂ・ソウザ（Giorrdani de Souza）と共同で『フレーヴォ─学習と指導のために（Frevo：para Aprender e Ensinar）』[24] という著作を公表しているが，その刊行物の最大の特徴は，パッソの身体動作を身体運動学的また運動生理学的手法を用いて分析し，その結果を，身体に大きな負荷の掛かるこのダンスの安全な実践に役立てようとした

ことであろう。管見では,このように自然科学的な視点からパッソを扱った研究は存在しないので,今後このダンスの指導現場への応用が期待される)。

第3節　研究の方法と本書の構成

　本書の序章は,第1節で「研究の背景と目的」を明らかにし,第2節において「先行研究の検討」を行った上で,第3節では「研究の方法と本書の構成」について説明する。そして本書の本論に当たる部分は,以下に記す四つの章で構成される。

　「フレーヴォの誕生」と題された第1章では,レシーフェのカルナヴァルにフレーヴォという民衆芸能が出現する歴史的経緯を,序章第2節に掲げた先行研究ならびに19世紀中葉から20世紀初頭にかけてレシーフェで発行された新聞各紙の掲載記事を主たる拠り所に検証する。第1節「レシーフェのカルナヴァルにおける祝祭形態の変遷」では,植民地時代にポルトガルからもたらされたエントゥルード（Entrudo）と呼ばれる無秩序で破壊的な祝祭が,帝政期（1822-1889）にその当時のヨーロッパのカルナヴァルを模した経済的富裕層による屋内での仮面舞踏会および街頭での仮装行列を経て,やがて20世紀初頭には民衆[注24]を担い手としたフレーヴォと呼ばれる街頭での熱狂的な祝祭形態が出現するに至る経緯,すなわちフレーヴォという民衆芸能が成立する過程を明らかにする。第2節「フレーヴォという音楽」では,19世紀後半に軍楽隊が演奏した行進曲やその当時流行していた民衆音楽を母体として,フレーヴォ,より正確には後にフレーヴォ・ヂ・ルア（Frevo de Rua：街頭のフレーヴォの意,第1章の注26および注28を参照）と呼ばれるダンス音楽が誕生するに至る経緯について検証する。そして第3節「パッソと呼ばれるダンス」において,このダンスの源泉が19世紀後半にレシーフェの街頭で暴力的な騒動を繰り返したカポエイラの実践していた武術（カポエイラ術）にあるとする従来の定説を再検証する。

　「ナシメント・ド・パッソとフレーヴォ」と題された第2章では,20世紀後半を代表するパッソの名手にしてこのダンスの指導者としても有名な

ナシメント・ド・パッソの半世紀に渡る活動実践を詳らかにするとともに，パッソというダンスを構成する身体動作およびそれを組み合わせることで成立するパッソの演技について検討する。特にナシメント・ド・パッソに着目するのは，彼が学校という場を設定してそこで実践するパッソの指導法を考案した最初の人物に他ならず，その影響は故人となった今なおパッソ指導の現場に及んでいると考えるからである。第1節「ナシメント・ド・パッソの経歴」，第2節「ナシメント・ド・パッソの指導法」そして第3節「フレーヴォに及ぼしたその他の影響と〔ナシメント・ド・パッソがフレーヴォという民衆芸能の表舞台から姿を消した〕2003年以降の動向」では，序章第2節で列挙した数々の先行研究の記述，彼の活動を取り上げた新聞記事や彼に対するインタビュー記事，そして1999年から2016年まで都合8回行われた筆者による現地調査で得られた参与観察および聞き取り調査（その中には短時間ではあったがナシメント・ド・パッソ本人へのインタビューも含まれている）の記録などを手掛かりに，彼の活動実践の解明を目指す。また第4節「パッソの実際」では，2003年に筆者が実施した現地調査の折にナシメント・ド・パッソに協力を仰ぎ数日をかけて撮影したビデオ映像を主たる情報源として分析することにより，パッソの技術的側面，すなわちこのダンスを構成する個々の身体動作を特定してその類型化を試みるとともに，それらを組み合わせた結果として成立する演技についてその特徴の抽出を試みる。なお，パッソのビデオ映像を用いたこれら一連の分析には前例がなく，本書に独自の試みである。

「フレーヴォの市立学校の活動実践」と題された第3章では，序章の第1節でも言及したフレーヴォの学校（Escola de Frevo：レシーフェ市が1996年3月に設立し，現在は「フレーヴォの市立学校マエストロ・フェルナンド・ボルジェス（Escola Municipal de Frevo Maestro Fernando Borges）」と改称されている。以下本書では便宜的に「フレーヴォの市立学校」と表記する）について検討する。この学校に着目するのは，この学校が，レシーフェ市という大規模な地方自治体を運営母体とする安定した財政基盤を背景に，その設立以来パッソの継承と普及を一貫して推進する中核的な教育機関であるからに他ならない。第1節「学校設立の目的とその運営目標」では，この

学校の設立目的，そして設立当初の運営目標と 2008 年 5 月時点のそれとの相違点を，レシーフェ市役所（Prefeitura do Recife）のウェブサイト[25]に掲載された情報を用いて明らかにする。第 2 節「学校の施設と運営スタッフ」では，2007 年 8 月および 2016 年 8 月時点の実態を，いずれもその当時のこの学校の校長に対して筆者が実施した聞き取り調査の記録から明らかにする。そして第 3 節「学校の活動実践」では，主として以下の二つの情報源に基づいてその実態の解明を試みる。一つは 2007 年 8 月，2011 年 8 月および 2016 年の 4 月から 8 月にかけて実施した校長を始めとするこの学校の関係者に対する筆者による聞き取り調査の記録であり，またもう一つは 2007 年 8 月，2011 年 8 月および 2015 年 10 月から翌 16 年 9 月までの現地調査期間中にこの学校で筆者が行った参与観察の記録である。なお，筆者が調査した限りでは，この学校の活動に焦点を絞った先行研究は存在しなかった。

「フレーヴォの継承に向けた『パッソの戦士たち』の取り組み」と題された第 4 章では，2005 年にナシメント・ド・パッソの教え子たちによって結成されたパッソの戦士たちという組織について検討する。筆者がこの組織に着目するのは，後述するように，2003 年以降フレーヴォの市立学校では実践されなくなってしまったナシメント・ド・パッソの指導法をこの組織が一貫して継続していることによる。第 1 節「組織結成の経緯」および第 2 節「組織の活動目標」では，いずれも序章第 2 節で言及したルセリア・アウブケルケ・ヂ・ケイロースの論文を拠り所に，なぜこの組織が結成されたのか，そしてその結成時に掲げられた組織の活動目標とはいかなるものであったのかを明らかにする。続く第 3 節「組織の活動実践」では，2009 年 9 月，2011 年 8 月および 2015 年 10 月から翌 16 年 9 月までの現地調査期間中にこの組織の関係者に筆者が実施した聞き取り調査の記録，そして筆者がその活動現場に足を運んで行った参与観察の記録，更にこの組織のウェブサイト[26]に掲載された情報を主たる資料として，その活動の実態の解明を試みる。なお，筆者の知る限り，この組織の取り組みに光を当てた先行研究は，序章第 2 節に挙げたルセリア・アウブケルケ・ヂ・ケイロースの論文のみであった。

最後に終章では，上記第 1 章から第 4 章までの議論を踏まえ，フレーヴォという民衆芸能が 20 世紀初頭に誕生して以来パッソというダンスはパスィスタ同士の眼差しの交換，すなわち互いの演技の直接的な観察を通じて受け継がれてきたこと，その後 20 世紀後半を代表するパスィスタであるナシメント・ド・パッソがパッソ指導のための自らの学校を設立してそこでの指導法を確立したこと，そしてその彼がこの民衆芸能の表舞台を去って後のフレーヴォの市立学校に見られるように彼の指導法には修正が施されていること，その一方でパッソの戦士たちのようにナシメント・ド・パッソの指導法を忠実に実践する者たちもいること，すなわちパッソというダンスの継承方法の多様化について指摘するとともに，それと歩調を合わせるようにそのダンスの演技の場にも広がりが生じつつある現状を指摘して第 1 節「結論」とする。そして本研究の過程で浮かび上がった主要な問題点を第 2 節「残された課題」で述べ，論を閉じる。

序章　注

注 1)　本書では，レシーフェで用いられる「エスペタクロス・ポプラーレス（Espetáculos Populares：民衆的な見世物の意)」というポルトガル語に「民衆芸能」という訳語を充てている。

注 2)　我が国では慣用的に「カーニバル」と表記されるが，本書ではブラジルの公用語であるポルトガル語の発音に準じて「カルナヴァル」と表記する。なお，カルナヴァルの日程は各年の復活祭（春分以降の最初の満月に続く日曜日）をさかのぼって決定される。復活祭に先立つ日曜日を除いた 40 日間を四旬節と呼び，これは灰の水曜日に始まる。この直前の日・月・火の 3 日間が宗教暦上のカルナヴァルである。復活祭の移動に伴い，カルナヴァルも 2 月上旬から 3 月上旬にかけての時期を毎年移動する。

注 3)　ブラジル南東部リオデジャネイロ（Rio de Janeiro）州の首都（1763 年から 1960 年までおよそ 200 年間はブラジルの首都でもあった)。ブラジルを代表する国際観光都市であり，2018 年時点の人口はおよそ 668 万人。この地のカルナヴァルの最大の呼び物は，ブラジル国外ではこの国を代表する国民的な音楽またダンスと考えられているサンバ（Samba）を演じながらパレードを行うエスコーラ・ヂ・サンバ（Escola de Samba）と総称されるカルナヴァル団体のコンテストであり，このコンテストの様子はいわゆる「リオのカーニバル」として我が国でも広く知られている。1920 年代にリオデジャネイロで誕生したエスコーラ・ヂ・サンバは 1930 年代にはレシーフェでも結成されるに至る。そして第 2 章第 1 節第 2 項で述べるように，1960

年代にはレシーフェのカルナヴァルにおいてクルーベ・ヂ・フレーヴォのような他の種別の生え抜きのカルナヴァル団体をその数で圧倒するまでに増大した。

注4) ブラジル北東部バイーア州の首都（リオデジャネイロへ遷都された1763年まで植民地ブラジルの首都であった）。レシーフェと同様に商業港湾都市であり，2018年時点の人口はおよそ285万人。サルヴァドール（Salvador）のカルナヴァルは市内の目抜き通りを舞台とした民衆参加型の街頭行進（カルナヴァル団体の街頭行進に民衆が同行する）を呼び物にしている。

注5) 12種類の団体とは以下の通り：1）クルーベ・ヂ・フレーヴォ，2）トロッサ（Troça），3）ブローコ（Bloco），4）クルーベ・ヂ・アレゴリーア・イ・クリチカ（Clube de Alegoria e Crítica），5）エスコーラ・ヂ・サンバ，6）ナサゥン・アフリカーナ（Nação Africana：マラカトゥ・ナサゥンと同義），7）マラカトゥ・フラウ（Maracatu Rural），8）カボクリーニョス（Caboclinhos），9）トリーボ・ヂ・インヂオ（Tribo de Índio），10）ウルソ（Urso），11）ボイ・ヂ・カルナヴァル（Boi de Carnaval），12）トゥルマ（Turma）。

注6) 今日レシーフェ市はカルナヴァルの期間中に市内複数の大通りを会場にしてカルナヴァル団体のパレードのコンテストを開催しているのだが，そのコンテストは以下に記す11の団体種別ごとに競われる：1）クルーベ・ヂ・フレーヴォ，2）クルーベ・ヂ・ボネーコ（Clube de Boneco），3）トロッサ，4）ブローコ・ヂ・パウ・イ・コルダ（Bloco de Pau e Corda：ブローコと同義），5）エスコーラ・ヂ・サンバ，6）マラカトゥ・ヂ・バッキ・ヴィラード（Maracatu de Baque Virado：マラカトゥ・ナサゥンと同義），7）マラカトゥ・ヂ・バッキ・ソウト（Maracatu de Baque Solto：マラカトゥ・フラウと同義），8）カボクリーニョス，9）トリーボ・ヂ・インヂオ，10）ウルソ，11）ボイ・ヂ・カルナヴァル。また，カルナヴァル団体ではないが，アフォシェー（Afoxé）と呼ばれるアフリカ系の集団も1980年代以降レシーフェのカルナヴァルで存在感を示している。

注7) 上記注6に列挙したカルナヴァル団体の中で1）から4）までがフレーヴォという民衆芸能に関わっている。更に補足すれば，1）から3）までが第1章第2節で言及するフレーヴォ・ヂ・ルア（Frevo de Rua）という音楽を，また4）がフレーヴォ・ヂ・ブローコ（Frevo de Bloco）という音楽を演奏する（第1章の注26および注28を参照）。そして1）から3）までが第1章第3節で詳述するパッソ（Passo）と呼ばれるダンスに関わっている。他方，4）で演じられるダンスはエヴォルサゥン（Evolução）と呼ばれ，そのゆったりと空間を移動する動作が特徴である。

注8) 件のルイス・ダ・カマラ・カスクードも参照したフランシスコ・アウグスト・ペレイラ・ダ・コスタの著作（PEREIRA DA COSTA, F.A. (1976) *Vocabulário Pernambucano* (2ª ed.) Recife：Governo do Estado de Pernambuco; Secretaria de Educação e Cultura, p. 368.）の中でフレーヴォは「興奮，喧騒，混乱，雑踏；カルナヴァル〔の街頭〕におけるように反対方向に行き来する群集の中での押し合いへし合い」と説明されている。日本語では『ペルナンブーコ用語集』と訳されるこの書物

の初版が刊行されたのは，その著者が1923年に亡くなって後，1937年のことであった。そのためこのフレーヴォという言葉の説明は，1910年代中葉の新聞記事（そして恐らくはそれ以前の著者自身の実体験）に基づいており，その当時まだこの言葉には音楽およびダンスとしての意味は付与されていなかったことがわかる。

注9）　IPHANのウェブサイト（http://portal.iphan.gov.br/pagina/detalhes/62：2017年6月23日参照）によれば，フレーヴォとは「ペルナンブーコ州レシーフェ市およびオリンダ市〔Olinda：レシーフェ市の北側に隣接する〕に深く根付いた音楽的，舞踊的そして詩的な表現形態（uma forma de expressão musical, coreográfica e poética densamente enraizada em Recife e Olinda, no Estado de Pernambuco）」である。なお2002年から2017年までにIPHANによって登録されたブラジル無形文化遺産はフレーヴォを含めて41件を数える。

注10）　UNESCOのウェブサイト（https://ich.unesco.org/en/RL/frevo-performing-arts-of-the-carnival-of-recife-00603：2017年6月23日参照）によれば，フレーヴォとは「主としてレシーフェのカーニバル期間中に演じられる音楽とダンスから成るブラジルの芸術表現（a Brazilian artistic expression comprising music and dance, performed mainly during the Carnival of Recife）」である。なお2008年以来2017年までにUNESCOによって登録されたブラジルの人類無形文化遺産はフレーヴォを含めて5件を数える。

注11）　この施設の設立は，ブラジル無形文化遺産へのフレーヴォの登録をIPHANに申請するため，レシーフェ市が作成した説明書類（PREFEITURA DO RECIFE (2006) *Dossiê de Candidatura: Frevo — Patrimônio Cultural Imaterial do Brasil*, Recife: Prefeitura do Recife, p. 123.）の中ですでに計画されていた。そこには以下のような記述がある：

　　レシーフェ市はロベルト・マリーニョ財団と協力し，広く市民社会に提供される諸々の活動を通じて人々がフレーヴォについて研究し，学習し，情報を得，理解を深めることができる場所，すなわち「フレーヴォの空間（Espaço do Frevo：この時期にはまだ具体的な施設名が決まっていなかったようである）」を設置すべく努力している。その場所に選ばれた建物は収用の最終段階にある。IPHANによって歴史的景観保全地区に指定されたレシーフェ旧市街（Recife Antigo）に位置するその建物は，全面的に改修を施され，計画された諸々の活動を収容するとともに，その第一の役割，すなわちペルナンブーコで最も重要な文化的表明の一つであるフレーヴォを保護するという役割を果たすために準備が行われる予定である。

　この施設の設立にあたっては，レシーフェ市の他にもペルナンブーコ州政府や国立経済社会開発銀行（BNDES）など複数の支援組織から，現地通貨で1,320万レアル（この施設が開館した2014年2月時点の為替相場で換算するとおよそ5億8,500万円に相当する）の資金が拠出された。この施設のウェブサイト（http://www.pacodofrevo.org.br/：2017年7月1日参照）の冒頭には「レシーフェ地区に設立さ

れたパッソ・ド・フレーヴォはフレーヴォに関する普及，研究，娯楽の提供，そしてフレーヴォというダンスと音楽の教育のための施設である」と記されており，またこの施設の共同設立者であるロベルト・マリーニョ財団のウェブサイト（http://www.frm.org.br/acoes/paco-do-frevo/：2017年7月1日参照）には，この施設について「フレーヴォの歴史を刻んできた，あるいは現在刻みつつあるカルナヴァル団体，芸術家そして著名人に対し，特別展示あるいは常設展示を通じて光が当てられる。また新たな音楽家や専門家を養成するために，パッソ・ド・フレーヴォはその内部にダンス教育部門（Escola de Dança）および音楽教育部門（Escola de Música）を設置する。同じくこの施設に設置された参考資料センター（Centro de Documentação Maestro Guerra Peixe）ではフレーヴォに関するこれまでの各種資料を閲覧できる。更にこの施設には録音スタジオおよびオンライン・ラジオの設備がある」との説明がある。なおパッソ・ド・フレーヴォの管理・運営を委託されているのは，開発運営協会（IDG：Instituto de Desenvolvimento e Gestão）という非営利団体であるが，この団体が作成した当該施設の2014年の管理・運営に関わる報告書（IDG（2015）*Relatório Anual de Prestação de Contas Ano 01-2014: Paço do Frevo Contato de Gestão NR 294*, p. 15.）によれば，この施設が開館された2014年2月9日から同年12月29日までの有料来場者数は105,242人を数える。そして2014年7月1日から同年8月15日まで実施された519名の来場者（当該期間の総来場者数のおよそ3％に相当）を対象とした対面による聞き取り調査では，調査対象者のおよそ90％がブラジル人であり，またブラジル人調査対象者の60％がペルナンブーコ州の住民であったという。筆者はこの施設の意義について以下の二点を特に指摘するものである。すなわち，ペルナンブーコ州内外から年間を通じて訪れる数多くの観光客にフレーヴォという民衆芸能への理解を深めるための効果的な情報を提供すること，そしてこの民衆芸能の関係者（音楽家・舞踊家・研究者・カルナヴァル団体主宰者など）が随時足を運んで交流できる拠点としての役割を果たすことである。

注12）　この閉会式では，スポッキ・フレーヴォ・オーケストラ（Spok Frevo Orquestra）が「ヴァソウリーニャスのマルシャ第1番（Marcha no.1 de Vassourinhas）」（この曲目については第1章第2節で改めて言及する）を演奏し，それに合わせて14名の女性の踊り手たちがパッソを演じた。この出来事は，フレーヴォがブラジルを代表する民衆芸能の一つであることをすでに国内では認知されているという証左であろう。そしてこの閉会式が全世界の人々にフレーヴォという音楽とパッソというダンスを認識してもらうための空前絶後の舞台であったことも間違いなかろう（なお"orquestra"というポルトガル語をその発音に忠実に日本語表記しようとすれば「オルケストゥラ」となるが，本書では我が国の慣用に従って「オーケストラ」と表記することにする）。

注13）　レシーフェ市が2007年にフレーヴォのブラジル無形文化遺産への登録を目指したのは，その年がフレーヴォの誕生から丁度100年の節目に当たっているとの認識があったことも関係していよう。第1章第1節第3項で述べるように，フレーヴォと

いう言葉がレシーフェの新聞紙上に初めて登場したのは 1907 年 2 月 9 日であった。そのためレシーフェでは 2007 年は「フレーヴォの誕生 100 周年（Centenário do Frevo）」であるとの認識が共有されていた。なお，レシーフェ市は 1992 年に制定された条例第 15,628 号によって 2 月 9 日を「フレーヴォの日（Dia do Frevo）」と定めている（PREFEITURA DO RECIFE (2006) p. 14.）。

注 14）　フレーヴォの演奏需要がカルナヴァルの時期だけに著しく偏っていることは，専門的なフレーヴォの演奏家が育ちにくい環境であることを示している。筆者がウーゴ・ポルデウスに対し 2015 年 12 月 2 日に実施した 2 回目の聞き取り調査に際してフレーヴォという音楽の専門教育の現状について質問したところ，彼は以下のように回答した：

> この自然発生的に民衆の間で誕生した〔フレーヴォという〕音楽に関して，元来我々はその指導法も，また音楽としてそれを指導するための学校も持ち合わせていなかった。その状況は学校〔第 3 章で検討するフレーヴォの市立学校を指す〕を設立してパッソを指導しているダンスの領域とは対照的だ。一般的にフレーヴォの演奏を望む者は，いずれかのオーケストラに加わって活動することを通じて，フレーヴォの演奏のみならず，それを作曲することまでも学んだ。フレーヴォという音楽の教育はこのように学校教育の外部で行われていた。1990 年頃から数多くのマエストロ（maestro：作曲家・オーケストラの指揮者の意）たちがフレーヴォの教授法について考え始め，音楽学校にフレーヴォを演奏するオーケストラを結成するという試みもなされた。この学校〔ウーゴ・ポルデウスが教鞭をとるペルナンブーコ音楽学校（Conservatório Pernambucano de Música）〕では今日フレーヴォという音楽に関する専門教育を行っているが，まだ一般的にはフレーヴォの音楽教育が明確な位置付けを与えられているとは言い難い。

また筆者は，2015 年 10 月から翌 16 年 9 月までのレシーフェ滞在中に，本章の注 12 で言及したスポッキ・フレーヴォ・オーケストラを率いるマエストロ・スポッキ（Maestro Spok：本名はイナウド・カヴァウカンチ・ヂ・アウブケルケ（Inaldo Cavalcante de Albuquerque））に聞き取り調査を行う機会を得た（2016 年 3 月 22 日実施）。その際，レシーフェでフレーヴォの作曲家や演奏家として生計を立てることは難しいかという筆者の問い掛けに対し，彼は以下のように回答した：

> 難しい。我々のオーケストラもフレーヴォの演奏活動を行っているが，財政的にはそれだけで生計が立てられる状況にはまだない〔今日のレシーフェで最も有名なフレーヴォのマエストロの一人であり，カルナヴァルに限らず年間を通じて数多くの演奏活動を行っている彼のこの発言は筆者には極めて意外なものであった〕。個人的にその他の仕事もしなければならない。具体的にはソロの音楽活動，交響楽のコンサート，ワークショップの開催などである。〔中略〕我々のオーケストラの他の構成員も各自が個人的に様々な活動を行っている。とは言え，オーケストラとしての活動がその中心であることは間違いない。〔フレーヴォの作曲家や演奏家として活動する上での困難を解消する方策はあると思うかという筆者

の問い掛けに対して〕あると思う。それは学校という場を活用することであり，その際に鍵となるのは子どもたちだ。学校教育の中で子どもたちに，フレーヴォ，マラカトゥ〔・ナサゥン Maracatu Nação：アフリカ系の打楽器音楽〕，カボクリーニョス〔Caboclinhos：ブラジル先住民の音楽，打楽器と縦笛で演奏される〕などのペルナンブーコの音楽について教えるのだ。人間は自分の知らないものを好きになることはできない。子どもたちが興味を抱くためには，まずその対象について知らねばならない。〔聴衆の数が増えることで，フレーヴォの作曲家や演奏家の仕事も増大するということかという筆者の問い掛けに対して〕その通りだ。それによってすべてがよい方向へと向かうだろう。この問題の解決策は他にもあるだろうが，最も重要な手立ては子どもたちへの教育だろう。

なお，マエストロ・スポッキによれば，ブラジルの公立の初等・中等学校で音楽教育は基本的に行われていないという。このような状況はダンス教育についても当てはまろう。それ故，フレーヴォのような民衆芸能は学校教育の外部，すなわちその担い手たちが暮らす地域社会の中で継承されざるを得なかった。翻ってこのような状況は，ブラジルのみならず我が国の郷土芸能にも当てはまろう。

注15）　レオナルド・ダンタス・シウヴァ（SILVA, Leonardo Dantas（1991）"Elementos para a História Social do Carnaval do Recife" In SOUTO MAIOR, Mário e Leonardo Dantas SILVA (eds.) (1991) *Antologia do Carnaval do Recife*, Recife: Editora Massangana, p. LXX.）によれば，20世紀初頭以来数十年間に渡り，クルーベ・ヂ・フレーヴォと総称されるカルナヴァル団体間に存在した対抗意識が街頭行進の最中の暴力沙汰へと発展することが，警察当局そして市内各地区のカルナヴァルの組織委員会責任者たちの懸念材料であり続けたという（この問題については第1章第1節で改めて検討する）。このような状況を改善するとともにレシーフェのカルナヴァルの更なる発展を期して，1935年1月3日にこの地の財界人および知識人の呼び掛けで開催された会合（これにはレシーフェのほとんどすべてのカルナヴァル団体の代表者が参加したという）においてペルナンブーコ・カルナヴァル連盟の創設が決定された。この団体の規約の第1章は「連盟およびその目的について」であるが，その第1条と第2条には以下のように記されている（FEDERAÇÃO CARNAVALESCA PERNAMBUCANA（1938）*Anuário do Carnaval Pernambucano 1938*, Recife: Federação Carnavalesca Pernambucana, sem página.）：

第1条—1935年1月3日にレシーフェ市で創設されたペルナンブーコ・カルナヴァル連盟は，現存するカルナヴァル団体，および将来的に結成されて加盟するであろうカルナヴァル団体，そして加盟を希望するあらゆる娯楽的で芸術的な団体によって組織される。その本部はレシーフェ市内に置かれ，存続期間は特に定めない。

第2条—その主要な目的は以下の通りである：

Ⅰ—すべての加盟団体間の調和を求めること。

Ⅱ—カルナヴァルに参加する団体に毎年公平な助成金を分配すること。

Ⅲ―より相応しいやり方で登場したカルナヴァル団体に賞金を授与すること。
　　Ⅳ―観光を発展させること。
　　Ⅴ―歴史的および教育的な伝統主義に基づいてカルナヴァルを形作ること。その際，我々の習慣，我々の歴史の型，そして我々を教育する出来事を復活させること。
　　Ⅵ―その保存のための支援を受けるに値するフレーヴォに損害の無きよう，交通規制を行うべく行政当局と協力すること。
　　Ⅶ―ラジオ放送や映画といったメディアを活用するとともに，〔州内〕内陸部諸都市および近隣諸州にペルナンブーコのカルナヴァルの宣伝活動を行うための委員会を組織すること。

この規約から読み取れるように，1930 年代にはレシーフェのカルナヴァルそしてフレーヴォという民衆芸能の価値がレシーフェの財界人や知識人の間にも共有されていた。ジャーナリストにしてフレーヴォの研究者であるジョゼ・テリス（José Teles）の記すところでは，「フレーヴォ〔という祝祭形態〕が〔レシーフェの〕中産階層および富裕層から受け入れられたのは，ようやく 1930 年代中葉以降であった」（TELES, José（2015）*O Frevo Gravado: De Borboleta não é Ave a Passo de Anjo*, Recife: Bagaço, p. 36.）。また 1930 年代および 40 年代前半のレシーフェのカルナヴァルについて研究したマリオ・リベイロ・ドス・サントス（Mário Ribeiro dos Santos）は，ペルナンブーコ・カルナヴァル連盟が創設された 1935 年以降，カルナヴァルのための公的予算の再配分はこの組織を通じて行われるようになったという事実に言及するとともに，ペルナンブーコ・カルナヴァル連盟の州政府やレシーフェ市当局との結び付きが「〔この組織に〕権限を保障し，この組織と〔それに加盟する〕カルナヴァル団体との間に不均等な〔支配と従属の〕関係性を構築した」と指摘する（SANTOS, Mário Ribeiro dos（2010）*Trombones, Tambores, Repiques e Ganzás: A Festa das Agremiações Carnavalescas nas Ruas do Recife（1930-1945）*, Recife: SESC, pp. 141-142.）。その後 1950 年代中葉までレシーフェのカルナヴァルの運営はペルナンブーコ・カルナヴァル連盟によって担われたが，1955 年にその当時のレシーフェ市長がカルナヴァルを公的行事として位置付ける旨の条例第 3,346 号を裁可したことを受け，その運営はレシーフェ市の資料および文化部門（Departamento de Documentação e Cultura）の手に移ることとなった（SILVA（1991）, In SOUTO MAIOR e SILVA（eds.）（1991）p. LXXXII.）。以来今日に至るまで，当地のカルナヴァルの運営はレシーフェ市の主導で行われている。

注 16）　この刊行物に寄稿された小論は以下の通り：サムエウ・カンペーロ『誰がフレーヴォを発明したのか（Quem Foi Que Inventou o Frêvo?）』，マリオ・セチ『エントゥルードとフレーヴォ（Entrudo e Frêvo）』，マリオ・メロ『フレーヴォの起源と意味（Origem e Significado do Frêvo）』そしてヴァウデマール・ヂ・オリヴェイラ『パッソ―ペルナンブーコのカルナヴァルのダンス（O "Passo": Dansa Carnavalesca Pernambucana）』。これらの題目からもこの当時のレシーフェのカルナヴァルにおけ

るフレーヴォの重要性が窺い知れよう。

注17) 2016年5月5日の午前中，19世紀中葉から20世紀初頭にかけて発行された地元紙を閲覧する目的で，筆者はレシーフェ市内中心部サント・アントニオ（Santo Antônio）地区にあるペルナンブーコ州立文書館（Arquivo Público Estadual de Pernambuco：所在地は Rua do Imperador, 371）を訪れた。以下はその際に筆者が記したフィールドノーツからの抜粋である：

> 古い建造物である。建物横手の屋外階段を上がったところに入口があった。その外観から想像したよりも建物の内部は天井が高く広々としており，古色蒼然とした図書館の趣がある。〔中略〕この施設の研究員であるデボラ・クレベール（Débora Kleber）氏によると，ここにはこれまでにペルナンブーコで発行されたすべての新聞が収蔵されているとのこと。試みにフレーヴォという言葉が初めて新聞紙上に掲載された1907年2月のヂアリオ・ヂ・ペルナンブーコ紙（Diário de Pernambuco）の閲覧を希望したところ，この年代の新聞は紙面の劣化が著しく極一部を除いて一般の閲覧希望者の利用に供することはできないとのことであった。〔中略〕またこの施設に収蔵されている図書以外の資料に関しては，データベース化されていないためキーワードを用いて検索を行うことができないそうである。そのため利用者は閲覧したい紙名とその発行年月日をあらかじめ調べた上で閲覧を希望しなければならない。なお閲覧した資料を写真撮影することは可能であるとのことであった。

注18) フレーヴォの演奏に合わせて踊られるダンスをいつ頃からパッソと呼ぶようになったのかを本書で明らかにすることはできなかった。筆者の確認した限りであるが，その意味で用いられたパッソという言葉を文字資料に初めて見出したのは，1935年にその初版が刊行されたマリオ・セチの『蒸気機関車とマラカトゥ（Maxambombas e Maracatus）』においてであった（SETTE, Mário (1981) *Maxambombas e Maracatus* (4ª ed.) Recife：Fundação de Cultura Cidade do Recife, p. 52.)。このことから遅くとも1930年代中葉までには，フレーヴォの演奏に合わせて踊られるダンスにパッソという呼称が用いられていたと考えられる。なおこのパッソという呼称の由来について，ヴァレリア・ヴィセンチ（Valéria Vicente）は，「〔19世紀末から20世紀初頭にかけて〕フレーヴォを踊ることはステップを踏むこと（fazer o passo）と言われていた，そしてそのことがやがてパッソと命名されるフレーヴォのダンスにその名称を付与した」と説明している（VICENTE, Valéria (2007) "Ensaiando o Passo" *Continente Documento*, 54: 26-30.)。

注19) カポエイラ（capoeira）というポルトガル語は，アフリカ由来の武術の名称であると同時にその武術の実践者をも意味する。そこで混乱を避けるため，本書では，この武術の実践者（更に限定すれば，19世紀後半から20世紀初頭のレシーフェの街頭でこの武術を用いて暴力的な騒動を繰り返したアフリカ系のならず者たち）を指して「カポエイラ」という語を用い，武術それ自体には「カポエイラ術」という言葉を充てることとする。

注20) 本書の第2章第4節では，パッソを「個別の運動単位（そのそれぞれに名称が付されている）を踊り手が自在に組み合わせることによって成立するダンス」と見立てて分析を行う。その際，それら個別の運動単位もパッソという語で代用される場合があることから，用語上の混乱を避けるため，本書では個別の運動単位には「身体動作」という言葉を充てることとする。なお，パッソというダンスに関する筆者のこの見立ては，本書の第2章第2節で検討するナシメント・ド・パッソの指導法を通じて着想したものであるが，後日，序章第2節で言及したヴァウデマール・ヂ・オリヴェイラの著作の中にこの見立てと類似した解釈を見出した。彼はパッソを以下のようにとらえているのである：
> 純粋にレシーフェ的な意味におけるパッソとは〔中略〕オーケストラの演奏する鋭く金属的なフレーヴォに合わせてレシーフェのカルナヴァルの街頭で演じられる独舞を特徴付ける身体動作 (passos) の集合体 (conjunto) である (OLIVEIRA (1971) p. 61.)。

注21) 序章第1節でも触れたように，レシーフェ市は1996年3月にパッソの指導に特化した学校（フレーヴォの学校：Escola de Frevo）を設立したが，これは一般の市立学校とは行政上の位置付けやその運営目標が明確に異なる。筆者はこれまで，フレーヴォを含めた民衆芸能を継承する役割を既成の学校教育に求めてその観点から学校教育と民衆芸能との関わりを検討することはしてこなかった。更に言えば，レシーフェでの民衆芸能の継承はそのほとんどすべてが学校教育の外部で行われているという認識に立って研究を進めてきたのである。そのため，現時点において筆者は学校教育と民衆芸能との関わりについて何らかの見解を表明できる立場にはおらず，この問題は必要に応じて今後の研究課題としたいと考える。

注22) ここで言う「学校化 (escolarização)」とは，既成の学校教育の中にパッソを教材として導入するということではなく，パッソの実践者が不特定の生徒を対象にしてそのダンスを指導する形態の開始されたことを意味する。また「学識化 (eruditização)」とは，ブラジルの代表的なポルトガル語辞典 (FERREIRA, Aurélio Buarque de Holanda (1999) *Novo Aurélio Século XXI: O Dicionário da Língua Portuguesa* (3ª ed.) Rio de Janeiro：Editora Nova Fronteira.) にも掲載されていない単語であるが，ここではパッソが学術研究（具体的にはフレーヴォという音楽に合わせて踊られるパッソというダンスが心身に及ぼす治療的効果についての言及がある）の対象にもなっていることを踏まえて著者が用いたものと考えられる。

注23) バレ・ブリンカンチス・ヂ・ペルナンブーコ (Balé Brincantes de Pernambuco) という団体が1991年に上演した『プロスィサウン・ドス・ファラーポス (Procissão dos Farrapos：この作品については本書の第3章第3節第2項で改めて言及する)』，バレ・ポプラール・ド・レシーフェ (Balé Popular do Recife) およびバレ・ブラズィリカ (Balé Brasílica) という団体（前者については本書の第2章第1節第3項で改めて言及する）が1992年に上演した『オ・ロマンセ・ダ・ナウ・カタリネータ (O Romance da Nau Catarineta)』，そしてグルポ・グリアウ (Grupo Grial) という団体

が 1998 年に上演した『ア・デマンダ・ド・グラアウ・ダンサード（A Demanda do Graal Dançado)』である。
注 24）　ここでは「民衆」という言葉を，19 世紀末から 20 世紀初頭にかけての都市労働者層，およびカポエイラと呼ばれたアフリカ系のならず者，売春婦，浮浪者といった社会的に周縁化された者たちも含め，カルナヴァルの街頭に徒歩で集うような人々を指して用いている。

序章　引用および参考資料

[1]　Website do IBGE（Instituto Brasileiro de Geografia e Estatística：ブラジル地理統計院）(https://cidades.ibge.gov.br/v4/brasil/pe/recife/panorama：2018 年 10 月 10 日参照)

[2]　フレイレ，ジルベルト〈鈴木 茂 訳〉(2005)『大邸宅と奴隷小屋──ブラジルにおける家父長制家族の形成』(全 2 巻) 東京：日本経済評論社.

[3]　荒井芳廣（1992）「レシフェのカルナヴァルと黒人フォークロアの形成」，中牧弘允（編）(1992)『陶酔する文化──中南米の宗教と社会』東京：平凡社，p.88.

[4]　REAL, Katarina (1990) *O Folclore no Carnaval do Recife* (2ª ed.) Recife: Editora Massangana.

[5]　CASCUDO, Luís da Câmara (1993) *Dicionário do Folclore Brasileiro* (7ª ed.) Belo Horizonte e Rio de Janeiro: Editora Itatiaia Limitada, p. 346.

[6]　筆者によるウーゴ・ボルデウスへのインタビュー（2015 年 11 月 2 日実施）

[7]　FEDERAÇÃO CARNAVALESCA PERNAMBUCANA (1938) *Anuário do Carnaval Pernambucano 1938*, Recife: Federação Carnavalesca Pernambucana.

[8]　OLIVEIRA, Valdemar de (1946) "O Frêvo e o Passo, de Pernambuco" *Boletim Latino Americano de Música*, 6: 157-192.

[9]　REAL (1990) *op.cit.*

[10]　ARAÚJO, Rita de Cássia Barbosa de (1996) *Festas: Máscaras do Tempo. Entrudo, Mascarada e Frevo no Carnaval do Recife*, Recife: Fundação de Cultura Cidade do Recife.

[11]　SILVA, Leonardo Dantas (2000) *Carnaval do Recife*, Recife: Prefeitura da Cidade do Recife; Fundação de Cultura Cidade do Recife.

[12]　SOUTO MAIOR, Mário e Leonardo Dantas SILVA (eds.) (1991) *Antologia do Carnaval do Recife*, Recife: Editora Massangana.

[13]　RABELLO, Evandro (ed.) (2004) *Memórias da Folia: O Carnaval do Recife pelos Olhos da Imprensa 1822-1925*, Recife: Funcultura.

[14]　OLIVEIRA, Valdemar de (1938) "O Passo: Dansa Carnavalesca Pernambucana" In FEDERAÇÃO CARNAVALESCA PERNAMBUCANA (1938) *op.cit.*, sem página.

[15]　OLIVEIRA, Valdemar de（1971）*Frevo, Capoeira e Passo*, Recife: Companhia Editora de Pernambuco.
[16]　DUARTE, Ruy（1968）*História Social do Frevo*, Rio de Janeiro: Editora Leitura.
[17]　OLIVEIRA, Valdemar de（1946）*op.cit.*, pp. 180-183.
[18]　SILVA, Leonardo Dantas（ed.）（1978）*Ritmos e Danças: Frevo*, Recife: Governo do Estado de Pernambuco; MEC-FUNARTE. Contém um disco com seis frevos-de-rua.
[19]　CÁRDENAS, Carmela Oscanoa de（1981）*O Uso do Folclore na Educação: O Frevo na Didática Pré-escolar*, Recife: Editora Massangana.
[20]　OLIVEIRA, Maria Goretti Rocha de（1993）*Danças Populares como Espetáculo Público no Recife de 1970 a 1988*, Recife: O Autor.
[21]　AZOUBEL, Juliana Amelia Paes（2007）*Frevo and the Contemporary Dance Scene in Pernambuco, Brazil: Staging 100 Years of Tradition*, A Thesis Presented to the Graduate School of the University of Florida in Partial Fulfillment of the Requirements for the Degree of Master of Arts.
[22]　QUEIROZ, Lucélia Albuquerque de（2009）*Guerreiros do Passo: Multiplicar para Resistir*, Monografia Apresentada Junto ao Curso de Pós-graduação em Cultura Pernambucana da Faculdade Frassinetti do Recife.
[23]　VICENTE, Ana Valéria（2009）*Entre a Ponta de Pé e o Calcanhar: Reflexões sobre Como o Frevo Encena o Povo, a Nação e a Dança no Recife*, Recife: Editora Universitária da UFPE.
[24]　VICENTE, Valéria e Giorrdani de SOUZA（2015）*Frevo: para Aprender e Ensinar*, Olinda: Editora da Associação e Revista; Recife: Editora UFPE.
[25]　レシーフェ市役所のウェブサイト（http://www.recife.pe.gov.br/）
[26]　パッソの戦士たちのウェブサイト（http://www.guerreirosdopasso.com.br/）

第1章　フレーヴォの誕生

　本章では，レシーフェのカルナヴァルにフレーヴォという民衆芸能が出現する歴史的経緯を，序章第2節に掲げた先行研究ならびに19世紀中葉から20世紀初頭にかけてレシーフェで発行された新聞各紙の掲載記事を主たる拠り所に検証する。なお，序章第2節に記したように，この時期の新聞の現物は現地レシーフェでも直接手に取って確認することができなかったため，その情報の多くを，エヴァンドロ・ラベージョ（Evandro Rabello）の編集による資料集的刊行物[1]，またレオナルド・ダンタス・シウヴァ（Leonardo Dantas Silva）[2]およびリタ・ヂ・カッシア・バルボーザ・ヂ・アラウージョ（Rita de Cássia Barbosa de Araújo）[3]の著作に依拠している。

第1節　レシーフェのカルナヴァルにおける祝祭形態の変遷

第1項　エントゥルード―秩序無き祝祭

　四旬節の始まる灰の水曜日に先立つ3日間を浮かれ騒ぐカルナヴァルは，エントゥルード（Entrudo）[注1]と呼ばれる無秩序で破壊的な祝祭形態としてポルトガルから植民地時代のブラジルへともたらされた。レオナルド・ダンタス・シウヴァ[4]の指摘するところでは，早くも16世紀末の宗教裁判所の記録にペルナンブーコのとある砂糖農園におけるエントゥルードの際の違反行為（四旬節が始まる灰の水曜日に豚肉を食したということ）が記されているという。エントゥルードの羽目を外した無軌道ぶりは，宗教関係者のみならず植民地の官憲当局も見過ごしにはできなかったようで，17世紀の初頭以来およそ200年の間に幾度となくこの祝祭形態を禁止す

図 1-1. エントゥルード

る旨の布告が発せられている。しかしながら，そのように繰り返される布告にも継続的な有効性は乏しく，1822年にポルトガルから独立してブラジル帝国へと国家体制が移行して後も，19世紀の中葉に至るまで，相変わらずエントゥルードはこの地のカルナヴァルに受け継がれる非日常的な気晴らしの一形態であり続けた（図 1-1[注2]を参照）。なお，都市部でのこの気晴らしは「社会的に差異化された二つの特殊な場，すなわち公的空間〔街頭〕と私的空間〔経済的富裕層の邸宅〕において行われ」[5]ていたが，フレーヴォという民衆芸能に着目する本書では，その検討対象を前者で繰り広げられたものに限定する。

1837年2月6日付けのヂアリオ・ヂ・ペルナンブーコ紙（Diário de Pernambuco：以下 DP 紙と略す）は，「エントゥルード」と題された記事の中で，水を仕込んだ球状の物体を街頭でぶつけ合うカルナヴァルの気晴らしについて触れ，そのように無作法な悪習がレシーフェのカルナヴァルを台無しにしていると批判した。また1844年2月14日付けの DP 紙は，

「とんがり頭巾の神父（O Padre Carapuceiro）」という愛称で知られるミゲウ・ド・サクラメント・ロペス・ガマ（Miguel do Sacramento Lopes Gama）がエントゥルードについて記した「カルナヴァルという我らの妄想（Os Nossos Devaneios do Carnaval）」という論評を掲載している。その中で彼は，「文明と知性の進歩を謳歌するレシーフェ市民が，この19世紀においてなお，エントゥルードの3日間になるとあらゆる思慮分別を無くしてしまう」と慨嘆する。およそ労働とは縁遠い淑女たちさえもがこの3日間に限っては「髪を振り乱し狂乱したバッカスの巫女」さながらに，男女入り乱れた街頭で「水，泥そしてあらゆるがらくた類」を互いに投げつけ合うのである。このように常軌を逸したエントゥルードの気晴らしは「深刻な疾病の原因ともなり，また憎悪や敵愾心と結び付いて殺人にまで発展する」こともまれではなかった。ペルナンブーコでは，ポルトガルから独立を成し遂げる半年余り前の1822年2月16日，当時その地域を支配下に置いていた暫定政府がエントゥルードに対する禁止命令を発している。しかしながら，その後も数十年に渡ってこの無秩序で破壊的な祝祭形態が繰り返されたであろうことは，上記DP紙の掲載記事からも容易に推察されよう[注3]。カルナヴァルに関する著作物も多いクラウヂア・リマ（Cláudia Lima）[6]は，ブラジルの独立が時の指導者層の間に風紀上好ましからぬエントゥルードの根絶に向けた機運を醸成する大きな転機になったと述べ，更に独立を契機として主要都市で続々と創刊された新聞（1825年創刊のDP紙もその一つである）がその方向に市民の意識を誘導するのに重要な役割を果たしたと指摘する。

第2項　仮面舞踏会と仮装行列―経済的富裕層のカルナヴァル

ヨーロッパの社交界を模倣した仮面舞踏会（Baile de Máscaras）は，独立後の新たなカルナヴァルの祝祭形態としてブラジルの経済的富裕層の間でも人気を博した。カルナヴァルの期間中に仮面舞踏会が初めて開催されたのは1840年2月20日，会場は帝国の首都リオデジャネイロのとあるホテルであった。独立して後も衰えることのない経済的富裕層のヨーロッパに対する憧憬の念を反映してか，その舞踏会の広告文には「カルナヴァル

の際にヨーロッパで行われているような仮面舞踏会」[7]という文句が踊る。そのような舞踏会は「ヴェネチア，ニースあるいはパリのカルナヴァル」[8]を模したものであった。一方，レシーフェのカルナヴァルにおける初期の仮面舞踏会に関する記事が1845年2月13日付けのDP紙に掲載されている。この舞踏会が開催されたのは，豪壮な邸宅が立ち並ぶマダレーナ（Madalena）地区の一角であった。この記事の筆者は，仮面舞踏会を「我が県〔ペルナンブーコ〕では全く目新しい無邪気な気晴らし」であると好意的に評価し，その特徴を「秩序，慎ましさ，歓喜，趣味のよさ」という言葉で表現した。このように穏やかな論調の背景として，カルナヴァルの期間中に相変わらず街頭で繰り返されていた粗暴なエントゥルードとの意識的な対比を読み解くことが可能であろう。レシーフェの経済的富裕層の間に新たに定着したカルナヴァルの祝祭形態としての仮面舞踏会は，やがて私邸の大広間から当時の代表的な社交場であった劇場へと主たる開催場所を移動することにより，その規模と公共性を拡大させた（図1‐2[注4]を参照）。経済的富裕層を対象に屋内で開催される仮面舞踏会，そして経済的貧困層を中心に街頭で繰り返される無秩序で破壊的なエントゥルード，経済力の格差に由来する対照的な祝祭形態の並存が19世紀中葉のレシーフェのカルナヴァルを特徴付けていると言えよう。

　1850年代になるとこの状況に更なる変化が確認できる。すなわち経済的富裕層は仮面舞踏会が行われていた屋内を飛び出し，未だ荒々しいエントゥルードの気風が残る街頭での仮装行列へと祝祭の場を拡大するのである。1853年2月14日付けのDP紙は，その年のカルナヴァルにおいて仮装者たちによる「徒歩，騎馬そして馬車を連ねての華々しい街頭行列」が行われ，彼らの着用した「衣装の豪華さと奇抜さ」がその場に居合わせた人々の目を楽しませたと報じている。しかしながらその記事の末尾には，仮装行列を目掛けて水をまき散らす不届き者がおり，仮装者の一人が剣を抜いてその男に反撃したと記されている。ここには経済的富裕層の仮装行列と民衆的なエントゥルードとの交錯が見て取れるのだが，例えば1859年3月8日付けのDP紙がカルナヴァルの期間中に街頭を占拠した仮装者たちの並々ならぬ熱気を伝えたように，やがて前者は後者に取って代わる

図1-2. 劇場で開催される仮面舞踏会についての新聞記事

新たな祝祭形態としてレシーフェのカルナヴァルに定着することとなる。仮装行列という祝祭形態の出現は街頭におけるカルナヴァルの秩序化に向けた第一歩と位置付けられよう。そして当初その秩序化は経済的富裕層が主導権を握る形で推進されたのである。

　カルナヴァルでの組織的な仮装行列を目的としてレシーフェで最初に結成された団体は1869年のカルナヴァルに登場したクルーベ・ドス・アズクリンス（Club dos Azucrins：悪魔たちのクラブの意）である[9]と考えられている。リタ・ヂ・カッシア・バルボーザ・ヂ・アラウージョ[10]によって指摘されているところだが，この時期に誕生したカルナヴァル団体とその当時の劇場で開催されていた仮面舞踏会との間には密接な関係があったようである。1872年2月10日付けのDP紙は「カルナヴァルの最初の3日間，楽隊と特徴的な紋章をあしらったカルナヴァル旗を前方に配置した仮面の一団が午後5時に劇場を出発して市内の主要な通りを行進する」と報じているのだが，初期の組織的な仮装行列と仮面舞踏会の担い手がとも

第1章　フレーヴォの誕生　35

に経済的富裕層であったことを勘案すれば，これら二つの祝祭形態への参加者の重複も自ずと想定されよう。経済的富裕層により結成されたカルナヴァル団体が，街頭を行進するという新たな祝祭形態において中核的役割を担い始めるのと時を同じくして，レシーフェの新聞紙上では「マラカトゥ（Maracatu）[注5]とともに〔カルナヴァルの〕街頭へ繰り出してくる〔奴隷および自由身分の〕黒人たちの行動に対する執拗な偏見」[11] が表明されるようになった。このような論調はその当時の新聞購読者であった経済的富裕層の経済的貧困層（取り分けアフリカ系の人々）の活動に対する不快感を率直に代弁したものと考えることができる。併せてそこには，その当時のカルナヴァルの街頭がその占有を巡る社会階層間の軋轢の場ともなっていたことを読み取れよう。

　1880年代になると経済的富裕層により結成されたカルナヴァル団体の街頭行進は一段と大掛かりな様相を呈する。クルーベス・アレゴリコス（Clubes Alegóricos）[注6]とも総称されるそれらの団体は「寓話的な山車，豪華な衣装，ビロード地に金刺繍と宝石で飾り付けを施した旗そして〔専属の〕吹奏楽団を誇示しながら〔中略〕騎兵中隊の警護する中を馬車に乗って」[12] 行進した。騎兵隊による警護は，街頭行進を行う経済的富裕層にとって安全の確保がいかに重要な課題であったかを示す証左であろう。カルナヴァル団体による街頭行進が華やかさを増すに連れて，それが実施される地域の住民の組織化も促進された。サント・アントニオ（Santo Antônio），サン・ジョゼ（São José），ボア・ヴィスタ（Boa Vista）といったレシーフェの中心地区では，この時期にカルナヴァルの祝祭を盛り上げるための委員会が幾つも結成されている。それらの委員会は「街頭の照明，〔通りに面した〕建物前面の清掃，アーチや小旗を用いた街頭の飾り付け，楽隊のための野外ステージの設営，カルナヴァルに登場する団体との折衝」[13] などの任に当たった。組織を結成してカルナヴァルの管理・運営に当たるという今日まで受け継がれてきた伝統はこの時期に端を発する。

第3項　フレーヴォ―民衆のカルナヴァル

　マラカトゥと呼ばれた黒人たちの行列，そしてクルーベス・アレゴリコ

スと総称された経済的富裕層のためのカルナヴァル団体，これら二つとは社会的出自を異にする第三の集団とでも言うべきものが，黒人奴隷制度の撤廃（1888 年）および帝政から共和政への移行（1889 年）という国家的大変革に揺れる 1880 年代末のカルナヴァルにおいて街頭を行進し始めた。クルーベス・ペデストレス（Clubes Pedestres）[注7] と総称されるこの種のカルナヴァル団体は，「商店員，公務員，仕立屋，お針子，肉切り職人，沖仲仕，ブリキ屋，新聞売り，野菜売り，織工，炭売り」[14] など，その当時の都市労働者層により結成されたものである（この種の団体の結成にあたっては，植民地時代にポルトガルからもたらされた都市の職人たちの同業者組合をその手本にした[15] との指摘もある）。1887 年 2 月 17 日付けの DP 紙には，その年のカルナヴァルに初めて登場するカイアドーレス（Caiadores：のろ塗り職人の意）なる団体の代表者の街頭行進に向けた意気込みが掲載されているのだが，この団体が最も古いクルーベ・ペデストレである[16]と考えられている。

　ヴァソウリーニャス（Vassourinhas：小さな箒の意）は現在なお活動を続けるその種の団体の中でも 2 番目に結成時期が古い（現在の名称はクルーベ・カルナヴァレスコ・ミスト・ヴァソウリーニャス（Clube Carnavalesco Misto Vassourinhas）である。ミスト（misto）という形容詞はこの団体が男女混合であることを示している）。1977 年に 92 歳を迎えた古参の会員によれば，その結成が決定されたのは 1889 年 1 月 6 日（公現祭：東方の三博士によって幼子イエスが見出されたことを記念する），その着想の発端は親しい仲間内での「酒を飲みながらの取り留めのないおしゃべり」[17] であったという。1889 年 3 月 5 日付けのジョルナウ・ド・レシーフェ紙（Jornal do Recife：以下 JR 紙と略す）には，取材者の目に際立って映ったカルナヴァル団体（そこにはクルーベス・アレゴリコスもクルーベス・ペデストレスも含まれていた）の一つとしてヴァソウリーニャスが挙げられている。また同日付けの DP 紙も「あのクルーベ〔カイアドーレス〕と同種のヴァソウリーニャスも，身なりを整え，〔中略〕その演奏，歌唱，ダンスでもって賞賛を集めた」と記している。これら新聞紙上の肯定的な見解は，クルーベス・ペデストレスという新参のカルナヴァル団体が，その当時のレシーフ

ェ市民に概ね好意をもって受け入れられたことを示す証左であろう。初期のクルーベス・ペデストレスの街頭行進における人員構成とは，10数人の蝙蝠隊（蝙蝠を模した黒い衣装を着用し先頭に立って行進の通路を切り開く），4人の指揮者と旗持ち（その4人がクルーベの旗[注8]を周囲に披露するための空間を確保する），更に2人の指揮者，および上質の絹の衣装を着用し絹布を張った傘を差してエナメル革の短靴を履いた会員たちの隊列（隊列の移動はこの2人の指揮者の指示による），サーカスのピエロの仮装をした太めのクルーベの父ちゃん（二つの隊列の間に位置し，一方の手に花束そしてもう一方の手には大きな杖を持って人々に愛嬌を振りまく），そして優秀な楽隊（最後尾を行進する）[18]といったものであった（このような街頭行進には多額の費用を要するため「その費用の大半を用意できるだけの力量を備えた会員」[19]の存在が欠かせなかったという）。そして行進が所定の場所に到着すると，構成員たちは世俗的な民衆歌謡を合唱し，楽隊の演奏する音楽に合わせて事前に練習した集団演技を披露した[20]。

　クルーベス・ペデストレスの出現は，都市労働者という新たな社会階層の台頭を象徴する出来事であり，それはまたカルナヴァルにおける街頭行進がもはや経済的富裕層のみの占有物ではなくなったことを示している。都市労働者層のカルナヴァルの街頭への進出は，経済的富裕層に不安感や警戒感を増大させた[21]と考えられる。そのような状況の中で経済的富裕層の街頭行進は縮小へと向かうのだが，その兆候が顕在化するのは20世紀初頭の10年間であった[22]。1901年のカルナヴァルに初めて登場したカーラ・ドゥーラ（Cara-Dura：恥知らずの意）は「陸軍士官と消防隊」[23]とで構成されたクルーベ・アレゴリコであるが，山車の上に座を占めた楽隊が「テンポを速めたマルシャ（Marcha）[注9]やポルカ（Polca）[注10]を演奏して行進に同行する群集を熱狂させた」[24]という。ここで注目すべきは，このクルーベ・アレゴリコに同行したのが馬や馬車に乗った経済的富裕層ではなく，下流および中流階級に属する都市労働者や「街頭に出没する不逞の輩」[25][注11]だったことである。このことは，カルナヴァル団体の街頭行進に同行して浮かれ騒ぐという行為が，民衆（この用語の意味については序章の注24の説明に準ずる）のカルナヴァルとの関わり方における重要な選

択肢として浮上したことを示している。気分を高揚させる楽隊の演奏に喚声を上げながら押し合いへし合いするこの群集の熱狂的態様を指して，程なく"フレーヴォ"という言葉が用いられるようになった。

　エヴァンドロ・ラベージョ[26]により，フレーヴォという言葉をその紙面に初めて掲載したのは1907年2月9日付けのジョルナウ・ペケーノ紙（Jornal Pequeno：以下JP紙と略す）であった(注12)ことが確認されている。エンパリャドーレス（Empalhadores：籐編み職人の意）というカルナヴァル団体が街頭行進の際に演奏した曲目の中に，マルシャの一つとして「フレーヴォ」という曲目が見出されるのである。翌1908年2月12日付けのJP紙に掲載された「カルナヴァル」というコラムの冒頭には「昨日フレーヴォに加わった，南米のヴェネチア〔レシーフェの別称〕の悪しき敷石道には不案内ですっかりしり込みしていた友人を連れてその波の中に入った」と記されている。このコラムを執筆したのは，ピエロ（Pierrô）という筆名でカルナヴァルに関する記事を数多く寄稿したオズヴァウド・アウメイダ（Osvaldo Almeida）(注13)である。また同年2月15日付けのJP紙には，パス（Pás：シャベルの意）(注14)というカルナヴァル団体の新たな演奏曲目が紹介されているのだが，その中に「オリャ・オ・フレーヴォ（Olha o Frêvo：そらフレーヴォだの意）」と題されたマルシャが含まれているのである。更に翌1909年2月22日付けのJP紙は，その第1面にフレーヴォで浮かれ騒ぐ人々の様子を描いた1枚の印象的な版画を掲載している（図1-3(注15)を参照）。その版画にも記されている「オリャ・オ・フレーヴォ」とは，実際にその当時のフレーヴォを目撃したであろうフランシスコ・アウグスト・ペレイラ・ダ・コスタ（Francisco Augusto Pereira da Costa）[27]には，街頭に「密集した民衆が押し合いへし合いする混乱の中で我を忘れて口にする歓喜の叫び」に他ならなかった。これらの情報は，20世紀に入って10年とは経たないうちにフレーヴォという言葉がレシーフェの民衆の間に普及していたと考える根拠となろう。

　ところでこのフレーヴォという言葉の来歴については，すでに広く認められた解釈が存在する。すなわち「フレーヴォという言葉はフェルヴェール（ferver）という動詞に由来する」[28]というものである。今日この動詞

第1章　フレーヴォの誕生　39

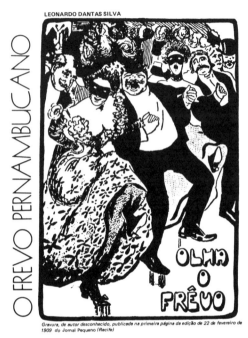

図1-3. オリャ・オ・フレーヴォ

には「沸騰する」「興奮する」「群がる」などの意味があるのだが，20世紀の初頭に自らもフレーヴォに遭遇したマリオ・メロ（Mário Melo）[29]は，楽隊の演奏するペルナンブーコ風のマルシャに合わせて「ダンスを踊り，飛び跳ね，身をくねらせる」興奮した人の波が「沸騰した液体の入った大きな容器」を連想させると記している。加えて，その当時のレシーフェで読み書きのできない住民はフェルヴェールをフレヴェール（frever）と発音していた[30]という指摘があり，結果として本来フェルヴォ（fervo：無秩序，衝突，にぎわいなどを意味する）と発音されるべき名詞がフレーヴォ（frevo）と転訛するに至ったと考えられている（少なくとも筆者の参照した資料において，この言葉の来歴に関する他の解釈は見当たらなかった）。

第2節　フレーヴォという音楽

　20世紀初頭のレシーフェのカルナヴァルの街頭にフレーヴォと呼ばれる民衆の熱狂的態様を出現させた最大の要因は，行進を行うカルナヴァル団体の最後尾を構成した楽隊（Bandas de Música）[注16]の演奏する音楽に他ならない。その当時のレシーフェには「軍隊や警察に属する楽隊および民間の楽隊」[31]が数多く存在し，それらはカルナヴァル団体の街頭行進に際してもその演奏を引き受けた（一例を挙げれば，1907年のカルナヴァルで「フレーヴォ」というマルシャを披露したとされるエンパリャドーレスは，その演奏を「軍警察の楽隊の第一分団」[32]に依頼していたという）。ラリー・クルック（Larry Crook）[33]によれば，すでに19世紀後半のブラジルでは「市政機関，都市の同業者組合，宗教的な友愛団体，そして軍や警察の支隊」を母体とする楽隊の結成が相次いでいた。宗教的な行列や政治的な式典，更には経済的富裕層の舞踏会やカルナヴァル団体の街頭行進に至るまで，多岐に渡るその演奏は「近代的な社会生活を構成する不可欠な要素」であるとともに，「近隣一帯や地域社会の誇りを効果的に表現し強化するための一手段」でもあったという。また，ジョゼ・ラモス・チニョラウン（José Ramos Tinhorão）[34]によれば，19世紀後半のブラジルの主要都市では「新興の下層中産階級が求める近代性」に応えるべく，軍楽隊が「その元来の演奏曲目〔行進曲やドブラード（Dobrado）[注17]〕にその当時流行していた音楽ジャンル[注18]を挿入」する兆候が見られたという。聴衆の嗜好性ということで言えば，ヴァウデマール・ヂ・オリヴェイラ（Valdemar de Oliveira）[35]も，20世紀初頭のレシーフェのカルナヴァルの街頭行進で演奏された音楽は「民衆の好みに合わせるため〔その当時〕流行していたダンス音楽や民衆歌謡の和声，リズムおよび旋律に関わる要素を借用」して作曲されたと指摘している[注19]。彼がその借用元と考える音楽が，モヂーニャ（Modinha）[注20]，ドブラード，クァドゥリーリャ（Quadrilha）[注21]，マシーシ（Maxixe）[注22]およびポルカである（1907年1月24日付けのJP紙にはカルナヴァルの前夜に開催予定のとある仮装舞踏会の演奏曲目[注23]が掲載さ

れているのだが，その中にも7曲のクァドゥリーリャと2曲のポルカが含まれており，当時のそれらの流行ぶりが窺い知れよう）。

カルナヴァルの街頭行進とポルカとの結び付きはマリオ・メロ[36]によっても指摘されている。それによれば，20世紀初頭のレシーフェで流行していたポルカには二つの形態があったという。すなわち「跳ねるようなリズムのものとそれほど激しいリズムを伴わないもの」である。後者はその当時「マルシャ・ポルカ（Marcha-Polca）あるいはポルカ・マルシャ（Polca-Marcha）」と呼ばれていた（メロはこの音楽形態を「テンポを速めたマルシャあるいはそれほど激しくないポルカ」であると認識していた）。このマルシャ・ポルカをクルーベス・ペデストレスの街頭行進に同行した楽隊が演奏するようになり，やがてその実践の中からフレーヴォという音楽形態が出現したとするのがメロの見解である。パウロ・ヴィアーナ（Paulo Viana）[37]も20世紀初頭のクルーベス・ペデストレスの街頭行進について興味深い記述を残している。それによると「仮装をし，隊列を成して手をつないだ会員たち」は「そのような行進に適した程よいテンポのマルシーニャ（Marchinha：テンポを速めたマルシャ）注24)を口ずさみながら，オンダ（onda）注25)と呼ばれる前進と後退を繰り返した」という（40ページに掲載した図1-3からも人々のそのような態様を見て取れよう）。また民俗学者のマリオ・ヂ・アンドゥラーヂ（Mário de Andrade）[38]も，とあるフォリアウン（folião：フレーヴォの人波の中で浮かれ騒ぐ人の意）の証言として，20世紀初頭のカルナヴァル団体の楽隊が演奏する音楽はそれに同行する人々による歌唱を伴っていたことを指摘している。これらの情報から，マルシーニャ（あるいはマルシャ・ポルカ）と呼ばれた音楽には歌詞が付いていたことがわかる。ヴァウデマール・ヂ・オリヴェイラ[39]によって当時のマルシーニャ（あるいはマルシャ・ポルカ）と今日のフレーヴォ・カンサゥン（Frevo-Canção）注26)との類似が指摘されているのだが，演奏のテンポに違いがあり，後者の方が速いという。その彼が「正真正銘のレシーフェのカルナヴァル賛歌」[40]と呼び，ペルナンブーコ以外のブラジル国内でも知名度の高い「ヴァソウリーニャスのマルシャ第1番（Marcha no.1 de Vassourinhas）」注27)は，20世紀初頭のマルシーニャ（あるいはマルシャ・ポ

ルカ）のあり様を今日に伝える代表的な曲目と言えよう。

　やがて「8分音符と16分音符を多用する」[41]ことによってクルーベス・ペデストレスの街頭行進で演奏されるマルシーニャ（あるいはマルシャ・ポルカ）のテンポは加速された。更に相前後して歌詞が失われることにより，フレーヴォ，より正確には後にフレーヴォ・ヂ・ルア（Frevo de Rua）[注28]と呼ばれることになる音楽形態が出現したものであろう（やがてフレーヴォという新たな音楽形態がレシーフェの住民に認知された結果，それを演奏するクルーベス・ペデストレスにはクルーベス・ヂ・フレーヴォ（Clubes de Frevo：フレーヴォを演奏しながら街頭を行進するカルナヴァル団体の意）という別称が与えられることになった）。フレーヴォにおける歌詞の欠落については「踊られることだけを目的として〔フレーヴォ・ヂ・ルアが〕作られる」からだとするカルメーラ・オスカノーア・デ・カルデナス（Carmela Oscanoa de Cárdenas）[42]の指摘が参考になろう。この指摘を援用すれば，演奏のテンポが加速された理由も歌謡からダンス音楽への移行という脈絡で押さえられよう。フレーヴォの演奏に合わせて踊られるダンスとは勿論パッソのことである（20世紀初頭にはフレーヴォという音楽もパッソというダンスもまだその名称すら付与されてはいなかった）が，楽隊の目前で演じられたその身体動作が演奏のテンポに少なからぬ影響を及ぼしたであろうことは想像に難くない。そのことは他方で演奏のリズムやテンポにダンスの身体動作が影響を受けた可能性を指摘することでもあり，民衆芸能としてのフレーヴォの誕生を論ずるにあたっては，19世紀末から20世紀初頭にかけてのカルナヴァルの街頭において音楽を演奏する楽隊と身体動作を繰り広げるカポエイラ（これについては次項で検討する）との間に成立したであろう非言語的な相互作用に着目すべきであることをここでは強調したいと思う[注29]。

　このような曲調の変化は，それを演奏する楽隊の楽器編成にも影響を及ぼした。すなわち「金管楽器を重用する」[43]という傾向が顕在化したのである。ヴァウデマール・ヂ・オリヴェイラ[44]が例示する20世紀初頭のカルナヴァルの街頭行進における標準的な楽隊の楽器編成とは以下のようなものであった（括弧内の数字は人数を示す）：コルネット（1），アルトクラ

図 1‐4. カルナヴァル団体の街頭行進でフレーヴォを演奏するオーケストラ
（2016 年筆者撮影）

リネット（1），クラリネット（1），ホルン（2），トロンボーン（2），チューバ（2），ボンバルドン（1），そして程なくこれら吹奏楽器に打楽器（中太鼓（tarol：1）と大太鼓（surdo：1））が付け加えられた（1890 年頃のヴァソウリーニャスの楽隊が「ギター，ブリキのベース，バイオリン，タンバリンなど」[45] で構成されていたのと比較すれば，その変化は一目瞭然であろう）。カタリーナ・レアウ（Katarina Real）[46] によれば，フレーヴォ・ヂ・ルアの演奏に弦楽器が用いられないのは，金管楽器のけたたましさでその演奏を荒々しく攻撃的なものにするためであった。ヴァウデマール・ヂ・オリヴェイラ[47] も，活力に満ちた金管楽器の演奏のみがパッソを踊る動機付けになるとしてその重要性を強調している。なお，今日のカルナヴァル団体の街頭行進におけるフレーヴォの演奏は，金管楽器を主体としてそれに幾つかの打楽器を加えたブラスバンド（オーケストラ[注30]）によって行われる（図 1‐4 を参照）。

第 3 節　パッソと呼ばれるダンス

　パッソは「フレーヴォ〔という音楽〕に合わせて踊られるダンス」であり，民衆は「パッソを行うためにフレーヴォ〔という群集の波〕に身を投じる」のだとするヴァウデマール・ヂ・オリヴェイラ[48]の簡潔な説明は，フレーヴォという言葉に込められた三つの意味（序章第 1 節（p. 5）で引用したルイス・ダ・カマラ・カスクード（Luís da Câmara Cascudo）の説明を参照のこと）の関連性をものの見事に要約している。更に彼は「フレーヴォに合わせてパッソ以外のダンスが踊られることはなく，パッソのためにフレーヴォ以外の音楽が演奏されることもない」[49]としてカルナヴァルの街頭における両者の不可分性を強調する。前節で述べたように，ヴァウデマール・ヂ・オリヴェイラ[50]は，フレーヴォという音楽の誕生に及ぼした 20 世紀初頭のダンス音楽や民衆歌謡の直接的な影響を指摘する一方で，パッソと呼ばれるダンスについては，その源泉を 19 世紀後半にレシーフェの街頭を行進した軍楽隊の前方で浮かれ騒いだとされる黒人や混血人（mulatos）に求めた。

　ここで言う黒人や混血人とは，その当時カポエイラと呼ばれた奴隷および自由身分の経済的貧困層を指す。19 世紀中葉から 20 世紀初頭にかけての時期をレシーフェに暮らしたフランシスコ・アウグスト・ペレイラ・ダ・コスタ[51]にとってカポエイラとは「マルシャを演奏する楽隊の前方で棍棒を片手に敵対する集団を挑発するならず者たち」のことであり，街頭で彼らが衝突する場合には負傷者や死者を出すことさえ珍しくはなかったという（図 1-5[注31]を参照）。1880 年 1 月 28 日付けの JR 紙は，とある軍楽隊の街頭行進に同行していたカポエイラがレシーフェの中心部で繰り広げた騒動について報じているのだが，その記事の末尾は「我々の文明化を知らしめるまたとない場面であった。我が国が"狂暴なる人民"の国であることを外国人に証明すべくほとんど毎日このような場面が繰り返される」と半ば自嘲的な文章で結ばれている。パウロ・ヴィアーナ[52]によれば，20 世紀初頭のレシーフェでは「毎日午前 11 時に〔銀行や税関などの政

図1-5. カポエイラ（街頭のならず者たち）

府系機関を警備する〕衛兵交代のための街頭行進が行われた」という。その日の警備を担当する部隊は，楽隊を先頭に兵営を出発し，それらの施設が点在するレシーフェの旧市街を目指した。その行進の途上で「武器を手にしたならず者たちがカポエイラ術の身体動作を演じながら楽隊に同行した」というが，ここにもカポエイラの引き起こす騒動の日常性が暗示されている（19世紀のリオデジャネイロにおける民衆的な祝祭とカポエイラの関わりについて検討したカルロス・エウジェニオ・リバノ・ソアーレス（Carlos Eugênio Líbano Soares）[53]によれば，19世紀後半のカポエイラが巧みな身体技能を誇示しながら軍楽隊の前方を行進することに執着した背景には，パラグアイ戦争での勝利を契機とした軍役に対する民衆意識の肯定的な変化[注32)]が認められるという）。

　19世紀後半から20世紀初頭にかけてレシーフェの街頭を闊歩したカポエイラとは，時として人間の殺害さえも厭わないカポエイラ術を操る者たちであった。ヴァウデマール・ヂ・オリヴェイラは，カポエイラ術を「ブ

図1-6. 19世紀前半のカポエイラ術
（右下に太鼓をたたく人物を確認できる）

ラジルでアフリカの人々が開始し，その子孫であるアフリカ系ブラジル人が発展させた」[54]とするヴァウデロイール・レゴ（Waldeloir Rego）の見解に同意しつつ，その武術の有力な源泉をアフリカのアンゴラ南部で演じられるとある格闘技に求めた。ヴァウデマール・ヂ・オリヴェイラが着目したこの格闘技についての情報は，アウバーノ・ヂ・ネヴェス・イ・ソウザ（Albano de Neves e Souza）というルアンダの民族誌学者からルイス・ダ・カマラ・カスクードへの報告[55]に記されている。それによると，アンゴラ南部に暮らす牧畜民の間では，少女の成年式（Efundula）に際して青年たちが"ン・ゴーロ（N'golo）"と呼ばれる格闘技を演じるのだが，これがカポエイラ術だというのである（この格闘技の勝者には，婚資を支払うことなく新たな成人女性の中から妻を選ぶ権利が与えられた）。一方でン・ゴーロがカポエイラ術の源泉をアンゴラ南部に求める際の有力な根拠であることは認めつつも，そのように源泉を局限化してしまうことへの懸念も表明され

第1章　フレーヴォの誕生　47

ている。例えば，ジョン・ローウェル・ルイス（John Lowell Lewis）[56]は，今日のカポエイラ術に見られるような曲芸的な身体動作が「奴隷を送り出したアフリカ沿岸部の数多くの地域における男性の成年式」でも実践されていたと指摘する。

　アンゴラ南部の部族出身者たちが下肢を用いた格闘技の伝統をブラジルへもたらしたとするアウバーノ・デ・ネヴェス・イ・ソウザ[57]は，奴隷という境遇への適応過程において，部族的な伝統に過ぎなかったその格闘技が攻撃と防御を兼ね備えた武術へと徐々に変容していったと考える。16世紀末から19世紀中葉にかけて奴隷としてブラジル北東部（バイーアやペルナンブーコ）へ連行されたアフリカの人々は，その多くが砂糖農園での肉体労働に使役された。奴隷たちは「武器を用いない攻撃と防御の様々な構えや技術を修練する」ために農園の一隅に集まったが，そこで実践される「身体動作を指示し調整する」ために太鼓が用いられた[58]（図1-6 注33）を参照）。そして「その太鼓による合図が白人〔農園所有者や作業監督など〕の接近を参加者〔奴隷たち〕に警告する」と，彼らは「武術の修練を中断してそれがダンス（害のない"アンゴラの遊戯"）に見えるように修正を施した」という[59]（ゲルハルト・クービック（Gerhard Kubik）[60]によれば，ここに見られるような禁止行為の偽装は，サハラ砂漠以南のアフリカにおいては警察権力の取り締まりに対してごく普通に行われる抵抗手段であるという）。なお，カポエイラ術の起源およびその変容過程についての検討は本書の目的とするところではないので，この議論にはこれ以上立ち入らないことにする。

　次に，カポエイラが日常的に携帯したとされる武器に目を転じてみよう。ルイス・ダ・カマラ・カスクードの指摘によれば，1873年にポルトガルで出版された1冊の辞書は「カポエイラ」について「森に住み，通行人をナイフで襲う黒人」[61]であると説明しているという（この記述は恐らく農園を逃走して森林に身を潜めた奴隷を指すものと思われる）。また，19世紀後半のレシーフェ市街で暴力沙汰を繰り返したカポエイラの携帯する棍棒にフランシスコ・アウグスト・ペレイラ・ダ・コスタが着目していたことについてはすでに言及したところである（本書のp. 45を参照）。これら

の事例からは武器を手にしたカポエイラの姿が浮かび上がる。上述したアンゴラの格闘技では用いられなかったナイフや棍棒などをカポエイラが手にするようになった経緯についてはほとんど情報がない。暴動への転用を危惧して通例は使用を禁じられるはずの「ナイフやマチェーテ（長刀のなた）が奴隷たちの行う〔サトウキビの刈り取りのような農園での〕作業には欠かせなかった」[62]という単純な事実にその手掛かりは求められるのかもしれない。一方でルイス・ダ・カマラ・カスクード[63]は，ナイフに遅れてカポエイラの手にするところとなった棍棒とポルトガル北部で有名な棒の闘技者（jogadores de pau）注34)の関連性を指摘するが，その根拠は示されていない。

　砂糖農園での労働に使役された奴隷たちを通じて継承されたアフリカの格闘技の伝統は，やがて都市という新たな生活空間にも流入した。ブラジルの都市部における人口増加の兆候は，帝政時代の1872年および帝政から共和政への移行直後の1890年に実施された2度の人口統計調査[64]を比較することである程度確認できる注35)。人口増加の要因の一つは海外（ヨーロッパ）からの移民に求められようが，農村部から都市部への人口移動の影響も無視することはできない。と言うのは，1888年には奴隷制度が撤廃されており，それを受けて農村部に暮らす一定数の元奴隷が好機を求めて都市部へと移住した可能性を考慮する必要があるからである注36)。そのように社会状況が流動化する中，ブラジル各地の都市では「貧しいアフリカ系住民同士の近隣関係」が構築され，それが「都市ごとの地域性とともに数多の共通性をも有する豊かな街頭文化（street culture）」を創出する基盤になったとジョン・ローウェル・ルイス[65]は指摘する。奴隷制度の撤廃に伴う農村部からの元奴隷の流入が都市に暮らすアフリカ系住民の文化に新たな生命力を吹き込んだとする主張には十分な説得力があると思われる。しかしながら，奴隷制度の撤廃を待つまでもなく，19世紀も後半に入ると，マラカトゥ（本書のp. 36を参照）やカポエイラによる積極的な街頭への進出，すなわちアフリカ系住民の社会的な台頭がレシーフェの経済的富裕層の顰蹙を買い，新聞紙上で度々指弾されていたことを本書ではすでに確認している（この事実は，奴隷制度の撤廃に先立ち，すでにレシ

ーフェにはそのようなアフリカ系住民の活動を支えるだけの社会的基盤が構築されていたことを示すものであろう）。

　街頭を行進する軍楽隊の前方で武器を手に傍若無人な振舞いを繰り返したレシーフェのカポエイラは，19世紀末にクルーベス・ペデストレスという新たなカルナヴァル団体が誕生するとその行進にも同行するようになった。その理由としてカタリーナ・レアウ[66]は，その種の団体の行進において楽隊が演奏した音楽に対する彼らの並々ならぬ嗜好を指摘する。カポエイラは決して烏合の衆ではなかった。ヴァウデマール・ヂ・オリヴェイラ[67]によれば，居住地域や社会的境遇などを拠り所に，彼らは互いに敵対する幾つもの集団を形成しては組織的に行動したという。カポエイラが露骨に示した集団間の対抗意識は，軍楽隊の間，そして後にはクルーベス・ペデストレスの間にも存在したものであり，このことが特定のカポエイラと軍楽隊あるいはクルーベス・ペデストレスとの絆を強化する一方で，街頭で敵対的な関係にある集団が遭遇した場合にはその軋轢を増幅させる主たる要因になったと考えられる。カルナヴァルの街頭でクルーベス・ペデストレスが遭遇した場合，双方の対抗意識は「金管楽器の演奏の音量を増大させて相手の演奏をかき消す」[68]ことで火花を散らした。一方，クルーベス・ペデストレスの街頭行進におけるカポエイラの役割とは「群集を追い散らしてクルーベの通り道を確保する」ことであり「敵対するカポエイラやクルーベからけんかを売られた味方の構成員を保護する」[69]ことであった。そして些細な小競り合いが時として流血の惨事にまで発展したであろうことは，上述したフランシスコ・アウグスト・ペレイラ・ダ・コスタの回想（本書のp.45を参照）からも容易に想像されよう。

　ヴァウデマール・ヂ・オリヴェイラは，新聞など当時の印刷物を手掛かりに，20世紀初頭には「ドブラードの2拍子に合わせてジンガ（ginga）[注37]を行いながら〔中略〕カポエイラたちが楽隊の前方を飛び跳ねていた」[70]と指摘する（これは，少年時代のマリオ・セチ（Mário Sette）がレシーフェの街頭で目撃した「楽隊の前方で棍棒を巧みに操り，剃刀を見せびらかしながらジンガや急速な回転を行う」[71]カポエイラの姿とも符合する）。ヴァウデマール・ヂ・オリヴェイラは，カポエイラ術の身体動作を楽隊の演

図1-7. カポエイラの打撃動作

奏のテンポに適合させるという行為にパッソの誕生を見て取るのである（街頭を行進する楽隊とカポエイラの間に成立したであろう非言語的な相互作用の重要性については筆者も前項で指摘したところである）。砂糖農園における奴隷たちの武術の修練が太鼓の演奏を伴っていたことを想起すれば，このカポエイラの行為が殊更に奇妙であるとは思われないのだが，加えてその当時のレシーフェの街頭におけるカポエイラと警察当局との軋轢を指摘することにより，彼らがそのような行為に及んだ深意がより鮮明に浮かび上がるように思われる。前出の新聞記事（1880年1月28日付けJR紙）は，カポエイラが日常的に街頭で引き起こす騒動に言及しているのだが，それは一方で治安の維持を任務とする警察当局の無力ぶりに対する批判でもあったと解釈できる。奴隷制度撤廃後に元奴隷たちがレシーフェ市街へ流入したとすれば，それはこの混乱に拍車を掛けたと考えられる。当然の帰結として，カポエイラの活動に対する警察当局の取り締まりも強化されたことであろう[注38]。このような状況において，カポエイラはその取り締まり

第1章 フレーヴォの誕生 51

を逃れるべく「カポエイラ術の身体動作を"フレーヴォの人波"に適合するような身ぶりに改変していった」[72]とレオナルド・ダンタス・シウヴァは推測する。武術をダンスに偽装するという行為を砂糖農園の奴隷たちが実践していたことを想起すれば，この推測には十分な説得力があると言ってよかろう。改変の過程において「往年のカポエイラに不可欠だった打撃動作（golpe）」[73]すなわち暴力的な身体接触はことごとく姿を消した（図1-7[注39]を参照）。カポエイラ術をダンスに見せ掛ける必要から図らずもパッソが生み出されたと断言できるだけの明確な根拠を筆者は持ち合わせていないが，この偽装という概念はパッソの成立過程を説明するために一つの有用な視座を提供すると思われる。

　ここまでの検討作業から，本書では，パッソというダンスがカポエイラ術の身体動作から派生したものであるという従来の定説を再確認する結果となった。そのような経緯から誕生したと考えられるダンスの伝統を受け継ぐ今日のパスィスタ（パッソの踊り手）は，ソンブリーニャ（sombrinha：小さな傘の意）と呼ばれる直径が50センチメートルに満たない小型の傘を手にパッソを演じる。マリオ・ヂ・アンドゥラーヂ[74]は，その傘の由来を広くブラジル北東部で演じられているコンゴス（Os Congos）[注40]のようなアフリカ系の民衆芸能に求めた。これに対してヴァウデマール・ヂ・オリヴェイラ[75]は，その由来に関し，これもブラジル北東部にその変種を数多く有するブンバ・メウ・ボイ（Bumba-meu-boi）[注41]という民衆芸能にあるとして反論した。後年ヴァウデマール・ヂ・オリヴェイラ[76]はソンブリーニャの由来について更に三つの可能性[注42]に言及しているのだが，その中で筆者が最も信憑性が高いと考えるのは，カポエイラの手にした武器が偽装されたとする解釈である。すでに見たように，カポエイラはいつの頃からかナイフや棍棒などの武器を持ち歩くようになり，その姿は19世紀後半になるとレシーフェ市街で日常的に目撃されていた。警察当局によるカポエイラの活動に対する取り締まりが強化されると，彼らの所持する武器がまずその標的にされたであろうことは想像に難くない。ナイフや棍棒などあからさまな武器の携行に困難を来したカポエイラが，危急の場合には武器への転用も可能な雨傘を持ち出

し警察の目を欺こうとした[注43)]としても何ら不思議はなかろう。そして時の流れの中で武器の偽装という当初の動機が忘れ去られて後も，傘だけはパッソの演技に欠かせない用具としてパスィスタの手に残ったと考えるのが最も適当ではあるまいか。ここで着目すべきは，ナイフや棍棒は単に武器であるに留まらず，カポエイラ術の身体動作を行う際には「バランスを取るための道具」[77]としても利用されたという事実である。ヴァウデマール・ヂ・オリヴェイラ[78]は「〔パッソにおいて〕バランスを取るのは両腕の役割であると同時に傘（chapél-de-sol）の役割でもある」と述べている。道具を身体の延長と考えるカポエイラの時代からのこだわりが，第2章第4節で述べるように，その後のパッソというダンスの技術的な方向性にも影響を及ぼしたように思われる。

第4節　本章のまとめ

　本章では，レシーフェのカルナヴァルにフレーヴォという民衆芸能が出現する歴史的経緯を，序章第2節に掲げた先行研究ならびに19世紀中葉から20世紀初頭にかけてレシーフェで発行された新聞各紙の掲載記事を主たる拠り所に検証した（その結果の概要を表1-1にまとめた）。

　20世紀初頭のレシーフェのカルナヴァルの街頭にフレーヴォという民衆芸能は出現したと考えられるが，その前提として欠くべからざる二つの要因を指摘すべきであろう。一つは1850年代以降のカルナヴァルの街頭における秩序化の促進，すなわち無秩序で破壊的なエントゥルードから組織化された街頭行進への祝祭形態の変化である（当初この秩序化を希求したのは経済的富裕層であったが，1880年代後半になると都市労働者層がクルーベス・ペデストレスという新種のカルナヴァル団体を結成して街頭を行進し始めた）。もう一つは19世紀後半にはすでに構築されていたと考えられるアフリカ系住民の社会的ネットワークである（それが機能していればこそ，マラカトゥやカポエイラはレシーフェの街頭へと進出し，そのことに伴う社会不安さえ引き起こしたのである）。クルーベス・ペデストレスの登場は，民衆という言葉で括られるレシーフェの住民を新たなカルナヴァルの祝祭行為

表 1-1. フレーヴォの成立過程

年代	社会動向	レシーフェのカルナヴァルの街頭における祝祭形態の変遷	音楽	ダンス
植民地時代		(この破壊的な祝祭形態は19世紀中葉まで存続した)	モヂーニャ	アフリカの格闘技
1822年	ポルトガルから独立(帝政が始まる)	[経済的富裕層]　　　　エントゥルード(屋内の仮面舞踏会)　　　　[新興都市労働者層]仮装行列	クァドゥリーリャ	
1840年代			ポルカ	
1850年代				
1860年代末	パラグアイ戦争(1864-1870)	仮装行列のための団体を結成　　　　　　[黒人奴隷]　　　　　　　　　　　　　カポエイラ　　　　　　　　　　　　　マラカトゥ	(軍楽隊の行進にカポエイラが同行) ドブラード ←→ カボエイラ術	
1880年代		C. アフレゴリコス(レシーフェの各地区でカルナヴァル運営のための委員会を結成)	マルシャ マシシ	
1888年 1889年	奴隷制度の撤廃 共和政への移行	C. ペデストレス(民衆がC. ペデストレスの街頭行進に同行)	(C. ペデストレスの行進にカポエイラが同行) マルシャ・ポルカ (歌詞の欠落とテンポの加速)	
20世紀初頭	街頭からの撤退	フレーヴォと呼ばれる群集の浮かれ騒ぎが出現	フレーヴォ(音楽)とパソ(ダンス)の成立	(武器および打撃動作の消失)

※【音楽】欄における音楽名称の記載位置は、それがブラジルへ伝えられたとされる時期あるいはブラジルで誕生したとされる時期に対応している。
※【ダンス】欄における「カポエイラ術」という名称の記載位置は、レシーフェの街頭においてカポエイラの傍若無人な行動が頻発したとされる時期に対応している。
※【音楽】欄および【ダンス】欄にまたがる双方向の矢印は、街頭行進という時空間を共有した両者(ドブラードとカポエイラ術、およびマルシャ・ポルカとカポエイラ術)の間に相互作用が働いた可能性を示唆する。

(その種の団体の街頭行進に同行して浮かれ騒ぐこと)へと駆り立てた。ここにフレーヴォと呼ばれる群集の熱狂的態様は出現する。そのような状況を創出した最大の要因はカルナヴァル団体の最後尾を行進した楽隊の演奏する音楽であった。マルシャ・ポルカ(あるいはマルシーニャ)とも呼ばれたその音楽は,軍隊行進曲,そしてその当時レシーフェで流行していたダンス音楽や民衆歌謡からの影響を受けていた。このマルシャ・ポルカ(あるいはマルシーニャ)を直接の母体としてフレーヴォと呼ばれる音楽形式は形作られたと考えられる(その過程で歌詞は欠落しテンポは加速されることによりダンス音楽としての特徴が顕わになった)。クルーベス・ペデストレスの街頭行進にはカポエイラと呼ばれる街のならず者たちも同行した。街頭を行進する軍楽隊の前方で武器を手にカポエイラ術の身体動作を誇示しては騒動を引き起こす彼らの姿がそれ以前から頻繁に目撃されており,クルーベス・ペデストレスへの同行もその延長線上に位置付けられよう。やがてカポエイラの粗暴な振舞いに対する警察当局の取り締まりが強化されると,その目を欺くためにカポエイラ術は後にパッソと呼ばれるダンスの身体動作へと偽装された可能性がある(カポエイラ術からパッソへの移行の過程であからさまな武器ならびに暴力的な身体接触は消失した)。フレーヴォという音楽とパッソというダンスがこうして誕生するにあたっては,カルナヴァルの街頭で楽隊とカポエイラの間に成立したであろう非言語的な相互作用が重要な役割を果たしたと考えられる。

第1章 注
注1) Entrudo という言葉は,「初め」や「開始」を意味する "intróito" というラテン語から派生した。すなわちエントゥルードには四旬節(序章の注2を参照)に先立つ時期という意味がある。
注2) フランス人画家ジャン=バティスト・ドゥブレ(Jean-Baptiste Debret)が1823年に描いた作品で「カルナヴァルの光景(Scène de Carnaval)」という題名が読み取れる。当時の街頭のエントゥルードの情景を描いたものである(カルナアシェ(Carnaxe)のウェブサイト(http://www.carnaxe.com.br/axelook/quadros/arquivos/debret_1823_scenecarnival.htm:2017年8月22日参照)より転載)。
注3) 19世紀の後半になっても,エントゥルードに関する新聞記事が散見される。一例として1861年2月9日付けのDP紙は,「〔レシーフェ市内〕アフォガードス

（Afogados）地区の住民の間に古のエントゥルードがよみがえりつつあり，水の入った器がその時代遅れの復活劇など望んでいない人々の頭上に投げ落とされた」と報じている．

注4) 1852年2月19日付けのヂアリオ・ノヴォ紙（Diário Novo）に掲載された記事．同年のカルナヴァル期間中（2月22日）にサンタ・イザベウ劇場（Teatro de Santa Isabel：1850年にレシーフェ市内サント・アントニオ地区に創建された新古典主義様式の劇場でその威容を誇る）で開催される初めての仮面舞踏会について報じている．入場料や等級別の仕切り席の料金も記されている．筆者はこの新聞記事の現物を2016年5月5日にペルナンブーコ州立文書館（序章の注17を参照）で閲覧し写真撮影した．

注5) 19世紀前半のレシーフェではマラカトゥという言葉は広く黒人たちの集会を意味したが，やがてロザリオの聖母マリア（Nossa Senhora do Rosário）教会の祝祭に登場する黒人王の行列を指してこの言葉が用いられるようになった．1850年代以降この集団は宗教的な祝祭以外でも街頭を練り歩くようになる．なおこのマラカトゥの伝統は，現在もマラカトゥ・ナサゥン（Maracatu Nação）と呼ばれるレシーフェの民衆芸能に受け継がれている．

注6) 政治や社会に対する批判（crítica）を寓話（alegoria）的に表現した山車を引いて街頭を行進したところからこのような名称を付されたものと考えられる．クルーベス・ヂ・アレゴリーア・イ・クリチカ（Clubes de Alegoria e Crítica）と呼ばれることもある．

注7) クルーベス・アレゴリコスが騎馬や馬車で行進したのに対し，この種の団体は徒歩で行進を行ったので「ペデストレ（徒歩による）」という形容詞を付されたものと考えられる．

注8) エスタンダルチ（estandarte）と呼ばれるこの旗は，それぞれのカルナヴァル団体に固有の象徴であり，街頭行進の際には必ず高々と掲げられる．その重量は数十キロに及ぶものもある．ポルタ・エスタンダルチ（porta-estandarte）と呼ばれる男性が交替で旗持ち（旗の運搬者）を務める（第3章に掲載の図3-4も参照のこと）．

注9) 1870年代のリオデジャネイロに出現したランショ（Rancho）と呼ばれる黒人経済的貧困層によるカルナヴァルの街頭行進のために創出された行進曲．ここに言う「テンポを速めたマルシャ」とは後述するマルシャ・ポルカ（Marcha-Polca）もしくはマルシーニャ（Marchinha）のことであろう．

注10) 急速な2拍子で演奏されたボヘミア生まれの舞曲およびそれに合わせて踊られたダンス．ブラジルへは1845年に移入され，まず経済的富裕層の間で人気を博した．

注11) 「街頭に出没する不逞の輩」とは，カポエイラと呼ばれたならず者，売春婦，寄港中の船乗り，船積み人足，家内女中，浮浪者などを指して用いられている．

注12) エヴァンドロ・ラベージョのこの指摘を踏まえてレシーフェ市は2月9日を「フレーヴォの日（Dia do Frevo）」に指定し，2007年の「フレーヴォの誕生100周年（Centenário do Frevo）」もこの日を基準にして祝われた．一方，ブラジル国家は

2009年に制定した連邦法で9月14日を「フレーヴォの記念日（Dia Nacional do Frevo）」と定めている。その理由は，この日付がフレーヴォという言葉の発案者であると従来考えられていたオズヴァウド・アウメイダ（Osvaldo Almeida）の誕生日であったことによる（オズヴァウド・アウメイダについては本章の注13も参照のこと）。

注13）　最も早い時期に新聞紙上でフレーヴォという言葉を用いたのがオズヴァウド・アウメイダであったため，1990年にエヴァンドロ・ラベージョの指摘（1907年2月9日がレシーフェの新聞紙上におけるフレーヴォという言葉の初出であり，その言葉の使用者は明確でないこと）があるまでは，彼がこの言葉の発案者であると考えられてきた（彼自身，1944年11月23日付けのDP紙に掲載されたインタビューでは「その時〔20世紀初頭〕の民衆の熱狂ぶりを目の当たりにし，突如として私の頭にその興奮をフレーヴォと命名するという考えがひらめいた。その言葉は普及して数週間のうちに人々の口の端に上るようになった」と答えている）。しかしながら，その指摘がなされて以降，オズヴァウド・アウメイダをフレーヴォという言葉の発案者と見なすことには大きな疑問符が付されている。とは言え，新聞を通じてこの言葉の普及に果たした彼の役割は肯定的に評価されて然るべきであろう。

注14）　レシーフェ港で石炭の積み下ろしを行う人夫たちによって1888年に結成されたクルーベ・ペデストレで，今日なお活動を続けるこの種の最古の団体である。なお現在の名称は，クルーベ・カルナヴァレスコ・ミスト・ダス・パス・ドウラーダス（Clube Carnavalesco Misto das Pás Douradas：パス・ドウラーダスには金色のシャベルという意味がある）である。

注15）　SILVA, Leonardo Dantas (1990) "O Frevo Pernambucano" *Folclore*, 213/214/215, Recife: Centro de Estudos Folclóricos do Departamento de Antropologia do Instituto de Pesquisas Sociais da Fundação Joaquim Nabuco. より転載。

注16）　レナン・ピメンタ・ヂ・オランダ・フィリョ（Renan Pimenta de Holanda Filho）によれば，ブラジルにヨーロッパで生まれた楽隊が出現するのは，1808年に当時のポルトガル国王ドン・ジョアゥン6世がナポレオン戦争を逃れてリオデジャネイロに首都を移したことを契機とする。彼の随行者の中に楽隊も含まれていたのである。その後ブラジルにおける楽隊は軍隊という枠組みの中でその数を拡大させていった（HOLANDA FILHO, Renan Pimenta de (2010) *O Papel das Bandas de Música no Contexto Social, Educacional e Artístico*, Recife: Caldeira Cultural Brasileira, p. 32.）。

注17）　ヨーロッパの軍隊行進曲を基にしてブラジルで誕生した軍楽。スイング感を加え，テンポを速めて演奏された。

注18）　ジョゼ・ラモス・チニョラゥンが例示するのは，ヨーロッパから移入されたワルツ（Valsa：19世紀にウィーンを中心にヨーロッパで愛好された4分の3拍子の舞曲），ポルカ，ショティッシュ（Schottische：ゆったりとしたテンポのポルカに似た19世紀ドイツの舞曲）そしてマズルカ（Mazurca：ポーランドで生まれた3拍子の

舞曲）である。

注19）　音楽家にして音楽研究者であるアンドレ・フレイタス（André Freitas）は，2016年6月3日に筆者が実施した聞き取り調査に際し，19世紀末のカルナヴァルにおいてヨーロッパ由来のダンス音楽が演奏された背景を次のように説明した：

  その当時のレシーフェはヨーロッパとブラジルの結節点たる大規模な港湾都市であった。フランスやイタリアなどヨーロッパからの本格的な歌劇団を受け入れ，その作品はサンタ・イザベウ劇場〔本章の注4を参照〕で上演された。そのような環境が，レシーフェの音楽家たちがポルカやワルツなどヨーロッパの芸術音楽（música erudita）に接近する機会を提供した。

アンドレ・フレイタスの指摘に従えば，ヨーロッパで芸術音楽化された民衆由来のダンス音楽が，ブラジルへと流入した結果，その地の音楽家の手で再び民衆音楽化したとする構図を想定することもできよう。

注20）　ブラジル出身の混血人であるドミンゴス・カウダス・バルボーザ（Domingos Caldas Barbosa）の活躍により18世紀の第四四半期にリスボンの社交界で流行した歌曲。ナポレオン戦争に伴うポルトガル宮廷の退避を期にブラジルへもたらされるとその地の民衆音楽にも影響を及ぼした。

注21）　8分の6拍子あるいは4分の2拍子で演奏されたフランス生まれの舞曲およびそれに合わせて踊られたダンス。ブラジルへは1820年代には移入されており，まず宮廷舞踊として人気を博した。

注22）　1870年代に出現したとされるブラジルの民衆舞踊およびその伴奏音楽。ハバネラ（Habanera：1800年頃キューバで生まれたテンポのゆったりとした2拍子の舞曲）のリズムとポルカのテンポにアフリカ由来のシンコペーションを融合させたものであると言われる。

注23）　ペルナンブーコ・レクリエーション・センター（Núcleo Recreativo Pernambucano）が主催したその仮装舞踏会における演奏曲目の音楽種別内訳は以下の通りである（括弧内の数字は演奏曲数を示す）：クァドゥリーリャ（7），パ・ド・カトル（Pas de quatre：直訳すれば「四人の踊り」を意味するが，その内容は不明）（3），ワルツ（3），ポルカ（2），ランセイロス（Lanceiros：イギリス風のクァドゥリーリャ）（2）そして序曲（1）。

注24）　筆者はマルシャ・ポルカおよびマルシーニャという音楽を明確に定義付けできるだけの情報を持ち合わせていない。それ故，曖昧さは残るが決定的な誤りを避けるため，本書では以後両者を併記することにする。

注25）　ポルトガル語で「波」の意。集団的な前進と後退が寄せては返す波を連想させるところからこの言葉が用いられたものであろう。

注26）　「フレーヴォ歌謡」の意。1930年代にフレーヴォという音楽は三つの下位類型に分類され，それぞれフレーヴォ・ヂ・ルア（Frevo de Rua），フレーヴォ・カンサゥン（Frevo-Canção）そしてフレーヴォ・ヂ・ブローコ（Frevo de Bloco）と呼ばれるようになった。フレーヴォ・ヂ・ブローコは，その演奏にギターやマンドリンな

どの撥弦楽器を用いる点，また女声コーラスを伴う点で他の二つの類型とは区別される（演奏のテンポも他の二つの類型と比べてゆったりとしている）。フレーヴォ・ヂ・ルアとフレーヴォ・カンサゥンは同様の音楽構造を有し，ともに金管楽器と打楽器で演奏されるが，後者には歌詞が付いている。そしてフレーヴォ・カンサゥンおよびフレーヴォ・ヂ・ブローコがカルナヴァルの街頭において演奏されたとしても，それに合わせてパッソが踊られることはない。

注27) 今日フレーヴォ・ヂ・ルアやフレーヴォ・カンサゥンとして演奏されることの多いこのマルシーニャ（あるいはマルシャ・ポルカ）は，1909年に作曲されたことがエヴァンドロ・ラベージョにより確認されている（RABELLO, Evandro (1988) "Vassourinhas foi compositada em 1909" *Folclore*, 201, Recife: Centro de Estudos Folclóricos do Departamento de Antropologia do Instituto de Pesquisas Sociais da Fundação Joaquim Nabuco.)。序章の注12に記したように，リオデジャネイロで開催された第31回オリンピック競技大会の閉会式でこの曲目が演奏されたのも，ブラジル国内におけるその知名度の高さ故であろう。

注28) 「街頭で演奏されるフレーヴォ」の意。フレーヴォという音楽の下位類型の一つで，歌詞を伴わないことが本章の注26に記したフレーヴォの他の二つの類型との最大の相違点である。パスィスタがパッソを踊るのはフレーヴォ・ヂ・ルアが演奏される場合に限られる。

注29) リタ・ヂ・カッシア・バルボーザ・ヂ・アラウージョは，フレーヴォ（音楽）とパッソ（ダンス）の緊密な関係に着目して次のように記している：

パッソはゆっくりとした自発的な生成過程を経て誕生した。カルナヴァル団体の街頭行進に同行した民衆（彼らはそのカルナヴァル団体に所属しているわけではなく，またその団体が披露する集団演技にも参加しなかった）は，楽隊の演奏する刺激的なマルシャ〔本章の注9を参照〕に感化されるのを感じた。彼らはその音楽の振動するリズムに自らを適合させることで，攻撃と防御を想起させるほとんど常に個人的なダンスの身体動作を生み出していった。一方で，踊り手の身体の機敏で明確な動作は演奏者たちにも影響を及ぼし，集団的なやり取り，即興そして創造の絶え間ない過程の中で新たな音楽の誕生に霊感を与えた（ARAÚJO (1996) p. 362.)。

また，ジョゼ・テリス（José Teles）も楽隊の演奏者とカポエイラの関係性について以下のように記している：

カポエイラは楽隊の演奏者に影響を及ぼし，レシーフェの街頭で演奏されるその音楽のテンポを変化させた。一方でそれと同時に演奏者たちは，その新たなテンポに身体動作を適合させるようカポエイラを誘った。両者の緊密な関係，すなわち無意識的な相互作用は，軍楽隊の街頭行進に限らなかった。その後しばらくすると，軍楽隊を構成する演奏者を同伴したクルーベス・ペデストレスと呼ばれるカルナヴァル団体の街頭行進でもそれが発生した。レシーフェ中心部の街頭を混乱させるカポエイラ，乱暴者そして職を持たざる者に対する抑圧が強化されるに

つれ，彼らはクルーベス・ペデストレスの街頭行進に同行しながらいざこざを引き起こすようになった（TELES, José（2015）*O Frevo Gravado: De Borboleta não é Ave a Passo de Anjo*, Recife: Bagaço, p. 50.）。

更に視野を広げれば，民衆舞踊の踊り手と民衆音楽の演奏者との間に成立したであろう非言語的な相互作用は，パッソというダンスとフレーヴォという音楽に限定されるものではないと筆者が考える事例がある。筆者はかつて，1920年代から30年代にかけてアメリカ合衆国ニューヨーク市ハーレム地区のサヴォイ・ボールルーム（Savoy Ballroom）というダンスホールで踊られたアフリカ系アメリカ人のリンディ・ホップ（Lindy Hop）という民衆舞踊について論じたことがあるのだが，その際にも，このダンスの踊り手とスウィング（Swing）というダンス音楽の演奏者との間に成立した濃密な関係性に着目したのであった。以下の文章は拙稿からの引用である：

    レオン・ジェイムス〔Leon James：踊り手〕が「互いに競い合うミュージシャンと踊り手の間の一種のゲーム」と述べているように，両者の関係は相互の競争意識に基づいていた。この意識があればこそ，卓越したミュージシャンと踊り手とはより高度な次元で互いを刺激し合い，その〔非言語的な〕コミュニケーションを通じて，両者の間に最上のパフォーマンスを成立させたのである（カウント・ベイシー〔Count Basie〕のバンドに在籍していた当時のテナーサックス奏者レスター・ヤング〔Lester Young〕は「演奏していると踊り手のリズムが跳ね返ってくる」と述べている）。上記のような両者の関係を踏まえてマーシャル・スターンズ〔Marshall Stearns：ジャズ研究者〕は，「サヴォイ・ボールルームにおいて卓越したビッグバンド・ジャズが発展した」理由として「卓越した踊り手たちがいたこと」を挙げているのである（神戸周（1989）「アメリカ黒人のダンス "Lindy Hop" についての一考察—1920年代及び30年代における Savoy Ballroom の検討」東京学芸大学紀要第5部門，41：171-179.）。

注30)　1967年にカタリーナ・レアウ（REAL（1990）p. 16.）が記したクルーベス・ヂ・フレーヴォのオーケストラにおける理想的な楽器編成とは以下のようなものであった（括弧内の数字は人数を示す）：アルトクラリネット（1），クラリネット（3），サクソフォーン（3），コルネット（3），トロンボーン（8），ホルン（2），チューバ（3），中太鼓（tarol：2），そして大太鼓（surdo：1）。彼女が調査を行った1960年代前半には，フレーヴォの演奏にまだ木管楽器が使用されていたことがわかる（ラリー・クルック（CROOK（2009）p. 128.）によれば，フレーヴォの演奏における木管楽器の役割とは，金管楽器と打楽器が楽譜に記された通りの規則正しい演奏を行う中で即興的な変奏を行うことであった）。一方，2016年のカルナヴァル期間中（2月9日）に行われたレシーフェ市主催のカルナヴァル団体のコンテスト（団体種別：クルーベス・ヂ・フレーヴォ（Clubes de Frevo：11ある団体種別の一つ），序列集団：特別グループ（Grupo Especial：四つある序列集団の最上位））に出場したクルーベ・カルナヴァレスコ・ミスト・レニャドーレス（Clube Carnavalesco Misto Lenhadores：1897年創設されたクルーベ・ペデストレ，レニャドーレスは薪割り人

の意）のオーケストラの楽器編成は以下の通りであった（括弧内の数字は人数を示す）：サクソフォーン（6），トランペット（4），トロンボーン（4），チューバ（2），大太鼓（surdo：2），小太鼓（caixa clara：1），そしてタンバリン（pandeiro：1）。

注31） マリオ・セチ（Mário Sette）の著作である『蒸気機関車とマラカトゥ（Maxambombas e Maracatus：その初版の刊行は 1935 年)』に掲載されたネストール・シウヴァ（Nestor Silva）の挿絵（OLIVEIRA (1971) p. 83. より転載）。

注32） パラグアイ戦争（1864-1870：ブラジル，アルゼンチン，ウルグアイ三国とパラグアイとの間で戦われた）以前には嫌悪されていた軍役が，この戦争でのブラジルの勝利により，社会的な地位の向上や奴隷の身分からの解放のための方途として見直されたことを指す。

注33） ドイツ人画家ヨハン・モリツ・ルゲンダス（Johann Moritz Rugendas）が 1835 年に描いたとされるカポエイラ術（彼はこの絵に「ジョガール・カポエイラすなわち戦闘の踊り（Jogar Capoëra ou Danse de la Guerre)」という題名を付けている）。ゲルハルト・クービックは，描かれた情景からその当時のカポエイラ術の伴奏が太鼓と手拍子によって行われていたと推測する。一方，ジョン・ローウェル・ルイスは二人の闘技者の間合いに着目し，足蹴りを用いた攻撃が行われた可能性を指摘する（イタウー・クウトゥラウ百科事典（Enciclopédia Itaú Cultural）のウェブサイト（http://enciclopedia. itaucultural.org.br/obra24907/jogar-capoeira：2017 年 8 月 22 日参照）より転載）。

注34） ポルトガル北部には棒を用いた格闘術（jogo de pau）の伝統があり，20 世紀初頭に至るまで定期市や聖地巡礼などの場で盛んに行われていた（この棒は牧童や農夫が日々の労働に持ち歩いたもので身の丈ほどの長さがある）。1930 年代に入ると，警察による取り締まり，農村部から都市部への人口移動，銃器の普及などを理由にこの格闘術は衰退したと言われる。

注35） 国家による初めての人口統計調査が実施された 1872 年当時のブラジルで 10 万人以上の人口を有する都市は以下の三つであった：リオデジャネイロ（274,972 人），サルヴァドール（129,109 人）およびレシーフェ（116,671 人）。1890 年に実施された 2 回目の調査でもこの序列に変化は見られず，各都市の人口は以下のように推移した：リオデジャネイロおよびサルヴァドールではそれぞれ 522,651 人および 174,412 人と増加したが，レシーフェでは 111,556 人と微減を示した（なおレシーフェの人口は，1900 年に実施された 3 回目の調査でも同水準（113,106 人）を維持して後，4 回目の調査（1920 年実施）で 238,843 人と倍増している）。

注36） 残念ながら筆者は，奴隷制度撤廃に伴う農村部から都市部への黒人人口の移動実態について説明できるだけの資料を持ち合わせていない。とは言え，本章の注 35 に記したリオデジャネイロおよびサルヴァドールにおける人口の増大には，農村部からの元奴隷の流入が少なからぬ影響を及ぼした可能性は否定できない。

注37） カポエイラ術の基本的な身体動作。その目的は相手の気をそらせてこちらの打撃動作に対し無防備な状態に誘い込むことにあるという。第 2 章第 4 節第 1 項で詳述

するパッソの身体動作にもジンガの動きを模したもの（Passo do capoeira）がある。

注 38） ブラジルでは帝政から共和政に移行して間もない 1890 年 10 月 11 日付けで，カポエイラの活動を禁ずる旨の条項を含めた法令第 847 号が公布された。カポエイラに関して第 402 条には以下のように記されている（Website do Senado Federal：http://legis.senado.gov.br/legislacao/ListaPublicacoes.action?id=66049&tipoDocumento=DEC& tipoTexto=PUB：2017 年 8 月 31 日参照）：

> 第 402 条：公共の場である街頭や公園においてカポエイラ術（capoeiragem）という名称で知られている敏捷さと巧妙さを伴う身体運動を行うこと；武器あるいは身体を傷付ける恐れのある道具を携帯して歩き回ることで騒動あるいは混乱を引き起こし，特定の人物あるいは不特定の人物を脅迫し，あるいは何らかの悪事によって恐怖を招来すること。
> 刑罰：2 か月から 6 か月間の独房への収監。
> 単項（parágrafo único）：そのカポエイラが何らかの団体あるいは集団に属することは刑罰の加重事由と見なされる。〔その団体あるいは集団の〕首領あるいは中心人物には 2 倍の刑罰が科せられる。

注 39） カリスト（Kalisto）なる風刺画家が描いたカポエイラの打撃動作の一つ「エスコラゥン（Escorão：突っ張りの意）」。この原画は 1906 年 3 月にリオデジャネイロで発行された雑誌『コスモス（Kosmos）』に掲載されている（OLIVEIRA（1971）p. 92. より転載）。

注 40） このコンゴスという民衆芸能では歌唱を伴っての黒人王の宮廷の行列が再現されるのだが，マリオ・ヂ・アンドゥラーヂは王の頭上に捧げられる天蓋（pálio）がソンブリーニャの起源であると考えたのである。

注 41） その起源は植民地時代にまでさかのぼるとされる。砂糖農園や大牧場を舞台とした時の支配層に対する風刺劇が歌，楽器演奏そしてダンスを交えて演じられる。ヴァウデマール・ヂ・オリヴェイラは，その劇中に登場する砂糖農園主や司祭などの手にする日傘がパッソに転用されたと考えたのである。

注 42） ヴァウデマール・ヂ・オリヴェイラが示唆する残り二つの可能性とは，傘を手にバランスを取るサーカスの綱渡り芸人を模倣したとするもの，そしてレシーフェの強烈な日差しを遮る日傘として用いられたとするものである。

注 43） レオナルド・ダンタス・シウヴァは，1980 年代に入ってなお，傘の柄の先端を加工して研ぎ澄ますパスィスタが存在することを指摘している（SILVA, Leonardo Dantas（1986）"Os Muitos Frevos de um Carnaval" Recife: *Diário de Pernambuco*（8 de Fevereiro).）。

第 1 章　引用および参考資料

[1]　RABELLO, Evandro（ed.）（2004）*Memórias da Folia: O Carnaval do Recife pelos Olhos da Imprensa 1822–1925*, Recife: Funcultura.

[2] SILVA, Leonardo Dantas (2000) *Carnaval do Recife*, Recife: Prefeitura da Cidade do Recife; Fundação de Cultura Cidade do Recife.
[3] ARAÚJO, Rita de Cássia Barbosa de (1996) *Festas: Máscaras do Tempo. Entrudo, Mascarada e Frevo no Carnaval do Recife*, Recife: Fundação de Cultura Cidade do Recife.
[4] SILVA (2000) *op.cit.*, p. 13.
[5] ARAÚJO (1996) *op.cit.*, p. 125.
[6] LIMA, Cláudia (2001) *Evoé: História do Carnaval das Tradições Mitológicas ao Trio Elétrico* (2ª ed.) Recife: Editora Raízes Brasileiras, p. 69.
[7] MORAIS, Eneida da Costa (1958) *História do Carnaval Carioca*, Rio de Janeiro: Editora Civilização Brasileira, p. 29. (SILVA (2000) *op.cit.*, p. 21. より)
[8] SILVA (2000) *op.cit.*, p. 21.
[9] SILVA (2000) *ibid.*, p. 41.
[10] ARAÚJO (1996) *op.cit.*, pp. 205-206.
[11] SILVA, Leonardo Dantas (1991) "Elementos para a História Social do Carnaval do Recife" In SOUTO MAIOR, Mário e Leonardo Dantas SILVA (eds.) (1991) *Antologia do Carnaval do Recife*, Recife: Editora Massangana, p. XXXII.
[12] SILVA (2000) *op.cit.*, p. 75.
[13] SILVA (1991) *op.cit.* In SOUTO MAIOR e SILVA (1991) *op.cit.*, p. XXXIV.
[14] SILVA (2000) *op.cit.*, p. 81.
[15] REAL, Katarina (1990) *O Folclore no Carnaval do Recife* (2ª ed.) Recife: Editora Massangana, pp. 8-10.
[16] SILVA (2000) *op.cit.*, pp. 79-80.
[17] RABELLO, Evandro (1977) "Vassourinhas" *Folclore*, 28, Recife: Centro de Estudos Folclóricos do Departamento de Antropologia do Instituto Joaquim Nabuco de Pesquisas Sociais.
[18] MELO, Apolônio Gonçalves de (1966) *Recordação dos Carnavais de 1904 a 1965*, Recife: sem editora, sem página. In SOUTO MAIOR e SILVA (eds.) (1991) *op.cit.*, p. 18.
[19] SILVA (2000) *op.cit.*, p. 81.
[20] SILVA (2000) *ibid.*, p. 83.
[21] ARAÚJO (1996) *op.cit.*, p. 302.
[22] VICTOR, Lucas (2004) "Carnavais de História: Entrudeiros, Mascarados, Capoeiras e Passistas nas Folias de Momo do Recife" In RABELLO (ed.) (2004) *op.cit.*, p. 29.
[23] SILVA (2000) *op.cit.*, p. 84.
[24] SILVA (2000) *ibid.*, p. 84.
[25] SILVA (2000) *ibid.*, p. 87.

[26] RABELLO, Evandro (1990) "Osvaldo Almeida: O Mulato Boêmio que não Criou a Palavra Frevo" Recife: *Diário de Pernambuco* (11 de Fevereiro).
[27] PEREIRA DA COSTA, F. A. (1976) *Vocabulário Pernambucano* (2ª ed.) Recife: Governo do Estado de Pernambuco; Secretaria de Educação e Cultura, p. 368.
[28] SILVA, Leonardo Dantas (1990) "O Frevo Pernambucano" *Folclore*, 213/214/215, Recife: Centro de Estudos Folclóricos do Departament de Antropologia do Instituto de Pesquisas Sociais da Fundação Joaquim Nabuco.
[29] MELO, Mário (1938) "Origem e Significado do Frevo" In FEDERAÇÃO CARNAVALESCA PERNAMBUCANA (1938) *Anuário do Carnaval Pernambucano 1938*, Recife: Federação Carnavalesca Pernambucana, sem página.
[30] MELO (1938) *ibid*. In FEDERAÇÃO CARNAVALESCA PERNAMBUCANA (1938) *op.cit.*, sem página.
[31] SILVA (2000) *op.cit.*, p. 105.
[32] SILVA (2000) *ibid.*, p. 103.
[33] CROOK, Larry (2009) *Focus: Music of Northeast Brazil* (2nd ed.) New York and London: Routledge, p. 115.
[34] TINHORÃO, José Ramos (1998) *História Social da Música Popular Brasileira*, São Paulo: Editora 34, p. 182.
[35] OLIVEIRA, Valdemar de (1971) *Frevo, Capoeira e Passo*, Recife: Companhia Editora de Pernambuco, p. 27.
[36] MELO (1938) *op.cit.* In FEDERAÇÃO CARNAVALESCA PERNAMBUCANA (1938) *op.cit.*, sem página.
[37] VIANA, Paulo (1974) *Carnaval de Pernambuco: Suas Riquezas Folclóricos e Ritmos Característicos*, Recife: edição do autor, sem página. In SOUTO MAIOR e SILVA (eds.) (1991) *op.cit.*, p. 308.
[38] ANDRADE, Mário de (1948) "Cícero Dias e as Danças do Nordeste" *Contraponto*, 7: sem página.
[39] OLIVEIRA (1971) *op.cit.*, p. 36.
[40] OLIVEIRA (1971) *ibid.*, p. 35.
[41] VIANA (1974) *op.cit.*, sem página. In SOUTO MAIOR e SILVA (eds.) (1991) *op.cit.*, p. 310.
[42] CÁRDENAS, Carmela Oscanoa de (1981) *O Uso do Folclore na Educação: O Frevo na Didática Pré-escolar*, Recife: Editora Massangana, p. 55.
[43] OLIVEIRA (1971) *op.cit.*, p. 27.
[44] OLIVEIRA, Valdemar de (1946) "O Frêvo e o Passo, de Pernambuco" *Boletim Latino Americano de Música*, 6: 157-192.
[45] RABELLO (1977) *op.cit.*, sem página.
[46] REAL (1990) *op.cit.*, p. 16.

[47] OLIVEIRA, Valdemar de (1976) "Frevo" *Folclore*, 24, Recife: Centro de Estudos Folclóricos do Departamento de Antropologia do Instituto Joaquim Nabuco de Pesquisas Sociais.
[48] OLIVEIRA (1971) *op.cit.*, p. 99.
[49] OLIVEIRA (1971) *ibid.*, p. 62.
[50] OLIVEIRA (1971) *ibid.*, p. 65.
[51] PEREIRA DA COSTA, F. A. (1908) *Folk-Lore Pernambucano*, Rio de Janeiro: Imprensa Oficial, sem página. (SILVA (2000) *op.cit.*, p. 97. より)
[52] VIANA (1974) *op.cit.*, sem página. In SOUTO MAIOR e SILVA (eds.) (1991) *op.cit.*, p. 310.
[53] SOARES, Carlos Eugênio Líbano (2002) "Festa e Violência: Os Capoeiras e as Festas Populares na Corte do Rio de Janeiro (1809-1890)" In CUNHA, Maria Clementina Pereira (org.) (2002) *Carnavais e Outras F(r)estas: Ensaios de História Social da Cultura*, Campinas: Editora da Unicamp, Cecult, p. 294.
[54] REGO, Waldeloir (1968) *Capoeira Angola*, Salvador: Editora Itapuã, sem página. (OLIVEIRA (1971) *op.cit.*, p. 68. より)
[55] CASCUDO, Luís da Câmara (1967) *Folclore do Brasil*, Rio de Janeiro: Editôra Fundo de Cultura, pp. 184-187.
[56] LEWIS, John Lowell (1992) *Ring of Liberation: Deceptive Discourse in Brazilian Capoeira*, Chicago: The University of Chicago Press, p. 26.
[57] CASCUDO (1967) *op.cit.*, p. 186.
[58] KUBIK, Gerhard (1979) *Angolan Traits in Black Music, Games and Dances of Brazil: A Study of African Cultural Extensions Overseas*, Lisboa: Centro de Estudos de Antropologia Cultural, p. 27.
[59] KUBIK (1979) *ibid.*, p. 28.
[60] KUBIK (1979) *ibid.*, p. 28.
[61] VIEIRA, Frei Domingos (1873) *Dicionário*, Pôrto: sem editora, sem página. (CASCUDO (1967) *op.cit.*, p. 188. より)
[62] LEWIS (1992) *op.cit.*, p. 41.
[63] CASCUDO (1967) *op.cit.*, p. 187.
[64] Website do IBGE (Instituto Brasileiro de Geografia e Estatística：ブラジル地理統計院) (https://censo2010.ibge.gov.br/sinopse/index.php?dados=6&uf=00：2017年8月29日参照)
[65] LEWIS (1992) *op.cit.*, p. 47.
[66] REAL (1990) *op.cit.*, p. 13.
[67] OLIVEIRA (1971) *op.cit.*, pp. 84-85.
[68] OLIVEIRA (1971) *ibid.*, p. 86.
[69] VICTOR (2004) *op.cit.* In RABELLO (ed.) (2004) *op.cit.*, p. 31.

[70]   OLIVEIRA (1971) *op.cit.*, p. 88.
[71]   SETTE, Mário (1981) *Maxambombas e Maracatus* (4ª ed.) Recife: Fundação de Cultura Cidade do Recife, p. 86.
[72]   SILVA (2000) *op.cit.*, p. 213.
[73]   OLIVEIRA (1971) *op.cit.*, p. 102.
[74]   OLIVEIRA, Valdemar de (1948) "Conversa com Mário de Andrade" Contraponto, 7: sem página.
[75]   OLIVEIRA (1948) *ibid.*, sem página.
[76]   OLIVEIRA (1971) *op.cit.*, pp. 113-118.
[77]   OLIVEIRA (1971) *ibid.*, p. 116.
[78]   OLIVEIRA, Valdemar de (1947) "Introdução ao Estudo do Frêvo" *Contraponto*, 4: sem página.

第 2 章　ナシメント・ド・パッソとフレーヴォ

　第 1 章で確認したように，20 世紀初頭のカルナヴァルの街頭で生み出されたと考えられるパッソというダンスをカルナヴァルとは異なる脈絡で実践することに道を開いた人物として，本書ではナシメント・ド・パッソ（Nascimento do Passo：1936-2009，本名はフランシスコ・ド・ナシメント・フィリョ（Francisco do Nascimento Filho））を取り上げる。特にこの人物に着目するのは，彼が学校という場を設定してそこで実践する指導法を考案するというそれまでのパッソの技術の継承の仕方とは全く発想を異にする方法論を導入した画期的な人物であり，その影響はすでに故人となった今日なおパッソ指導の現場に及んでいると考えられるからである。本章では，パッソの踊り手また指導者としてレシーフェで広くその名を知られた彼の生涯を，1990 年代から 2000 年代にかけて公表されたこの人物の活動に関わる論考[1][2][3][4]，2002 年にイヴァン・モラエス・フィリョ（Ivan Moraes Filho）がこの人物に対して行ったインタビュー[5]および筆者が 1999 年から 2016 年までに実施した現地調査で収集された情報を主たる手掛かりとしてたどりながら，半世紀以上に渡る彼とフレーヴォという民衆芸能との関わりについて検討する。ナシメント・ド・パッソは，その人物像や業績についての記録や証言が数多く存在する恐らく唯一のパッソの実践者であり，彼の足跡をたどることは，20 世紀後半のパッソを含めたフレーヴォという文化のあり様を明らかにする上でも極めて有益であると思われる。更に本章では，2003 年に実施した現地調査の折にナシメント・ド・パッソに協力を仰いで撮影されたビデオ映像を主たる情報源とし，パッソの技術的側面，すなわちこのダンスを構成する具体的な身体動作[注1]ならびにそれらを組み合わせた結果として成立する演技について分析を行うが，ビ

デオ映像を用いた今回の分析には前例がなく，本書に独自の試みである。

第1節　ナシメント・ド・パッソの経歴

　表2-1は，本書の検討結果に基づいて筆者が作成したナシメント・ド・パッソの略年譜である。この表を一瞥すると，彼の生涯は30歳代初めまでのパッソの踊り手としての半生（表中では薄い灰色で示す）とそれ以降60歳代半ばまでのその指導者としての半生（表中では濃い灰色で示す）に分けて把握することが可能であるように思われる。そして1967年からおよそ3年間に渡りレシーフェを離れた時期がその転換点になっているのを見て取れよう。

第1項　その少年時代そしてフレーヴォとの出会い

　1936年にペルー共和国との国境に位置するアマゾナス（Amazonas）州ベンジャミン・コンスタン（Benjamin Constant）のブラジル先住民の家系に生を享けたナシメント・ド・パッソは，その少年時代を同州の首都マナウス（Manaus）で過ごしている。彼がイヴァン・モラエス・フィリョによるインタビュー[6]で語ったところによると，その当時ベンジャミン・コンスタンで黄熱病が流行したためにFUNAI（Fundação Nacional do Índio：国立先住民保護財団）が彼を身ごもっていた母親をマナウスに移送したとのことである。マナウスにおいて彼は何度か住まいを替えるのだが，行く先々で，彼がその住まい近くに拠点を有する民衆芸能の活動に関与していたという事実は，その後の彼とフレーヴォとの関わりを考える上で興味深い。彼が取り分け深く関わったのは雄牛の死と復活を主題とするボイ（Boi：雄牛の意）[注2]と呼ばれる芸能であるが，彼は上述のインタビュー[7]の中で，この芸能に登場する数多くの役柄のほとんどすべてを体験したと述べている。このマナウスでの経験が，後にレシーフェでのフレーヴォとの関わりの素地となったであろうことは想像に難くない。なお，このボイという民衆芸能はブラジル北部および北東部の広範な地域にその変種を見出すことができる（図2-1はボイ・ド・カルナヴァル（Boi do Carnaval：カ

表2-1. ナシメント・ド・パッソ略年譜

年次	ナシメント・ド・パッソに関わる事柄	社会の動向	文化的背景
1936年	ブラジル北部アマゾナス州ベンジャミン・コンスタンでで生まれる。その後マナウスに移り、少年時代をその地域の民衆芸能に関わりながら過ごす。		
1945年（9歳） 1949年（13歳）	マナウスから単身でレシーフェに到着し、独力で生活を始める。居住地地域のカルナヴァル団体を通じてフレーヴォに関わる。	第二次世界大戦終結	【地域主義の高まり】 地元レコード会社の設立 ダンスコンテストの開催 （フレーヴォの流行）
1958年（22歳）	パッソの一大コンテストで優勝し、それを機に「ナシメント・ド・パッソ」を名乗る。その後およそ10年間ブラジル国内外でフレーヴォに関わる数多くのイベントに出演する。		
1964年（28歳） 1966年（30歳）	エジヂオ・ベゼーラの後継者として「パッソの王様」に認定される。	民政から軍政への移行	
1967年（31歳）	出身地のアマゾナス州に戻り、およそ3年を過ごす。		
1973年（37歳）	私費を投じてフレーヴォの学校（Escola de Frevo Recreativa Nascimento do Passo）を設立する。またこの時期以降パッソの普及に向けた活動を活発化させ、ダンス教室や体操教室、公立および私立の学校、また民衆舞踊団などで指導を行う。	軍政から民政への移行	【アルモヒアル運動】 民衆舞踊固の設立 （民衆芸能の舞台化）
1985年（49歳） 1996年（60歳）	レシーフェ市がフレーヴォの学校（Escola de Frevo）を設立し、副校長に任命される。 レシーフェ市から名誉市民賞を授与される。		
1998年（62歳） 2000年（64歳） 2003年（67歳）	ペルナンブーコ州から名誉州民賞を授与される。 フレーヴォの市立学校（Escola Municipal de Frevo）の職を辞し、以後公的な活動から身を引く。		
2009年（73歳）	レシーフェ市内で亡くなる。		

ナシメント・ド・パッソの生涯は、30歳代初めまでの踊り手としての半生（薄い灰色）とそれ以降60歳代後半までの指導者としての半生（濃い灰色）に大きく分けられよう。

第2章 ナシメント・ド・パッソとフレーヴォ

図 2-1. ボイ・ド・カルナヴァル (2003 年筆者撮影)

ルナヴァルの雄牛の意）と呼ばれるレシーフェの民衆芸能であるが，中央にしゃがみ込んだ張り子の雄牛が確認できる）。

　1949 年，13 歳のナシメント少年はマナウス港に停泊していた一隻の汽船に隠れて乗り込んだ（ルセリア・アウブケルケ・ヂ・ケイロース（Lucélia Albuquerque de Queiroz）[8] によれば，自らの行ったいたずらが原因で母親に折檻される恐怖から彼はその地を逃げ出そうとしたのだという[注3]）が，出港してしばらくすると発見され，船長の前へと引き出された。食べ物と水夫用の衣服を与えられた彼は，船長から「君は未成年だから，船会社の本社があるリオデジャネイロまで我々に同行しなければならない。そこで君の家族を突き止めてマナウスへ送り返す」[9] と言い渡される。しかし彼はその船がレシーフェ港に停泊している間に下船してしまい，身寄りのないその地で一人暮らしを始めることになった。彼は靴磨きや新聞売りなどと顔見知りになり，やがて庭師の仕事を手に入れた。そして雇い主から 1 か月分の給金を前借りすると，「〔レシーフェ市中心部〕サン・ジョゼ地区のヴ

図2-2. 1947年のカルナヴァルのパスィスタたち

ァソウリーニャス（Vassourinhas）[注4]というカルナヴァル団体の本部の裏手にある下宿屋に小さな部屋を借りた」[10]という。この偶然が彼とフレーヴォとを結び付ける契機となった。知り合いの少年に誘われてヴァソウリーニャスの街頭行進の練習に足を運んだナシメント少年は，その団体の本部前を埋め尽くした群集の中で演じられるパッソの妙技に魅了され，そのダンスの習得に励むようになった。その後も彼が「レシーフェ市内で住まいを変える度に，その近くには必ずフレーヴォを演奏するカルナヴァル団体の本部があった」[11]という（図2-2[注5]は，ナシメント・ド・パッソがレシーフェにたどり着く2年前，1947年のカルナヴァルで雨傘を手にパッソを演じるパスィスタ（パッソの踊り手）たちであるが，少年時代の彼もこのような光景を目撃したものであろう）。

第2章　ナシメント・ド・パッソとフレーヴォ　71

第2項　パスィスタとしての経歴――街頭から舞台まで

　1920年代にレシーフェの知識人によって標榜された地域主義（Regionalismo）[注6]の伝統を背景に，1950年代のレシーフェでは地元の民衆文化（cultura popular）に対する関心が高まりを見せていた。更に，ラジオおよびレコードという媒体を通じてレシーフェで大衆文化（cultura de massa）が生み出されたのもこの時期であるという[12]。1950年代のレシーフェにおいてフレーヴォという民衆芸能の隆盛に影響を及ぼした二つの要因を指摘することができる。一つは，レシーフェにローゼンブリット（Rozenblit）というレコード会社[注7]が設立されたことである（ジョゼ・テリス（José Teles）[13]は，「ローゼンブリットとともにフレーヴォはその黄金時代を謳歌した」と述べている）。これにより，それまでは多国籍企業によってリオデジャネイロで限定的に製作されていたフレーヴォのレコードを地元の需要に即して生産できる体制が整った。そしてもう一つは，レシーフェ市内で地元の新聞社やラジオ局が企画するパッソのコンテスト（Concursos de Passo）がしばしば開催されるようになったことである。このようなコンテストは，その多くが「レシーフェの街頭や〔放送局の〕スタジオ内に設営された舞台の上で行われ，その様子はラジオで生中継された」[14]という。アナ・ヴァレリア・ヴィセンチ（Ana Valéria Vicente）[15]が指摘するように，「レシーフェの街頭でカルナヴァル団体のオーケストラが行っていた演奏練習に足を運んで技能を磨き自らを成長させたパスィスタたちは，パッソのコンテストという場でオーケストラが生演奏するフレーヴォに合わせてより素晴らしく創造的な演技を競い合った」のである。マリア・ゴレーチ・ロシャ・ヂ・オリヴェイラ（Maria Goretti Rocha de Oliveira）[16]は，パッソのコンテストを「街頭のパスィスタたちを屋外に設営された仮設舞台やレシーフェ市内の劇場の舞台へと誘った初めての踏み台」であると解釈し，それはまた「カルナヴァルの街頭で演じられるパッソを技術的・芸術的に洗練するための刺激として機能するとともに，民衆の中に位置付けられる多種多様なパスィスタたちの創造性を活気付けた」と指摘する。ここで確認すべきは，カルナヴァルの街頭でのカポエイラの荒々しくも自由奔放な身体動作に端を発するパッソは，元来「自己中

心的で個性的，陽気さを備え，名人芸的で極めて創造的」[17]なダンスであり，「第三者の眼差しの中で完結する歓喜と生命力の表出」[18]を伴っていたということであろう。それはすなわち，当初からパッソというダンスには，観者の存在を前提として高度な技能と独創性を指向するという性質が備わっていたことを示している。なお，ここに述べたローゼンブリットとパッソのコンテストがフレーヴォという民衆芸能の隆盛に果たした役割の重要性にはアナ・ヴァレリア・ヴィセンチ[19]も着目しており，「ローゼンブリットがフレーヴォという音楽の主たる刺激物としてその普及に貢献したとすれば，当初地域のラジオ局によって促進されたパッソのコンテストはフレーヴォ〔パッソ〕の踊り手たちのための華麗なショーケースとして機能した」との見解を示している。一方でジュリアーナ・アメリア・パエス・アズウベウ（Juliana Amelia Paes Azoubel）[20]は「このようなイベント〔パッソのコンテスト〕が創設された背景にはカルナヴァルおよび〔その場に出現する〕民衆的な伝統を自らの統制下に置こうとするエリート層の恒常的な目論見が存在した」と指摘しているが，エリート層が取り決めた一定の規則に基づいて実施されるコンテストの舞台にパスィスタを誘導したことが元来街頭でパッソの持ち合わせていた予測不能な自由奔放さを制御する方向に作用した可能性についても注意を払うべきであろう(注8)。

　ナシメント少年はパッソのコンテストへの出場を通じて自らの技能に磨きを掛けた。イヴァン・モラエス・フィリョによるインタビューに答えて彼は，「コンテストは正真正銘のパッソの学校だった」[21]とその当時を回想している(注9)。彼のこの言葉からも，コンテストの舞台は，従来カルナヴァルの街頭で娯楽を主たる目的として自発的・即興的に踊られていたパッソをその演技の競い合いの中で技術的に洗練する方向へと誘う役割を果たしていたことが窺い知れる。そしてそれとともに，その当時のパッソの技術(注10)の継承は，パスィスタ同士の眼差しの交換，すなわち互いの演技の直接的な観察を通じて暗黙裡に行われていた事実を指摘すべきであろう（パッソの習得に果たす他者の演技を観察するという行為の重要性については，レシーフェの識者によっても繰り返し指摘されている。本章の注19および注26を参照のこと）。1958年に開催されたパッソの一大コンテスト(注11)で優勝

図 2-3. ナシメント・ド・パッソらフレーヴォ実演者一行の
サンパウロ公演を伝える新聞記事

に輝いたナシメント青年は，以後自らを"ナシメント・ド・パッソ（パッソの名手ナシメントの意）"と称するようになった。そしてこのコンテストを契機として，1960年代に入ると，彼はフレーヴォに関わる様々なイベントに招かれるようになり，それまで民衆的なパッソなどが演じられることのなかったサンタ・イザベウ劇場（第1章の注4を参照）のような大劇場の舞台でもその卓越したパスィスタとしての技量を披露するに至る（マリア・ゴレーチ・ロシャ・ヂ・オリヴェイラ[22]も指摘するように，この時期レシーフェの劇場の舞台で観客を前にパッソが演じられることは異例であった）。またこれと時期を同じくして彼はとある芸能集団に加わり，週末になるとペルナンブーコ州内の小都市を巡業する芸人としての生活を開始することによって幾ばくかの収入を手に入れた[23]という（図 2-3[注12]を参照）。ここで注目すべきは，更に続けて彼が「日曜日の夜には翌日の仕事に備えて〔そのような地方巡業から〕レシーフェへ戻らねばならなかった」[24]と述べていることである。ここで言う「翌日の仕事」とはパッソを演じることで

はない。これはすなわち，いかに名声を博したパスィスタと言えども，パッソの演技は飽くまでも副業に過ぎず，その当時のレシーフェにおいてそれだけで生計を立てることは難しかったという事実を示している[注13]。

　序章第2節でルイ・ドゥアルチ（Ruy Duarte）の著作に言及した際に触れたように，すでに1960年代のレシーフェでは，1930年代にリオデジャネイロからもたらされたエスコーラ・ヂ・サンバと呼ばれるカルナヴァル団体（序章の注3を参照）の台頭により，フレーヴォという民衆芸能は弱体化を余儀無くされていた[注14]。1966年1月18日付けのヂアリオ・ダ・ノイチ紙（Diário da Noite）に掲載されたインタビュー記事においてフレーヴォという民衆芸能の暗い未来を予想したネルソン・フェレイラ（Nelson Ferreira）[注15]は，その紙面を通じて当時のペルナンブーコ州知事およびレシーフェ市長に対し，「フレーヴォを見殺しにすることのないよう」にとの率直な援助要請を行っている。そしてそのインタビュー記事の中で更に彼は，自らがサンバ〔という民衆文化〕それ自体を否定しているわけではなく，「ヴァソウリーニャス〔Vassourinhas：小さな箒の意〕，レニャドーレス〔Lenhadores：薪割り人の意〕，パス・ドウラーダス〔Pás Douradas：金色のシャベルの意〕，カニンデース〔Canindés：ブラジル先住民の一部族名〕の栄光の生地〔これら四つのカルナヴァル団体（ヴァソウリーニャス，レニャドーレス，パス・ドウラーダスはいずれもクルーベス・ヂ・フレーヴォ，またカニンデースはカボクリーニョスという団体種別に分類される）はいずれも19世紀末までには結成されていた〕」へのエスコーラ・ヂ・サンバという外来のカルナヴァル団体の執拗な侵入が許容できないのだとする心情を吐露している[注16]。そのような状況下，ナシメント・ド・パッソの生涯を語る上で欠かすことのできないもう一つのコンテストが同じく1966年に開催されている。それは，青少年時代の彼に大きな影響を及ぼしたエヂジオ・ベゼーラ（Egídio Bezerra：パッソの王様（O Rei do Passo）と呼ばれた）の後継者を選出するために，レシーフェのカルナヴァルの編史家たちが企画したものであった。このコンテストでナシメント・ド・パッソは優勝し，パッソの王様の称号を手に入れている。1958年および1966年に開催された上記二つのコンテストに挟まれた期間を彼の踊り手

としての最盛期と考えることができよう（次項で述べるように，1967 年には彼は故郷のアマゾナス州に戻っており，1970 年代以降はパッソの踊り手としてよりもその指導者としての彼の役割に注目が集まることになる）。1950 年代および 1960 年代における踊り手としてのナシメント・ド・パッソの足跡を検討することは，元来街頭で演じられていたパッソが舞台化・見世物化する経緯について考える上でも有益な情報を提供するように思われる。

第 3 項　指導者としてのナシメント・ド・パッソ

1967 年に生まれ故郷のアマゾナス州へ戻ったナシメント・ド・パッソは，その翌々年およそ 3 年ぶりにレシーフェへと帰還したが，軍事政権下（1964 年から 1985 年まで）のレシーフェではかつてのパッソの名手としての名声も役には立たず，日雇い仕事で糊口をしのぐ生活を余儀なくされた。しかしながら，そのような状況においても彼はパッソを踊り続けるとともに，近隣の子どもたちにもそのダンスを指導するようになった。彼が私費を投じてレシーフェで初めての公衆に開かれたパッソ指導のための学校（Escola de Frevo Recreativa Nascimento do Passo：ナシメント・ド・パッソが設立したレクリエーションのためのフレーヴォの学校の意）をレシーフェ市内イブーラ（Ibura）地区に設立したのは 1973 年 1 月 31 日のことである[注17]。彼を学校の設立へと駆り立てた理由の一つは，彼が「その〔1973 年〕当時まだなお踊り続けていた〔往時を知る〕唯一のパスィスタであった」[25]からであった。学校設立の 2 日前に当たる 1973 年 1 月 29 日付けのヂアリオ・ヂ・ペルナンブーコ紙（Diário de Pernambuco：以下 DP 紙と略す）は，今や歴史の彼方に消え去ろうとしているフレーヴォを背負って孤軍奮闘するかのようなナシメント・ド・パッソを評して「レシーフェ最後の古典的パスィスタ（o último dos passistas clássicos do Recife）」と形容したが，その後の彼のパッソの指導者としての精力的な活動に思いを馳せると，この皮肉とも取れる表現にはパッソを過去から未来へと橋渡しした結節点としての彼の重要性が図らずも暗示されているように思われる。前項で言及したエジヂオ・ベゼーラを始めとして，その名声を後世に残したパスィスタは少なくない。しかしながら学校を設立して不特定多数の市民を

対象としたパッソの指導を構想し，それを現実のものとしたのはナシメント・ド・パッソを措いて他にない。前例なき試みに立ち向かうこの当時の彼の姿は，マリア・ゴレーチ・ロシャ・ヂ・オリヴェイラの目には「文化的抵抗[注18]にしてカルナヴァルという頸木からフレーヴォとパッソを解き放つための政治的闘争」[26]であると映った。また1988年8月21日付けのDP紙が記すところでは，パッソをカルナヴァルの街頭という時空間に限定することなく年間を通じてそのダンスを実践できる安定した環境を確保することが，パッソ指導のための学校の設立に寄せるナシメント・ド・パッソの宿願であったという。

マリア・ゴレーチ・ロシャ・ヂ・オリヴェイラ[27]によれば，「心身の健康の増進や気晴らし，あるいはプロのパスィスタになること」を目的としてパッソを学ぶことに対する「年齢，職業そして階級」をも超越した社会的関心がレシーフェで高まりを見せ始めるのは1980年代に入ってからのことであった。1980年代半ば以降，ナシメント・ド・パッソはこの社会的要請に応えるかのように，自ら設立した学校での活動に加え，レシーフェ市内の複数の場所で一般市民を対象にして，また公立の学校や私的な体操教室といった教育施設を訪れては精力的にパッソの指導を行っている。更に時期を同じくして，彼は新聞紙上（1988年8月21日付けDP紙）に「パッソの十戒（os 10 Mandamentos de Lei do Passo）」なるものを公表している。それは以下のような項目で構成されていた：

(1) フレーヴォという音楽に合わせて踊られるパッソというダンスは，諸々の感覚を発達させるための実践である。
(2) パッソというダンスは視覚と聴覚を発達させる。
(3) パッソというダンスは触覚と味覚を発達させる。
(4) パッソというダンスは嗅覚と推理力を発達させる。
(5) パッソというダンスを通じて人間は直観力を高める。
(6) パッソを踊ることで人間は愛情，慈しみ，友情を育む。
(7) パッソを踊る人間はより大きな愛情でもってすべてを受け入れることを学ぶ。

(8) パッソを踊る人間はより一層の分別をもって精神的な鋭敏さを高める。
(9) パッソというダンスは精神が汚れるのを食い止めてそのよどみを取り除く。
(10) パッソを踊る人間は長寿を手に入れる。パッソを踊ることを学ぶことはより一層の活力を手に入れることを学ぶことである。

このように「パッソの十戒」にはパッソの実践がもたらす身体的および精神的効能が記されている。1989年1月22日付けのジョルナウ・ド・ブラジル紙（Jornal do Brasil）においてナシメント・ド・パッソは，「パッソの実践とは正にエアロビック体操（ginástica aeróbica）である」と述べ，「パッソの中で実践される身体動作には体調を整えて緊張状態を軽減するとともにその実践者を生き生きとさせる効果がある」ことを指摘している。また1992年2月16日付けのジョルナウ・ド・コメルスィオ紙（Jornal do Commercio：以下JC紙と略す）によれば，「ナシメント・ド・パッソにとって，パッソとは療法（terapia）であり，体操（ginástica）であり，そしてなかんずく民衆舞踊（dança popular）であった」という。更に1993年12月6日付けのJC紙は，「その均整の取れた身体運動を通じて身体のすべての部位を動かすが故に，パッソというダンスはその実践者に多大な療法的恩恵（benefícios terapêuticos）をもたらす」とするナシメント・ド・パッソの見解を掲載している。

こうして1980年代後半から1990年代前半にかけての時期のナシメント・ド・パッソに関わる新聞記事に目を通してみると，彼のパッソに対するもう一つの特徴的な姿勢が浮かび上がる。すなわち彼は，パッソを後世に継承すべき民衆文化であると主張する一方で，このダンスの療法的あるいは体操的側面について力説するのである。これはパッソの実践が心身の健康に及ぼすと考えられる効果であり，パッソの継承と普及という本来の目的からすれば副次的な事柄とも言えようが，ナシメント・ド・パッソはこの側面を敢えて強調した。言い換えれば，それは心身の健康の増進を目的としたパッソの手段化の肯定的表明であると受け取ることもできよう。

恐らく彼は，パスィスタとして，またパッソの指導者としての自らの経験からこのダンスの実践が心身に及ぼす効果を感覚的に把握していたのであろう（ナシメント・ド・パッソの経験主義については，彼の教え子で踊り手そして振付家としても活動するフライラ・フェーロ（Flaira Ferro）[28]も，ナシメント・ド・パッソのパスィスタの身体に関する知識は，自らの街頭のパスィスタとしての実践を通じて獲得されたものである旨の証言を行っている）。そしてマリア・ゴレーチ・ロシャ・ヂ・オリヴェイラが指摘したような「心身の健康の増進や気晴らし」に対する「年齢，職業そして階級」を超越したその当時の社会的欲求を敏感に感じ取り，それを充足させるための手段として躊躇なくパッソを利用したのではなかろうか（筆者はここに，ナシメント・ド・パッソの時代の趨勢に敏感な抜け目なさと究極的な目的（パッソの継承と普及）の達成に向けては手段を問わない冷徹なしたたかさを感じる）。一方でレシーフェにはナシメント・ド・パッソが打ち出したこの方向性を否定的に論ずる識者も存在する[注19]のだが，結果として彼は，パッソというダンスのカルナヴァルとは異なる脈絡での日常的な活用法をレシーフェ市民に認知させることに成功したように思われる。

　更にナシメント・ド・パッソは，いわゆる一般市民のみならず，1970年代以降レシーフェで結成されるようになった民衆舞踊団の踊り手たち，すなわちダンスの専門家に対してもパッソの指導を行っている。レシーフェの1970年代はアルモリアル運動（Movimento Armorial：紋章運動の意）と呼ばれる芸術文化運動の展開された時代でもあった。「〔ブラジルの〕民衆文化に根差した新たなブラジル芸術の創出を主張する」[29]その運動[注20]の首唱者であり，1970年代後半にはレシーフェ市文化局長も務めていたアリアーノ・スアスーナ（Ariano Suassuna）は，演出家アンドレ・マドゥレイラ（André Madureira）の活動に着目して助成金を支給した。公的助成を受けたマドゥレイラは，1977年にブラジル北東部の民衆芸能を素材とした振付作品を上演する舞踊団バレ・ポプラール・ド・レシーフェ（Balé Popular do Recife：レシーフェ民衆舞踊団の意）を創設する。フレーヴォもその舞踊団の重要な演目に位置付けられ，その指導がナシメント・ド・パッソに依頼されたのである。1993年12月5日付けのDP紙におい

図2-4. 民衆舞踊団の舞台で演じられるパッソ（1991年筆者撮影）

て，アンドレ・マドゥレイラ[30]はナシメント・ド・パッソを「過去と現在との結節点」と位置付けた上で「ペルナンブーコの様々なグループでダンス〔パッソ〕を踊る者はすべて彼〔ナシメント・ド・パッソ〕の教え子である」と述べて彼の踊り手および指導者としての功績を称えている（図2-4は1991年にペルナンブーコ・コンヴェンションセンター（Centro de Convenções de Pernambuco）内の劇場で行われたバレ・ポプラール・ド・レシーフェの公演の様子であるが，ソンブリーニャを手にした踊り手たちがパッソの振付を一斉に演じているのが見て取れる。なおこの公演は，パッソというダンスと筆者との初めての出会いの場であった）。

このようにパッソの継承と普及のための地道な活動を継続する中で，一民間人による学校経営に財政上の限界を悟ったナシメント・ド・パッソは，1987年以降レシーフェ市によるパッソ指導のための公立学校の設立に向けて地元の政治家に対する働き掛けを強化することとなる[注21)]。その努力も功を奏したのであろう，結果として1996年にレシーフェ市が「フ

図2-5. フレーヴォの市立学校の副校長当時のナシメント・ド・パッソ
(写真左側, 2001年撮影)

レーヴォの学校 (Escola de Frevo：1999年にフレーヴォの市立学校マエストロ・フェルナンド・ボルジェス (Escola Municipal de Frevo Maestro Fernando Borges) と改称されたこの学校の活動については第3章で検討する)」を設立すると, 彼はその学校の副校長 (vice-diretor) に任命されている (図2-5を参照のこと)。以後2003年にその職を辞するまで, パッソの継承と普及に向けた彼の活動はこの学校を拠点に展開されることとなった。

第2節　ナシメント・ド・パッソの指導法

エジヂオ・ベゼーラのような例外的なパスィスタが存在した (本章の注17を参照) とは言え, 1960年代以前のパッソというダンスには基本的に指導者と学習者という明確な立場の違いは存在せず, その技術の継承は, パスィスタ同士の眼差しの交換, すなわち互いの演技の直接的な観察を通じて暗黙裡に行われていたと考えられる (そしてそのような状況が個性豊か

なパスィスタたちを生み出す土壌となっていたことも否定しがたい事実であろう）。それに対し，ナシメント・ド・パッソが学校という場を設定して不特定多数の学習者[注22]を対象とした意図的なパッソの継承を目論んだとき，その目的を達成すべく合理的な指導を行うため，当然の帰結として彼は何らかの方法論を考案する必要に迫られたのではなかろうか。本節では，ナシメント・ド・パッソがフレーヴォの市立学校で副校長を務めていた2001年当時の彼の指導法に着目し，以下四つの観点からその特徴を明らかにするものである。なお，2001年の現地調査は，筆者が彼のダンスクラスに足を運んで参与観察を実施できた唯一の機会であり，この2年後には彼がすでにフレーヴォの市立学校を退任していたことを考え合わせると，以下に記す内容は彼の指導法の最終形をかなり忠実に反映したものと考えてよかろう。

第1項　パッソの演技を構成する身体動作の収集と
　　　　それぞれの身体動作への名称の付与

　パッソを指導するにあたってナシメント・ド・パッソは，その演技を構成する個々の身体動作を抽出してその収集を行うとともに，収集した身体動作を指導のための教材として利用した。彼が収集した身体動作には，カポエイラの時代から踊り継がれているもの[注23]やその後エジヂオ・ベゼーラを始めとする数多のパスィスタたち（その中には後世にその名を残すことのなかった者も含まれよう）によって生み出されたもの[注24]，そしてナシメント・ド・パッソ自身が考案したものが含まれていたと考えられる。序章の注20に記したように，本書ではパッソを「個別の運動単位〔身体動作〕を踊り手が自在に組み合わせることによって成立するダンス」であると解釈して論を展開する。この解釈に従えば，踊り手はその演技に先立ってそれら個々の身体動作をある程度個別に習得していることが求められる。当然のことながら，ナシメント・ド・パッソの青少年時代にはこのような発想に基づくパッソの学習法など存在しなかったわけだが，彼が掲げる公衆に開かれた学校において様々な個性を持ち合わせた不特定多数の学習者に指導を行おうと思えば，演技に先立ってそれを構成する個々の身体動作を

まず学習させるという手立てには一定の合理性が認められよう。更に彼は，収集した身体動作にそれぞれ覚えやすい名称を付与している（もちろん本章の注23や注24に見られるように，ナシメント・ド・パッソの試みを待つまでもなく，それ以前からすでに名称を付与されていた身体動作も存在した）のだが，このように非言語的な動作を具体的な言葉と対応させるという試みには，その動作を実践しようとする者の脳裏に瞬時に具体的な動きのイメージを喚起する効果があろう。それ故この試みは，学習者がそれぞれの身体動作を習得しようとする際にはその達成度を高める方向に作用すると考えられ，結果としてこの見立てのわかりやすさが学校という場を介したパッソの継承と普及を後押しする要因ともなったのではあるまいか。

第2項　基本的な身体動作で構成されるルーティンの考案

2001年当時すでにナシメント・ド・パッソは，彼がパッソの基本であると考える40種類の身体動作を組み合わせたルーティンを考案し，それを初心者から熟練者までダンスクラスに参加するすべての者が実践すべき内容であると規定していた（表2-2にこれら40種類の身体動作の名称，そしてその待機姿勢および動作の概要を記す）。マリア・ゴレーチ・ロシャ・ヂ・オリヴェイラ[31]は，1993年に出版されたその著書の中で，ナシメント・ド・パッソからの聞き取り調査に基づいて30種類の基本的な身体動作から成るルーティン[注25]の存在を指摘している。前者（40種類の基本的な身体動作）と後者（30種類の基本的な身体動作）を比較してみると，後者はおおよそ前者の「第2区分（表2-2の記載を参照）」以降に該当しているのがわかる。このことから，前者は一時に完成したものではなく，少なくとも1993年以前には考案されていた後者に改良を加えた結果成立したものであったこと，そしてその改良とは主として表2-2の「第1区分」に記載された身体動作を付加することであったことを読み取れよう。マリア・ゴレーチ・ロシャ・ヂ・オリヴェイラ[32]によれば，ナシメント・ド・パッソは，これら30種類の基本的な身体動作から「より複雑なすべての身体動作が派生する」のであり，これらを正しく実践できる踊り手は「より難度の高いすべての身体動作を行える状態にある」と考えていたと

表 2-2. 40 種類の基本的な身体動作

区分	身体動作名	待機姿勢および動作の概要
第1区分	1. Balanço（腕の横振り）	握りこぶし1個分足を開いて立つ。上体を腰から軽く前傾させ、傘を持った腕を下に垂らす。足踏みをしながらそのテンポに合わせて垂らした腕を体の前方で左右に振る。
	2. Remador（舟の漕ぎ手）	傘を持った腕を横に伸ばす。足踏みを4回する間に体の前方に傘で横にした8の字を1回描く（傘は斜め上から斜め下へ動かす）。
	3. Boneco de Olinda（オリンダの人形）	足踏みを4回する間に体の向きを180度（右から左へ，左から右へ）変える。両腕は横に伸ばし，体幹部の動きに従わせる（遠心力により，体の向きが変わると一度腕は体に巻き付く）。
	4. Manivera（ハンドル）	傘を持った腕を上に上げ，もう一方を下に下ろす。足踏みをしながら1歩ごとに腕を上下に振り動かす（顔の前で左右の腕はすれ違う）。
	5. Cata-vento（風見鶏）	傘を持った腕を横に伸ばす。足踏みを2回する間に頭上で1回傘を回す（傘は水平方向に円を描く）。
	6. Abanador（うちわ）	肩幅より広めに足を開いて立つ。上体を腰から大きく前傾させ，傘を持った腕を下に垂らす。足踏みをしながらそのテンポに合わせて垂らした腕を左右に振る。
	7. Bico de papagaio（オウムのくちばし）	握りこぶし1個分足を開いて立つ。傘を持った腕を下に下ろし，もう一方の手の甲を腰に当てる。傘を持った側の足を後方に引き，次いでもう一方の足も引いてそろえる（接地するのはつま先のみ）。その際，上体は後方にそらし，傘を持った腕は下から後方へ回す。先に動かした足を前方に踏み出し，次いでもう一方の足も踏み出してそろえる（接地するのはかかとのみ）。その際，上体を前傾させ，後方へ回した腕は上から前方へ振り下ろす。
	8. Lavanca（レバー）	傘を持った腕を上に伸ばす。足踏みを2回する間に，腕を後方へ1回転させる動作を繰り返す。次いで同様のテンポで前方へ1回転させる動作を繰り返す。
	9. Chutando com os pés（足蹴り）	両腕を横に伸ばす。ひざを伸ばしたまま足踏みと同じテンポで片足ずつ前方へ蹴り出す（両足が地面から離れる瞬間がある）。蹴り出す足の高さを徐々に上げる。

	10. Metrô de superfície （地上の地下鉄）		その場で腿上げ駆け足を行う要領でひざを斜め前方へ開いて引き上げる。ひざを引き上げるたびに大腿の下で手から手へ傘を渡す。左ひざを引き上げたときには右手から左手へ，右ひざを引き上げたときには左手から右手へ（傘は横にした8の字の軌跡を描く）。
第2区分	1. Maçaneta （取っ手）		手を軽く握り，甲を上にした状態で両腕を横に伸ばす。足踏みをしながらそのテンポに合わせて手首の屈曲と伸展を繰り返す。
	2. Base-descendo （しゃがむ）		【上記1の続き】ひざを左右に割ってゆっくりと腰を落とす（両足のかかとの上に骨盤を乗せ，上体を垂直に保つ）。
	3. Sobe em ritmo （立ち上がる）		【上記2の続き】上体を横に向ける（前方の足は立てひざ，後方の足のかかとに骨盤を乗せる）。横向きのままゆっくりと立ち上がる。
	4. Swing nos ombros （肩の上下）		【上記3の続き】両肩を上下動させ，その動作と同じテンポで前方の足（つま先は接地している）のかかとで地面を軽く打つ。体重は後方の足に掛かっている。
	5. Onda do passo （パッソの波）		【上記4の続き】後方の足に体重を乗せ，前方の足はかかとのみ接地させる。前方の足と同側の手に傘を持ち，腕を下に伸ばす。もう一方の腕は上に上げ，上体は腰から前傾させる。前方の足から3歩前進し（浮いている方の足はひざを後方に残して蹴り上げるため，上体は常に前傾している），3歩目の足の上で一気に180度振り返る。この間，腕はクロールのようにして大きく前方へ1回転半させる。振り返ったときには後方の足に体重が乗っており，前方の足はかかとのみ接地している。前方の足と同側の腕が下に伸ばされている。もう一方の腕は上に上がり，上体は腰から前傾している。
	6. Saci-pererê （一本足）		一本足で立つ。もう一方の脚はひざを横に開き，足の甲を軸足のひざの裏に当てる。軸足側の腕を横に伸ばし，もう一方はひじを曲げて手を胸の前に置く。開いていたひざを閉じると同時に，ひじを曲げていた腕を横に伸ばし，伸ばしていた腕のひじを曲げて手を胸の前に置く（下半身と上半身を反対方向にひねることによってバランスを取る）。

7. Ponta de pé-calcanhar （つま先とかかと）		体を横向きにする。前方の脚のひざを緩めて体重を乗せ，後方の脚はひざを軽く曲げてつま先のみで接地する（体幹部は軸足のつま先と同方向）。軸足側の腕はひじを曲げて手を腹の前に置き，もう一方は横へ伸ばす。軸足のつま先を軸にかかとを外に開く瞬間にもう一方の足の接地をつま先からかかとに替える（体幹部は軸足のつま先と同方向）。それと同時にひじを曲げていた腕を横に伸ばし，伸ばしていた腕のひじを曲げて手を腹の前に置く（下半身と上半身を反対方向にひねることによってバランスを取る）。
8. Trocadilho （語呂合わせ）		前後に足を開いて立つ（後方の足に体重を乗せ，前方の足はかかとのみ接地）。両腕は横へ伸ばす。腰を押し出しながら前方の足に体重を移す（後方の脚は軽くひざを曲げ，つま先のみ接地させる）と同時に体重が移った側の肩と腕を上げる（反対側の肩と腕は下がる）。下がった肩の方向へ一気に体を180度回転させる（体重は後方の足に残り，前方の足はかかとのみ接地させる）と同時に両腕を横へ伸ばす。
9. Pontinha de pé （つま先）		足を肩幅に開いて立つ。左足に体重を乗せる（右足は足首を伸ばしてつま先のみを接地させ，ひざを左脚の前にかぶせる）。左肩が下がり右肩が上がる（左手を下げ右手を上げる）。右足に体重を移す（左足はつま先のみを接地させ，ひざを右脚の前にかぶせる）。右肩が下がり左肩が上がる（右手を下げ左手を上げる）。左右の体重移動は足踏みのテンポで行う。
10. Pontilhando （点を打つ）		ひざを緩めて左足に体重を乗せ（かかとは左斜め後ろに開く），右脚はひざを伸ばして左足のつま先の前方にかかとで接地する（体幹部は左足のつま先と同方向）。左腕を横に伸ばし，右腕はひじを曲げて手を腹の前に置く。左脚のひざを伸ばしながらそのひざの高さまで右足のかかとを引き上げる。続けて左足の前に交差する位置へ，引き上げた脚のひざを伸ばしてかかとで接地する（左足はつま先を軸にしてかかとを右斜め後ろに開く）。それと同時にひじを曲げていた腕を横に伸ばし，伸ばしていた腕のひじを曲げて手を腹の前に置く（体幹部は左足のつま先と常に同方向）。

第3区分	1. Chapa quente （熱い鉄板）	ひざを緩めて片足に体重を乗せ（つま先は正面向き），もう一方の脚はひざを伸ばして軸足のつま先の前方にかかとで接地する（体幹部も正面向き）。軸足側の腕を上に，もう一方を下に伸ばす。軸足を前後に入れ替えると同時に両腕を上下に入れ替える（両足が地面から離れる瞬間がある）。
	2. Chutando de frente （前へ足蹴り）	ひざを緩めて片足に体重を乗せ（つま先は正面向き），もう一方の脚はひざを曲げてかかとを後方に引き上げる（体幹部も正面向き）。両腕は横に広げてバランスを取る。後方に引き上げた脚を前方へ蹴り出す時に両腕はひじを曲げ，軸足側の手を腹の前，もう一方を腰の後ろへ振り動かす。両腕を横に広げながら軸足を入れ替える。
	3. Chutando de lado （横へ足蹴り）	【上記2の続き】足を蹴り出す方向を前方から左右に変える（右足は左方向へ左足は右方向へ蹴り出す）。軸足のつま先と体幹部も蹴り出しと同方向へ向ける。
	4. Muganga （しかめ面）	握りこぶし1個分足を開いて立つ。両腕はひじを軽く曲げて手を頭上に上げる。片足を小さく後ろに引き，体重がその足に移った瞬間にもう一方の足を小さく前へ出す。足を前に出すと同時にその足と逆側の腕を顔の前へ振り下ろす。前に出した足を小さく後ろへ引き，体重がその足に移った瞬間にもう一方の足を小さく前へ出す（左右の足の位置が前後に入れ替わる）。足を前へ出すと同時に左右の腕を前後に入れ替える。
	5. Abre o leque （扇を広げる）	足を肩幅に開いて立つ。両足のつま先を軸にしてかかとを左右に振る（骨盤も左右に振られる）。両腕もかかとの動く方向へ振る（振られる側の腕は横に伸ばし，もう一方の腕はひじを曲げて胸の前で止める）。
	6. Folha seca até em baixo （枯葉の落下）	足を肩幅に開いて立つ。右足を軽く浮かし，左足の前方に大きく交差させて踏み込む（その動作と連動して左足は横へ倒れ，外側のみが接地）。上体は前傾させる。左腕を引き上げることでバランスを取る。次いで左足を軽く浮かし，右足の前方に大きく交差させて踏み込む（右足は横に倒れ，外側のみが接地）。上体は前傾させる。それと同時に右腕を引き上げる。これらの動作を数回繰り返しながら，踊り手は反時計方向に回転しながら，少しずつ腰を落としていく。

	7. Faz passa-passa em cima （上で傘を通す）	ひざを緩めて片足に体重を乗せ（つま先は正面向き），もう一方の脚はひざを曲げてかかとを後方に引き上げる（体幹部も正面向き）。両腕は横に広げてバランスを取る（軸足側の手に傘）。後方に引き上げた足を前方へ蹴り出すと同時に両腕を振り下ろし，振り上げられた大腿の下で逆の手に傘を持ち替える。両腕を横に引き上げながら軸足を入れ替える。
	8. Faz passa-passa em baixo （下で傘を通す）	両腕を横に広げ，握りこぶし1個分足を開いて直立した状態からひざを左右に割ってゆっくりと腰を落とす（両足のかかとの上に骨盤を乗せ，上体を垂直に保つ）。片足に体重を乗せて上体を引き上げながらもう一方の脚を開いたひざの方向に振り上げる（傘は軸足側の手にある）。それと同時に横に広げた両腕を振り下ろし，振り上げられた大腿の下で逆の手に傘を持ち替える。両腕を横に引き上げながら軸足を入れ替える。
	9. Rã eletrizada （電動のカエル）	上記8の待機姿勢（両腕を横に広げ，両足のかかとの上に骨盤を乗せて上体を垂直に保つ）から，両足のつま先を使って上方に跳ねると同時に，ひざから下を横方向へ蹴り出す。
	10. Carrossel （回転木馬）	上記9の跳躍を数回行う（横方向への足の蹴り出しは行わない）間にその場で横方向に1回転する。一方の腕を上に他方を下に伸ばしておき，1回の跳躍ごとに上下の腕を入れ替える。
	1. Tesourão （大きなはさみ）	【上記10の続き】両足のかかとの上に骨盤を乗せ，上体を垂直に保つ。頭上に上げた両手で傘の柄を持つ。両腕を勢いよく前方へ振り下ろすと同時に立ち上がり，足を左右に大きく開く（ひざは伸び，接地はかかとのみ）。同じ動作を繰り返し，3回目に立ち上がるときは両足をそろえて前方にかかとで接地する（バランスを取るため上体は腰から軽く前傾させる）。
	2. Gaveta （引き出し）	【上記1の続き】一方の足を後方へ大きく引く（前方の脚のひざは伸ばしてかかとで，後方の脚のひざは軽く曲げてつま先で接地）。両ひじを張って後方に引き，体重はその多くが後方の脚に掛かる。後方へ引いた足のつま先で蹴り返し，前方の足にそろえる（両ひざは軽く曲げ，足の裏全体で接地）。両腕は前方に伸ばす。次いで反対側の足を後方へ引く。

第4区分	3. Faz que vai, mas não vai （行く，行かない）	【上記2の続き】一方の足を後方へ大きく引いた後，つま先で蹴り返して前方の足に体重を移す（後方の足は前方へは引き寄せず，後方に残しておく）。前方の足の裏で後方に蹴り返し，後方の足に体重を移す。上体も体重の移動に従って前後に移動する。前方への体重移動に際しては両腕を前方へ伸ばし，後方への移動の際には両ひじを張って後方へ引く。
	4. Serrote （のこぎり）	【上記3の続き】後方の足の蹴り返しで前方の足に体重を移す。続けて後方の足を前方の足のある位置に踏み込む（その際，軸足はひざを曲げて後方へ小さく蹴り上げる）。蹴り上げた足を前方へ戻しながら軸足の位置に踏み込む。両腕はクロールのように互い違いに前方へ回転させながら全身のバランスを取る。
	5. Banho de mar para frente （クロール）	【上記4の続き】後方へ蹴り上げた足を前方へ踏み込む際，軸足はひざを伸ばして後方へ振り上げる（上体は振り上げた脚と一直線になるように前傾させる）。振り上げた足を前方へ戻しながら踏み込む際，軸足のひざを伸ばして後方へ振り上げる。両腕はクロールのように互い違いに前方へ回転させながら全身のバランスを取る。
	6. Banho de mar para trás （背泳ぎ）	【上記5の続き】後方へ振り上げた足を前方へ踏み込む際，軸足はひざを伸ばして前方へ振り上げる（上体は振り上げた脚と一直線になるように後傾させる）。振り上げた足を下ろす際，軸足のひざを伸ばして前方へ振り上げる。両腕は背泳ぎのように互い違いに後方へ回転させながら全身のバランスを取る。
	7. Guerreiro （戦士）	【上記6の続き】前方へ振り上げた足を下ろす際，軸足はひざを伸ばして後方へ振り上げる（上体は振り上げた脚と一直線になるように前傾させる）。振り上げた足を前方へ戻しながら踏み込む際，軸足のひざを伸ばして後方へ振り上げる。両腕は前方へ伸ばし，互い違いに上下動させながら全身のバランスを取る。
	8. Rojão （花火）	右の体側を正面に向け半身で立つ（両腕は体側に置き，両足の間隔は肩幅）。ひじを曲げて右の腕を引き上げると同時に同じ側の足を後正面へ素早く引く（それが軸足となり，体幹部は90度右へ回って正面を向く）。体幹部を更に90度右へ回しながら，左足を正面に踏み込む（ひじを曲げた左腕を引き上げるので，

		右腕は下がる)。左腕を振り下ろすと同時に左足を後正面へ素早く引きずる(それが軸足になる。体幹部は90度左へ回って正面を向き,右腕は上がる)。体幹部を更に90度左へ回しながら,右足を正面に踏み込む(右腕を振り下ろすので,左腕は上がる)。
	9. Abre-alas (道を開ける)	足を横に広く開いて立つ。足踏みのテンポで左右に体重移動する。右足に体重を移す時には左腕を,また左足に移す時には右腕を使って前方の障害物を斜め下にはたき落とす動作を行う(腕だけでなくこの動作を行う側の肩も前に出る)。
	10. Pernadas (足の裏で蹴る)	左足に体重を乗せ,右脚はひざを曲げて後方へ引き上げる。頭上に上げた両手で傘の柄を持つ。両腕を勢いよく前方へ振り下ろすと同時に右足を前方へ大きく蹴り出す。上体を180度左方向へ回転させながら,右足に体重を移す(左脚はひざを曲げて後方へ引き上げ,傘の柄を持った両手を頭上に上げる)。上体を180度左方向へ回しながら,両腕を勢いよく振り下ろすと同時に左足を前方に大きく蹴り出す。左足に体重を移すと同時に右足を後方へ引き上げる(傘の柄を持った両手を頭上に上げる)。

※【区分】欄の四つの区分はナシメント・ド・パッソによる。
※【身体動作名】欄の日本語訳は筆者が便宜的に付したものである。
※【待機姿勢および動作の概要】欄の記述は,2003年8月に実施した現地調査の際に撮影されたビデオ映像を基に筆者が言語化したものである。

いう。加えてここで指摘しておくべきは,このルーティンを含めた身体動作の指導が「個々の身体動作間の近接性(proximidade:この言葉には,複数の身体動作に共通して見られる動きの断片の存在が想定されている)を考慮して」[33]行われたということである。ナシメント・ド・パッソは収集した数多くの身体動作をその近接性に基づいて分類し,それぞれのまとまりを「ファミリア・ヂ・パッソス(família de passos:パッソの家族あるいは同族のパッソの意)」と呼んだ。アナ・ヴァレリア・ヴィセンチ[34]が指摘するように,このような工夫は「授業〔ダンスクラス〕の最終部分を構成する即興演技(improvisação〔:次項を参照のこと〕)の過程において個人的に深められるもの,すなわち〔各自の演技を構成することになる〕異なる身体動

作間の結び付きを容易にする」と考えられる（これは言い換えれば，動きの断片を共有する身体動作を連続して組み合わせるという体験の繰り返しが，無理のないパッソの演技に必要な構成力を踊り手に自ずと体得させる仕組みになっていることを意味している）。

第3項　ダンスクラスの参加者すべてが行う即興演技

　初心者であるか熟練者であるかを問わず，ダンスクラスの最後にナシメント・ド・パッソはすべての参加者に即興的な独演を行わせた（筆者が2001年に初めて彼のダンスクラスに参加した折も，演技を構成する個々の身体動作についての理解がほとんどないままに独演を行った覚えがある）。ルセリア・アウブケルケ・ヂ・ケイロース[35]によれば，ダンスクラスの参加者一人一人が，その日の活動で学習した内容をそれまでに蓄積した自らの身体知と結び付けながら他者の前での独演に反映させるのである。ケイロースの言う「それまでに蓄積した自らの身体知」とは「それまでのダンスクラスで学習した身体動作」と言い換えることが可能であろう。そうであるとすれば，ここで言う即興的な独演とは，参加者一人一人が各自の発想に基づいて身体動作の結び付け方を工夫することを指すのではなかろうか。また，ナシメント・ド・パッソの教え子にしてダンスのみならず多彩な芸術活動を展開しているルスィアーノ・アモリン（Luciano Amorim）[36]は，この独演が「〔ダンスクラスで〕学習した内容を皆で共有する時間」であり「腰を下ろしてその一挙一動を注視している者たちにとって独演者は参考にすべき学習の対象」であったと述べている。この発言は，ナシメント・ド・パッソのダンスクラスにおける独演では，演者のみならず観者にもその場面への積極的関与が求められていたことを示しており，パッソの学習において他者の演技の観察（他者の演技から学ぶこと）を重要視した彼の指導方針を読み解くことが可能であろう。そしてその観察という行為の有効性は，街頭のパスィスタとして成長した彼の体験そのものに裏打ちされていたと考えられる。

　ところで，本章の第4節第2項で改めて言及することになるのだが，前々項や前項で記したように，合理的に体系化されたナシメント・ド・パ

ッソの指導法が，学習者をして類型化された身体動作の組み合わせへと向かわせる契機となる可能性はないのであろうか。すなわちこれは，合理化された彼の指導法が個々の学習者の技能向上に有効であることを認めた上で，パッソの独演で重要とされるそれぞれの演者の個性がその指導法を通じて阻害される恐れはないのかという問い掛けでもある。残念ながら筆者はこの疑問に明快な解答を与えられるだけの情報を持ち合わせておらず，本書でこの議論をこれ以上深めることはできない。とは言えここでは，1930年代以来フレーヴォという民衆芸能について数多くの著作を残し，フレーヴォ研究の第一人者と目されてきたヴァウデマール・ヂ・オリヴェイラ（Valdemar de Oliveira）[37]が，パッソを学校という枠組みの中で指導することへの懸念をすでに1970年代に表明していた事実を指摘するべきであろう。彼が懸念するのは，教師からの直接的な指導行為に伴い，それぞれの生徒の自発的な意志および創造力が喪失してしまうことであった。それに加えて彼は，パッソの学習には観察という行為が欠かせない旨を強調している[注26)]。

　筆者の手元には，2001年8月にフレーヴォの市立学校を初めて訪問した折，ナシメント・ド・パッソが手渡してくれたホチキス留め8枚綴りの資料[38]があるのだが，そこには演者の個性に対する彼の考え方を理解する上で重要な手掛かりが記されている。それによれば，「生徒一人一人が自らのパッソの踊り方を実現する（os alunos realizem suas próprias formas de dançar o frevo）」ために彼の指導法は考案されたのであり，その指導法は「すべての人間は自らのリズムの中に固有の創造性を育む能力を備えているという信念（a crença de que todos homens têm em seu rítimo capacidade para desenvolver sua natureza criativa）」に基づくものであったという。またこれに2003年の現地調査での一つのエピソードを付け加えてもよいかもしれない。筆者がナシメント・ド・パッソにパッソの演技を構成する身体動作が幾つあるのかその数について尋ねたところ，彼は「パッソ〔の身体動作〕の数はペルナンブーコの住民の数と同じだけある（O número de passos que tem a dança do frevo é tantos quantos pernambucanos existam）」[39]と回答したのであった。結局のところパッソの踊り方は十人十色にならざ

るを得ないという趣旨のこの発言からも，彼が考えていた演者の個性そしてパッソというダンスのあるべき姿が窺い知れるように思われる。

第4項　フレーヴォの音源とパッソの身体動作のみで構成される　　　　　　　ダンスクラス

　ナシメント・ド・パッソのダンスクラスで使用される音源はフレーヴォのみ，また身体運動面で用いられるのはパッソの身体動作のみであり，そのことが彼の指導法の特徴の一つとなっていた。と言うのは，第3章で検討するフレーヴォの市立学校の副校長を2003年に彼が辞して後，2007年に筆者がその学校で参加したダンスクラスにはパッソの身体動作以外の学習内容[注27]が組み込まれていたからである。次節第4項で述べるように，パッソの身体動作以外の要素を含まないことは彼の指導法の不十分さとして指摘を受けることになった。とは言え，筋肉のストレッチなどのウォーミングアップにナシメント・ド・パッソが無関心であったということではないと筆者は考えている。彼が考案した40種類の基本的な身体動作から成るルーティンの「第1区分（表2-2の記載を参照）」には明らかにウォーミングアップ（筋肉の動的なストレッチ）を目的としたと推測される身体動作が幾つも組み込まれており（その詳細については本章第4節で検討する），それらの身体動作はマリア・ゴレーチ・ロシャ・ヂ・オリヴェイラが言及した30種類の基本的な身体動作から成るルーティンの中にはほとんど含まれていないものである。このことは，ルーティンを構成する身体動作の数を増やす過程で，ナシメント・ド・パッソがダンスクラスにおけるウォーミングアップ（筋肉のストレッチ）の必要性に思いを馳せた可能性を示唆しているのではなかろうか。またアナ・ヴァレリア・ヴィセンチは，かつて彼女自身が体験したナシメント・ド・パッソのダンスクラスに関連して以下のように記している：

　　筋肉をストレッチするように，誰もがゆっくりと〔したテンポで〕ビ
　　コ・ヂ・パパガイオ〔Bico de papagaio：オウムのくちばしの意。40種
　　類の基本的な身体動作から成るルーティンの「第1区分」の7番目に配置

されている〕という身体動作を行う。この名称は身体のひねりを連想させるが〔中略〕つま先から背骨の上端までのストレッチを行うのである[40]。

ここにもパッソの身体動作を用いて筋肉をストレッチするというナシメント・ド・パッソならではの工夫が見て取れよう。

第3節　フレーヴォに及ぼしたその他の影響と2003年以降の動向

本節では，ナシメント・ド・パッソが踊り手あるいは指導者としてフレーヴォという民衆芸能に及ぼしたと筆者が考える影響について，これまでに本書では言及していない以下三つの事柄を指摘する。更に，2003年にナシメント・ド・パッソがフレーヴォの市立学校の副校長を辞しフレーヴォという民衆芸能の表舞台から姿を消して後のこの学校における彼の指導法の動向について若干の言及を行う。

第1項　パスィスタの衣装の考案

ナシメント・ド・パッソが回想するところでは，エジヂオ・ベゼーラの時代までパスィスタは縦縞模様の半袖シャツを着てパッソを演じることが多かった[41]という（図2-2にもそのような出で立ちのパスィスタを確認できる）。一方，エジヂオ・ベゼーラの娘にして著名なパスィスタであるゼナイヂ・ベゼーラ（Zenaide Bezerra）は，彼女の父親が特別な衣装を用意せず，赤いTシャツと白いズボンに裸足（彼は屋内での演技が多かったため靴を必要としなかった）というカジュアルな出で立ちでパッソを演じる姿を記憶している[42]。これらの証言から，少なくともエジヂオ・ベゼーラがパッソの王様と称された1960年代前半までは一目でパスィスタと認識できるような定型化された衣装など存在しなかったと推測される。後にナシメント・ド・パッソは自らを特徴付ける衣装を考案することになるのだが，彼の友人であるロザーニ・アウメイダ（Rosane Almeida）によれば，彼が訪れたとある銀行の窓口でナシメント・ド・パッソであると認知され

ず，自らがパッソを普及させるために行ってきた諸々の努力が未だ社会には十分なインパクトを与えていないと思い知らされたことがその大きな契機であった[43]という。その出来事以来，彼は「街頭でパッソを演じる際に着用する衣装を日常生活においても身に着ける」[44]ことを決意し，その結果として長袖シャツの裾を胸の前でしばるというそれまでには見られなかったパスィスタの衣装を考案するに至った（図2-5のナシメント・ド・パッソの衣装を参照）。図2-4にもそれと同類の衣装を身に着けた複数の男性舞踊手の姿が見て取れるのだが，これがナシメント・ド・パッソの影響であるとすれば，少なくとも1990年代初頭には彼の考案した衣装デザインがレシーフェのパスィスタの間で広く共有されていたことを示す証左となろう。ナシメント・ド・パッソがいかにしてこの衣装を着想したのか明らかではないが，長袖シャツの裾を胸の前でしばるというスタイルについて言えば，外国映画を通じてキューバのルンバ（Rumba）[注28]の踊り手（Rumbeiro）の衣装から借用された[45]とする指摘もある。

第2項　ソンブリーニャの製作

　第1章第3節で言及したように，今日のパスィスタは直径が50センチメートルに満たないカラフルな小型の雨傘（ソンブリーニャ）を手にパッソを演じる（図2-6を参照）。図2-2にも見られるように，元来パスィスタは男性用の黒い大きな雨傘（しかも布が裂けて役に立たないような代物）やそれよりも小振りの女性用の雨傘を手にパッソを演じていた。ナシメント・ド・パッソはこのダンスを子どもたちに指導するようになって後，彼らが操作しやすいようにとソンブリーニャの製作に自ら着手している。当初彼は女性用の雨傘を子どもたちに使用させていたのだが，やがて市販されている雨傘の骨の先端をペンチで切断し，それをレシーフェ市内の雨傘製造業者へ持ち込んでその骨組みに見合う小型の雨傘を製作するよう提案している。業者側も彼のアイデアを受け入れ，今日に至るまでその製造は続けられている。更にナシメント・ド・パッソは，自らの学校の運営資金を捻出する目的でその業者から傘の骨だけを買い取り，それに自ら布地を張り付けて販売したこともある[46]という。それではナシメント・ド・パ

図 2-6. 21 世紀初頭のパスィスタの衣装とソンブリーニャ
(2003 年筆者撮影,後列右から二人目はナシメント・ド・パッソである)

ッソがソンブリーニャの発案者であると断定してよいのであろうか。アメリカ人文化人類学者カタリーナ・レアウ (Katarina Real) は,1950 年代から 1990 年代にかけてペルナンブーコの民衆芸能を撮影した膨大な数の写真を残している (今日そのコレクションはジョアキン・ナブーコ財団 (Fundação Joaquim Nabuco) が運営するヴィラ・ヂジタウ (Villa Digital) と名付けられたウェブサイト[47]で閲覧することができる)。その中には 1960 年代中葉のパスィスタを撮影した写真も何枚か含まれているのだが,彼らは紛うかたなきソンブリーニャを手にパッソを演じているのである。このことは,ナシメント・ド・パッソが子どもたちにパッソの指導を開始した 1970 年代前半より前にソンブリーニャがすでに実用化されていたことを示している。そうであるとすれば,ソンブリーニャの製品化に道を開いた切っ掛けをナシメント・ド・パッソに帰することは可能であるとしても,彼がソンブリーニャの発案者であると断定することは差し控えるべきであろう。本項を閉じるにあたり,ソンブリーニャの実用化によって生じた波

及効果について一言しておきたい。それは，ソンブリーニャの製作（すなわち傘の小型化）が結果としてパッソの運動技術の幅を広げる契機となった可能性である。具体的には両脚の間にソンブリーニャを通す，すなわち一方の手から他方の手へのソンブリーニャの持ち替えを大腿の下で行う身体動作がパッソの演技で多用されている状況を指すのだが，この問題については本章の第4節で改めて検討したい。

第3項　カルナヴァル団体の街頭行進におけるパスィスタの位置付けの変化

　ナシメント・ド・パッソは「パッソの実践を動機付けるのはカルナヴァル団体の役割ではなかった」[48]と指摘する。これはすなわち，フレーヴォの演奏に合わせて行われるパスィスタの演技を含めたオンダ（onda）[注29]と呼ばれる浮かれ騒ぐ民衆の密集状態が，街頭を行進するカルナヴァル団体とは無関係にその外部で付随的に生起する現象であったということを意味している。アナ・ヴァレリア・ヴィセンチ[49]は，そのような状況が継続することにより，パッソが将来的に消失してしまう可能性をナシメント・ド・パッソが危惧していたと推測する。彼は「パッソがカルナヴァル団体の構成要素であるべき」[50]こと，すなわちパスィスタはカルナヴァル団体の内部に位置付けられるべきことを主張した（図2-7を参照）が，それは後にレシーフェ市が主催するカルナヴァル団体による街頭行進のコンテスト規則[注30]の中で明文化された（このことに関連してナシメント・ド・パッソは，1988年8月21日付けのDP紙の中で「来年から〔街頭行進のコンテストに出場する〕カルナヴァル団体には〔その内部に〕パスィスタの隊列を配置すべき」ことがレシーフェ市文化財団によって決定されたと述べていることから，パスィスタのカルナヴァル団体内部への位置付けが制度化されたのは1989年のカルナヴァルであると推測される）。文化行政を通じてこのような手立てが講じられるのに先立ち，早くも1970年代からナシメント・ド・パッソはフレーヴォに関わるカルナヴァル団体に直接自らの思いを伝え続けており，オリンダ（Olinda）[注31]のヴァソウリーニャス（Clube Vassourinhas de Olinda）は，1990年にナシメント・ド・パッソ自身が指導

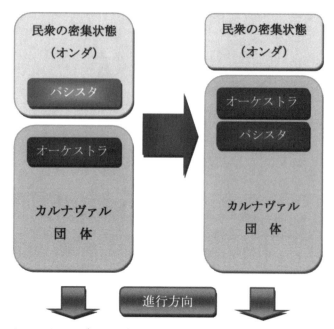

図2-7. カルナヴァルの街頭におけるパスィスタの位置付けの変化

を請け負うことでパッソの教室を開催した初めてのカルナヴァル団体となった[51]。ナシメント・ド・パッソの教え子にして自らもパッソの指導を行うアドゥリアーナ・リマ（Adriana Lima）も，「ナシメント・ド・パッソの主導により1980年代にはパスィスタの隊列がカルナヴァル団体の街頭行進の構成要素として組み込まれていた」[52]と証言している(注32)。ところで，このようなパスィスタの位置付けの変化には，元来パッソに備わっていた特質を変容させる可能性があると思われる。すなわちそれは，パスィスタが隊列を組むことの当然の帰結として，パッソの独演に不可欠であると考えられてきた個々のパスィスタの自発性や即興性（演技の一回性）よりも，あらかじめ練習された集団演技（演技の再現性）が強調されることにならないかという問い掛けでもある(注33)（図2-8を参照）。

図2-8. カルナヴァル団体のコンテストで集団演技を披露するパスィスタたち（2016年筆者撮影）

第4項　2003年以降のナシメント・ド・パッソの指導法の動向

　ナシメント・ド・パッソは2003年にフレーヴォの市立学校の副校長を辞し，以後フレーヴォという民衆芸能の表舞台に姿を現すことはなかった。彼の退任を契機として，この学校のダンスクラスにおけるパッソの指導法には明らかな変化が生じている。2005年，4年ぶりに筆者がこの学校を訪れたときには，彼が考案した40種類の基本的な身体動作から成るルーティンはすでに実践されていなかった。そして2007年の訪問の折には，パッソの身体動作以外の内容が指導されていたことについては上述したところである（本書のp. 93を参照）。ジュリアーナ・アメリア・パエス・アゾウベウが2006年に実施したインタビューにおいて，その当時この学校の舞踊団で振付家を務めていたアレッシャンドレ・マセード（Alexandre Macedo）[注34)]が回答した内容[53]は，この間に指導法が転換された理由の一端を説明している。すなわち彼が指摘するところでは，ナシメント・ド・パッソの指導法は舞台での演技を想定してはおらず，舞台でのパッソには

第2章　ナシメント・ド・パッソとフレーヴォ　99

街頭でのパッソとは異なるダンス語彙が必要であるという。またナシメント・ド・パッソが行ったウォーミングアップのエクササイズ（本章第2節第4項で述べたように，パッソの身体動作のみで構成されている）も，舞台での演技を志向する生徒たちの身体作りという観点からは不十分であると彼は述べる。2015年10月から翌16年9月までのレシーフェ滞在中，筆者もアレッシャンドレ・マセードに聞き取り調査を行う機会を得た。以下はナシメント・ド・パッソの指導法についての筆者の問い掛けに対する彼の回答である：

> パッソというダンスには様々な指導法があってよいと思う。私はナシメント・ド・パッソの指導法について研究したわけではない。2003年に私がフレーヴォの市立学校に着任したときには，すでに彼はこの学校を離れていた。私は彼の指導法を彼の教え子や友人を通じて知った。私が懸念したのは踊り手の身体である。パッソというダンスは身体に大きな負荷を掛ける。何の対策も取らなければ，踊り手としての寿命を縮めることになってしまう。すなわち，ひざ，足首，股関節，腰などに障害を抱えてしまうのだ。ナシメント・ド・パッソの指導法に対する私の批判の一つは，彼の指導法では踊り手の身体を酷使はしてもその身体の安全に対する配慮が不十分だったのではないかということである。身体に大きな負荷の掛かるしゃがんだ姿勢の身体動作を延々と反復させただけでなく，レシーフェの暑さを考慮した適切な水分補給も行われなかったと聞いている。〔中略〕ナシメント・ド・パッソの指導法は〔街頭の〕踊り手としての彼の経験に基づいたものだったのだと思う[54]。

本章の注34に記すように，アレッシャンドレ・マセードはペルナンブーコ連邦大学の体育課程を修了しており，バレ・ポプラール・ド・レシーフェにも職業舞踊家として在籍していた。そのような経歴を有する彼が，ナシメント・ド・パッソの指導法に対して上記のような見解を表明したことは至極当然と言えよう。アレッシャンドレ・マセードへの聞き取り調査を

実施して後，ナシメント・ド・パッソがフレーヴォの市立学校を退任して後のこの学校の指導法に新たな方向付けを与えたのは彼に違いないと筆者は確信するに至った（その理由は第3章で示したい）。一方でナシメント・ド・パッソの指導法は，フレーヴォの市立学校からの彼の退任に伴って2005年にその教え子たちが結成した「パッソの戦士たち（Os Guerreiros do Passo）」という組織の活動（これについては第4章で検討する）を通じて現在も広く一般市民を対象に実践されている。

第4節　パッソの実際

　本節では，2003年に実施された現地調査の折にナシメント・ド・パッソに協力を仰ぎ数日をかけて撮影したビデオ映像を主たる情報源として分析することにより，パッソの技術的側面，すなわちこのダンスを構成する具体的な身体動作ならびにそれらを組み合わせた結果として成立する演技について検討を行う。第1章で参照したヴァウデマール・ヂ・オリヴェイラの著作（OLIVEIRA（1971）pp. 104-107.）を始めとして，手元にある幾つかの資料[注35)]においてもパッソの演技を構成する身体動作に関して一応の説明はなされているのだが，そのほとんどは個々の身体動作の単なる列挙に留まっている感がある。そこで本書においては，上述のビデオ映像を繰り返し見直すことで五つの視点をあらかじめ案出し，それに基づいてこれまでの現地調査で確認された92種類[注36)]の身体動作の分類を行う。更にパッソの独演を記録した映像からそこに見出される身体動作を特定し，それらを時間軸上に配列する。これらの作業を通じ，パッソというダンスに特徴的な身体の使い方ならびに身体動作の組み合わせ方の抽出を試みる。なおこの試みは，序章の注20に記したように，パッソを「個別の運動単位（そのそれぞれに名称が付されている）を踊り手が自在に組み合わせることによって成立するダンス」と見立てて行われるものである。すなわち，ヴァレリア・ヴィセンチ（Valéria Vicente）[55]が指摘する1980年代後半以降のレシーフェにおいて相次いだ舞踊団の結成に伴って顕在化したパッソの演技への「〔パッソ以外の〕他のダンスの身体動作および身体技法の挿

入」を考慮に入れる場合には，本書の手法とは異なる（あるいはそれに何らかの手を加えた）分析の枠組みを改めて考案することが必要であろう。

第1項　パッソの演技を構成する身体動作

本項では，パッソというダンスに特徴的な身体の使い方を明らかにするために，これまでの現地調査で確認された92種類の身体動作を，それらが記録されたビデオ映像を繰り返し見直すことによって筆者が試行的に案出した五つの視点に基づいて分類した（その結果を表2-3に示す）。以下，分類の視点ごとに考察を試みる。

【視点1】は身体動作を行う際の姿勢についてである。立った姿勢で行われるもの（表中では「中」という略号で示す）が全体のおよそ5分の3（54種類：58.7%[注37]）を占め，しゃがんだ姿勢で行われるもの（表中では「低」という略号で示す）が全体の5分の1余り（19種類：20.7%）でそれに次ぐという結果になった。更に，立った姿勢あるいはしゃがんだ姿勢から跳び上がるもの（表中では「高」という略号で示す）が8種類（8.7%），立った姿勢からしゃがむもの（表中では「中低」という略号で示す）が7種類（7.6%），そしてしゃがんだ姿勢から立ち上がるもの（表中では「低中」という略号で示す）が4種類（4.3%）と続く。立った姿勢としゃがんだ姿勢で全体のほぼ5分の4（73種類：79.3%）の身体動作が行われることから，これら二つをパッソというダンスの基本姿勢と見なして差し支えなかろう。また本章の第2節第2項で言及したナシメント・ド・パッソの考案したルーティンを構成する40種類の基本的な身体動作（表中では身体動作番号1から40までがそれに該当する）に比べ，その他52種類の身体動作の中に立った姿勢以外で行われるものが明らかに多いことは，それらを行うのにより高度な身体能力[注38]が要求されることを予想させる。

【視点2】は身体動作の反復およびその周期についてである。動作の反復を原則とするものと通例反復を伴わずに単発で行われるものがあり，数の上では前者（76種類：82.6%）の方が圧倒的に多い。2拍を反復周期とする身体動作は二つのポーズ間の単純な動作反復であると解釈できるのだが，それが表中の半数以上（49種類：53.3%）を占めている。このことは2

拍周期の身体動作がパッソというダンスの主要な構成要素であることを示しており，4分の2拍子で演奏されるフレーヴォのテンポに合わせてこれが頻繁に行われる場合には，パッソの演技に通底するリズム感を見る者に強く印象付ける効果があると考えられる。また動作の反復を原則とする身体動作の中の半数近く（36種類）は1拍ごとに一方の足から他方の足への体重移動を伴っており，このことはパッソの演技において左右の足を交互に踏み替える動作が果たす役割の重要性を示すものと考えられる。

　【視点3】は身体動作における左右の切り替えについてである。左右の切り替えとは，動作の反復を左右どちらか一方の側だけで行い（すなわち左右非対称な体勢で動作が反復される），軸足の変更，ソンブリーニャの持ち替え，体幹部の方向転換などを差し挟んでもう一方の側での反復に移行するというものであるが，これを含む身体動作が全体のおよそ5分の1（18種類：19.6％）を占めている。これらの身体動作の多く（14種類）は2拍周期の単純な動作反復を伴っており，左右の切り替え動作を差し挟んでもう一方の側での反復へと移行した場合，結果としてそれを見る者の脳裏に異時性のシンメトリー[注39]を成立させる効果があるように思われる。またここで言う「左右の切り替え」を伴わない多くの身体動作にあっても，それが一定の周期で反復される場合には当然の帰結としてシンメトリーの成立する可能性があり，パッソの身体動作がはらむ左右対称性をこのダンスの一つの特徴として指摘することが可能であろう。

　【視点4】は身体動作における足関節の意図的な屈曲および伸展についてである。表中ではおよそ3分の1の身体動作（30種類：32.6％）にこの特徴が見て取れる。これらは更に，屈曲のみ見られるもの（表中では●印で示す），伸展のみ見られるもの（表中では○印で示す）そして屈曲と伸展が両方とも見られるもの（表中では◎印で示す）の三つに下位分類することが可能である。足関節を屈曲させる場合にはその足のかかとが，また伸展させる場合にはその足のつま先もしくは甲が接地部位となる（身体動作番号13のみは足の甲を軸足のひざの裏に当てる）のだが，それらの接地部位によって全体重を支える身体動作の数はわずか（4種類）に過ぎず，それ以外のものでは足関節を屈曲あるいは伸展させた足とは反対側の足の裏に

表 2-3. 92種類の身体動作の分類

身体動作名	分類の視点					身体動作名	分類の視点				
	1	2	3	4	5		1	2	3	4	5
1. Balanço	中	2	○	-	-	40. Faz passa-passa em baixo	低	4	-	-	○
2. Remador	中	4	○	-	-	41. Alegre de salão	中	2	-	○	-
3. Boneco de Olinda	中	8	-	-	-	42. Parafuso	中	2	○	○	-
4. Manivera	中	2	-	-	-	43. Cruzeta	中	4	-	●	-
5. Cata-vento	中	2	○	-	-	44. Ferrolho	中	2	-	●	-
6. Abanador	中	2	○	-	-	45. Ferrolhando	中	2	-	●	-
7. Bico de Papagaio	中	4	○	●	-	46. Dobradiça	中	2	-	-	-
8. Lavanca	中	2	○	-	-	47. Chã de barriguinha	中	2	-	-	-
9. Chutando com os pés	中	2	-	-	-	48. Massapê	中	4	-	-	-
10. Maçaneta	中	1	-	-	-	49. Sapateando no gelo	中	4	-	-	-
11. Swing nos ombros	中	1	○	-	-	50. Pisando em brasa	中	4	-	-	-
12. Onda do passo	中	8	-	◎	-	51. Passeando na pracinha	中	8	-	●	-
13. Saci-pererê	中	2	○	◎	-	52. Tesoura original	中	4	-	●	-
14. Ponta de pé-calcanhar	中	2	○	◎	-	53. Tesourinha	中	4	-	●	-
15. Trocadilho	中	4	-	◎	-	54. Tesoura passando sombrinha	中	4	-	-	○
16. Pontinha de pé	中	2	-	○	-	55. Tubarão	中	2	-	-	○
17. Pontilhando	中	4	○	●	-	56. Camarote	中	2	-	-	-
18. Chapa quente	中	2	-	●	-	57. Passo do capoeira	中	8	-	-	-
19. Chutando de frente	中	4	-	-	-	58. Ginasta no passo	中	2	-	-	-
20. Chutando de lado	中	4	-	-	-	59. Passo do mamulengo	中	-	-	-	-
21. Muganga	中	2	-	-	-	60. Passo do cinqüentão	中	-	-	-	-
22. Abre o leque	中	2	-	-	-	61. Passo do bêbado	中	-	-	-	-
23. Gaveta	中	4	-	●	-	62. Tramela	低中	2	-	●	-
24. Faz que vai, mas não vai	中	2	○	◎	-	63. Britadeira	低中	2	-	○	-
25. Serrote	中	2	-	-	-	64. Saca-rolha	中低	2	○	-	-
26. Banho de mar para frente	中	2	-	-	-	65. Espalhando brasa	中低	2	○	-	-
27. Banho de mar para trás	中	2	-	-	-	66. Mergulho do pirata	中低	-	-	-	-
28. Guerreiro	中	2	-	-	-	67. Roda gigante	中低	-	-	-	-
29. Rojão	中	4	-	-	-	68. Cumprimentando	中低	-	-	-	-
30. Abre-alas	中	2	-	-	-	69. Ligadura	低	2	-	-	-
31. Pernadas	中	4	-	-	-	70. Locomotiva	低	2	-	-	-
32. Metrô de superfície	中	2	-	-	○	71. Trem bala	低	2	-	-	-
33. Faz passa-passa em cima	中	4	-	-	○	72. Plantando mandioca	低	2	-	○	-
34. Sobe em ritmo	低中	-	-	-	-	73. Patinho	低	2	-	○	-
35. Tesourão	低中	2	-	●	-	74. Siri gonguê	低	2	-	○	-
36. Base-descendo	中低	-	-	-	-	75. Enxada	低	2	○	◎	-
37. Folha seca até em baixo	中低	-	-	○	-	76. Chave de cano	低	2	○	◎	-
38. Rã eletrizada	低	1	-	-	-	77. Ventrolando	低	2	-	-	-
39. Carrossel	低	2	-	-	-	78. Apertando a porca	低	2	○	○	-

79. Cadeira de roda	低	1	-	-	-	86. Tesoura no ar	高	-	-	-
80. Passista José	低	2	○	-	-	87. Tesoura em retrospecto	高	-	-	-
81. Nadando seco	低	<u>2</u>	-	-	-	<u>88. Tesoura em vice-versa</u>	高	-	-	-
82. Rodando na mola	低	1	-	◎	-	89. Tesoura de ponta	高	-	-	-
83. Chute dos pés passando sombrinha	低	2	-	-	○	<u>90. Coice de burro</u>	高	-	-	-
84. Metrô subterrâneo	低	<u>2</u>	-	-	○	91. Pulo do grilo	高	-	-	-
85. Tesoura do oscarito	高	2	-	-	○	92. Vôo da andrinha	高	-	-	-

※本表には2003年の現地調査で確認された86種類の身体動作および2009年の現地調査で新たに確認された6種類の身体動作，都合92種類が掲載されている。なお2009年に確認された身体動作の番号には下線を付してある。

※身体動作番号1から40には前述した「40種類の基本的な身体動作」を（【視点1】の基準に従って「中」「低中」「中低」「低」の順に並べ替えた），また身体動作番号41から92には2003年および2009年の現地調査で確認できたそれ以外の身体動作を記載してある。

※【視点1】身体動作を行う際の姿勢（中＝立つ，低中＝しゃがんだ姿勢から立ち上がる，中低＝立った姿勢からしゃがむ，低＝しゃがむあるいは地面に手を付く，高＝立った姿勢あるいはしゃがんだ姿勢から跳び上がる）。「中」「低中」「中低」「低」「高」という文字は重心の位置およびその移動方向に着目して筆者が便宜的に付したものである。

※【視点2】身体動作の反復周期（1＝1拍，2＝2拍，4＝4拍，8＝8拍，－＝反復なし）。「拍」とはそれぞれの身体動作から視覚的に読み取れる動作の分節を意味する。よって同じ2拍であっても反復の速度まで一定であるとは限らない。動作の反復を原則とする身体動作の中で1拍ごとに一方の足から他方の足への体重移動を伴うものについては，その数字に下線を付した。

※【視点3】身体動作における左右の切り替え（身体動作の反復を片側だけで行い，軸足の変更，傘の持ち替え，体幹部の方向転換などの動作を差し挟んでもう一方の側での反復へ移行する）の有無（○＝あり，－＝なし）。

※【視点4】身体動作における足関節の意図的な屈曲および伸展の有無（●＝屈曲あり，○＝伸展あり，◎＝両方ともあり，－＝なし）。両足のかかと，つま先あるいは甲を用いて全体重を支えるものについては，その記号に下線を付した。

※【視点5】両脚の間に傘を通す動作の有無（○＝あり，－＝なし）。

大方の体重を掛けるという共通点が見られる。パッソの身体動作における手の扱いには明瞭な様式性を見出せないことからも，ここで指摘した意図的な足部の強調がこのダンスの一つの特徴として浮かび上がろう。しかしながら，このような足部の様式化がいかなる理由に由来するものであるのかを本書で明らかにすることはできなかった[注40]。

最後に【視点5】は身体動作における傘通し[注41]についてである。両脚の間にソンブリーニャを通す動作をパスィスタは好んで行うが，それがパッソの演技における見せ場の一つとなっている。傘通しを必要条件とする

身体動作の数はわずか（8種類：8.7%）であるが，後述する表2-4に示す通り，開脚状態を伴う身体動作にはパスィスタの瞬時の判断でこの動作の組み込まれる可能性がある。恐らくは，そのようにしてそれまで傘通しが組み込まれていなかった身体動作に傘通しが組み込まれ，その動作を多くのパスィスタが模倣することにより，やがてそれは元来の身体動作から派生した新たな身体動作と認知されて名称を与えられることになるのであろう。パッソの演技を撮影したビデオ映像からは，全身の筋肉をバランスよく協働させて安定した姿勢と動作の反復を確保し，その中に傘通しを滑らかに組み込むパスィスタの技能が見て取れる。本章第3節第2項でも言及したように，大振りの雨傘がソンブリーニャへと小型化されて操作性の高まったことが傘通しの多用化傾向に拍車を掛けたと考えられる。

第2項　パッソの演技の実際

本項では個々の身体動作を組み合わせた結果として成立するパッソの演技について検討する。2003年の現地調査で撮影したビデオ映像から成人年齢の熟練者5名の独演を，また1999年，2001年そして2005年の現地調査で撮影したビデオ映像から小学校年齢の経験者5名の独演を抽出してその分析を試みた。その結果を表2-4に示す。なお，これら都合10名の独演者はいずれもナシメント・ド・パッソから指導を受けた経歴を有する。この作業では，それぞれの独演に用いられた身体動作を特定し，それらを時間の経過（演技開始から30秒間[注42]）に従って配列する（表中の【身体動作】欄を参照）とともに，上下方向への重心移動の状況（表中の【姿勢】欄を参照）および両脚の間にソンブリーニャを通す動作の有無（表中の【傘通し】欄を参照）について確認した。このような作業がある程度可能であることからも，パッソの演技を個別の身体動作の組み合わせと解釈する方法論上の有効性が示唆されるように思われる。しかしながら，それとともに次のような指摘がなされるべきであろう。すなわち，この表には延べ137個の身体動作が記されているのだが，その中の下線を付した39個（28.5%）については表2-3に記されたいずれかの身体動作の派生型であると解釈せざるを得ず，このことは，流動性と即興性に富むパッソの独

表 2-4. 独演に用いられた身体動作

演者	時間(秒)	0					10					20					30
A	身体動作	16	83	86 83	89 52	16	63	52	16 83		89 52	16	65	52		16 29	16
	姿勢	中		低 高低	高中	中	低中	中	中低		高中	中	中低	中		中中	中
	傘通し	−	○	● ○	− −	−	−	●	− −	○	− −	−	−	−		− −	−
B	身体動作	85 63		70	84		72	82 44	14	53		54	32 55		32		
	姿勢	高 低中		低	低			低 中	中	中		中	中 中		中		
	傘通し	○ ●	−		○	−		− −	−	−		○	○ ○		○		
C	身体動作	51		16 33	16	65		78			63	32 84 86		62	29	31 16 17	
	姿勢	中		中中	中	中低		低			低中	中 低 高		低中	中	中中中	
	傘通し	−		− ○							○	○ −		−	−	− − −	
D	身体動作	15		43	54		32		55		83	68	44	29	29	84	72
	姿勢	中		中	中		中				低	中低	中	中	低	低	
	傘通し	−		−	○		○		−		−	−	−	−	○	−	
E	身体動作	51 14 51 14	54		32			84	83		91 24		63	82	69	70	75
	姿勢	中中中中	中		中			低	低		高中		中	低	低	低	
	傘通し	− − − −	○		○			○	−		○		−	−	−	−	−
F	身体動作	63		86	62 62		15	12		62		44	32	55		40	
	姿勢	低中		高	低中 低		中	中		低		中	中	中		低	
	傘通し	−		−	− −		−	−		−		○	○	○		−	
G	身体動作	16 44 54	32	44 69		16	63	44 86		24	44	62		62			
	姿勢	中 中 中	中	中 中		中	中	中 高		中	中	低中		中			
	傘通し	− − ○	−	○ −		−	−	− −		−	−	○		○			
H	身体動作	63	51	14	12	14	63	72	63		14	68	24		66		83
	姿勢	低中	中	中	中	中	低中	中	低		中	中低	中		中低		低
	傘通し	−	−	−	−	−	−	−	−		−	−	−		−		○
I	身体動作	83		86 62	72		72		62	62 62			44		51		
	姿勢	低		高 低中	低		低		中	低中 低中			中		中		
	傘通し	○	−	−	−	●	−		−	● −			−		−		
J	身体動作	29 53		63	63	62 53	54		44 89	62	44 70	75		39			
	姿勢	中 中		低中	低中	低中 中	中		中 高	低中	中 低	中		中			
	傘通し	− −		−	● −	− ○	−		− −	−	− −	−		−			

※本表は 1999 年，2001 年，2003 年および 2005 年の現地調査に基づいて作成した。演者 A・B・C・D・E は成人年齢の熟練者，また演者 F・G・H・I・J は小学校年齢の経験者である。なお女性の演者はアルファベットに下線を付した。
※【時間】欄の数字は，左から右へ 30 秒間の時間経過を示す。
※【身体動作】欄の数字は，表 2-3 の【身体動作名】欄の通し番号に対応している（数字に下線を付したものは基本となる身体動作からの派生型であると考えられる）。演者 F および G の同欄にある ▨ 部は演者が静止状態にあることを示す。

※【姿勢】欄の略号（中・低中・中低・低・高）は，表2-3の【視点1】欄の略号に対応している。
※【傘通し】欄の記号は，身体動作において両脚の間に傘を通す動作の有無を示す（○あるいは●＝あり，－＝なし。○を付した身体動作は表2-3の【視点5】欄で傘通しを伴うものに分類されている。●は同欄で傘通しを伴う身体動作に分類されていないにもかかわらずその動作が行われたことを示す）。

演を現在確認されている92種類の身体動作のみを用いて読み解こうとするこの試みの限界を示すものと言わねばならない。

　表2-4からはかなり小刻みに身体動作を切り替える独演者たちの様子が見て取れる。まず上記10名の独演者による都合5分間の演技に着目する。その間に35種類の身体動作が確認されたが，その中でナシメント・ド・パッソが考案した40種類の基本的な身体動作に分類されるものは3分の1に満たなかった（11種類：31.4％）。またこの5分間に出現した延べ137個の身体動作に占める上記40種類の基本的な身体動作の数も同じく3分の1に満たなかった（41個：29.9％）。次に，都合10名の独演者を成人年齢の熟練者と小学校年齢の経験者という二つの集団に分け，それぞれに対して同様の作業を行った。成人年齢の熟練者5名に関しては，都合2分30秒間の演技を通じて32種類の身体動作が確認されたが，その中でナシメント・ド・パッソが考案した40種類の基本的な身体動作に分類されるものは3分の1に満たなかった（9種類：28.1％）。またこの2分30秒間に出現した延べ身体動作数は74個であるが，それに占める上記40種類の基本的な身体動作の数もおよそ3分の1（26個：35.1％）に留まっている。一方で小学校年齢の経験者5名に関しては，都合2分30秒間の演技を通じて24種類の身体動作が確認されたが，その中でナシメント・ド・パッソが考案した40種類の基本的な身体動作に分類されるものは3分の1（8種類：33.3％）であった。またこの2分30秒間に出現した延べ身体動作数は63個であるが，それに占める上記40種類の基本的な身体動作の数はおよそ4分の1（16個：25.4％）に過ぎなかった。最後に，この10名の独演者を男性の独演者と女性の独演者に分けて同様の作業を行った。男性の独演者5名に関しては，都合2分30秒間の演技を通じて26種類の身体動作が

確認されたが，その中でナシメント・ド・パッソが考案した40種類の基本的な身体動作に分類されるものは4分の1余り（7種類：26.9％）であった。またこの2分30秒間に出現した延べ身体動作数は71個であるが，それに占める上記40種類の基本的な身体動作の数も4分の1余り（19個：26.8％）に留まっている。一方で女性の独演者5名に関しても，都合2分30秒間の演技を通じて26種類の身体動作が確認されたが，その中でナシメント・ド・パッソが考案した40種類の基本的な身体動作に分類されるものは3分の1に満たなかった（8種類：30.8％）。またこの2分30秒間に出現した延べ身体動作数は66個であるが，それに占める上記40種類の基本的な身体動作の数は3分の1（22個：33.3％）であった。これまでの現地調査で確認された92種類の身体動作に占めるナシメント・ド・パッソが考案した40種類の基本的な身体動作の割合が5分の2を上回る（43.5％）ことを考慮すれば，上記のように今回導き出したすべての数値がそれを下回るという結果は，周囲の注目が集まる独演においてより難度の高い身体動作を試みようとするパスィスタの心理状態の反映であると解釈することができるかもしれない。

　成人年齢の熟練者5名による都合2分30秒間の演技を通じて確認された32種類の身体動作，および小学校年齢の経験者5名による都合2分30秒間の演技を通じて確認された24種類の身体動作においては，それぞれ5名中2名以下によって演じられた身体動作が大半（前者で26種類，後者で19種類）を占めるが，5名中3名以上が演じたものも前者で6種類（身体動作番号29，32，54，63，83および84）また後者で5種類（身体動作番号44，51，62，63および86）確認された。その中で前者と後者に共通しているのは身体動作番号63のみであった。このことから，身体動作番号63（身体動作名：ブリタデイラ（Britadeira），砕石機の意。トウシューズを履いたバレリーナのように足関節を伸展させてつま先で立つ）には独演者の年齢を超えて特にその演技に組み込まれやすいという傾向があるのかもしれない。次に，上記10名の独演者を男性の独演者と女性の独演者に分けて同様の作業を行った。男性の独演者5名による都合2分30秒間の演技を通じて確認された26種類の身体動作，および女性の独演者5名による都合

2分30秒間の演技を通じて確認された同じく26種類の身体動作において，それぞれ5名中3名以上が演じたものは前者で6種類（身体動作番号29，44，51，62，63および86）また後者でも6種類（身体動作番号24，32，44，54，63および83）であり，両者に共通しているのは身体動作番号44および63の2種類のみであった。このことから，身体動作番号44（身体動作名：フェローリョ（Ferrolho），かんぬきの意。両足を左右に開いて立った姿勢で骨盤と胸郭を左右反対方向にひねる動作を反復する）と63には独演者の性別を超えて特にその演技に組み込まれやすいという傾向があるのかもしれない（本章の注40で指摘したように，身体動作番号63にはトウシューズを履いたバレリーナのつま先立ちの技術を模倣した可能性があり，そうであるとすれば，クラシックバレエでは女性のみに限られるこの技術が，パッソにおいては男女を問わず取り入れられているところに，外来の文化を受け入れる側の新たな解釈を読み取れよう）。更に，上記10名の中で半数（5名）以上の独演者が用いた身体動作について確認したところ，身体動作番号51，54，62，83および86が5名，身体動作番号32および44が6名，そして身体動作番号63が8名によって演じられていることが判明した。以上の結果から，ここに番号を挙げた特定の身体動作に対するパスィスタの嗜好性の高さが窺われるとともに，概してパッソの独演における個々の身体動作の出現頻度には相当程度の差があることを指摘できよう。実際にこの10名の独演者による都合5分間の演技で確認された35種類の身体動作の出現回数を調べたところ，1回から12回までの幅が認められた（表2-5を参照）。ここに見られる出現回数の多寡はパスィスタのそれぞれの身体動作に対する嗜好度を反映していると考えられる。

次いで個々の独演者の演技に着目すると，用いられる身体動作の選択およびその組み合わせ方には明瞭に各人の嗜好が反映されると考えられるが，その中で演者B，D，EおよびGの4名，そして演者BおよびFの2名に見られる傘通しを伴う動作の組み合わせ方が興味を引く。演者B，D，EおよびGの独演には，いずれも身体動作番号54（身体動作名：テゾウラ・パサンド・ソンブリーニャ（Tesoura passando sombrinha），傘通しを行いながらのはさみの意。立った姿勢で両脚を交差させ，後方の脚を斜め前方に

表2-5. 都合5分間の独演における身体動作の出現回数

出現回数 (X)	種類数 (Y)	X×Y	身体動作番号
1	9	9	17, 31, 33, 40, 43, 66, 78, 85, 91
2	7	14	12, 15, 65, 68, 69, 75, 82
3	5	15	24, 53, 55, 70, 89
4	2	8	52, 84
5	4	20	29, 54, 72, 86
6	2	12	14, 51
7	1	7	83
8	1	8	32
9	0	0	
10	1	10	44
11	2	22	16, 63
12	1	12	62
計	35	137	

※本表は表2-3および表2-4の記載内容に基づいて作成した。
※【出現回数(X)】欄の数字は，10名の独演者の都合5分間の演技における個々の身体動作の出現回数を示す。なお基本となる身体動作に加えてその派生型が出現した場合にも単一の身体動作として数えた。
※【種類数(Y)】欄の数字は，1回から12回までそれぞれの出現回数に該当する身体動作の種類数を示しており，計35種類の身体動作が演じられている。
※【X×Y】欄の数字は，1回から12回までそれぞれの出現回数とそれに該当する身体動作の種類数を掛け合わせたものであり、延べ137個の身体動作が出現している。
※【身体動作番号】欄には，1回から12回までそれぞれの出現回数に該当する身体動作の番号を示す。なおこの番号は表2-3の【身体動作名】欄の通し番号に対応している。

振り上げ前方の脚を斜め後方に引くと同時に傘通しを行う。前方に振り上げた脚を前方に後方の脚を後方に交差させる状態に戻る。これら一連の動作を反復する）から32（身体動作名：メトロー・ヂ・スーペルフィスィエ（Metrô de superfície），地上の地下鉄の意。立った姿勢で両腿を交互に斜め前方へ引き上

表2-6-1. 独演における身体動作の種類数および延べ出現数（年齢別）

成人年齢の熟練者				小学校年齢の経験者			
演者	種類数(X)	延べ出現数(Y)	Y−X	演者	種類数(X)	延べ出現数(Y)	Y−X
A	8	19	11	F	9	12	3
B	12	13	1	G	9	14	5
C	13	15	2	H	9	13	4
D	11	12	1	I	6	10	4
E	13	15	2	J	10	14	4
計	(32)	74		計	(24)	63	

※本表は表2-4の記載内容に基づき，成人年齢の熟練者と小学校年齢の経験者を対比する形で作成した。【演者】欄のアルファベットは表2-4に記載の演者に対応している。
※【種類数（X）】欄の数字は，それぞれの演者が30秒間の独演で用いた身体動作の種類数を示す。またこの欄の一番下の括弧内の数字は，成人年齢の熟練者5名の独演および小学校年齢の経験者5名の独演，それぞれ都合2分30秒間の演技において用いられた身体動作の種類数を示す。なお基本となる身体動作に加えてその派生型が出現した場合にも単一の身体動作として数えた。
※【延べ出現数（Y）】欄の数字は，それぞれの演者の30秒間の独演に出現した延べ身体動作数を示す。またこの欄の一番下の数字は，成人年齢の熟練者5名の独演および小学校年齢の経験者5名の独演，それぞれ都合2分30秒間の演技に出現した身体動作数の合計を示す。
※【Y−X】欄の数字は，それぞれの演者の30秒間の独演に出現した延べ身体動作数からそこで用いられた身体動作の種類数を引いた値である。

げる動作を反復しながらその間に傘通しを行う）への移行が，また演者Bおよびドの独演には，いずれも身体動作番号32から55（身体動作名：トゥバラゥン（Tubarão），さめの意。立った姿勢で上体を前傾させ，両足を前後に大きく入れ替える動作を反復しながらその間に傘通しを行う）を経て32へと戻る組み合わせが確認できるのである。これらは，滑らかな演技の流れを指向した結果としての偶然の一致と解釈することも可能であろう。しかしながら彼らがいずれもナシメント・ド・パッソの教え子であることを考慮すれば，本章の第2節第3項でも言及したように，ここでは合理的な指導

表2-6-2. 独演における身体動作の種類数および延べ出現数（性別）

男性の独演者				女性の独演者			
演者	種類数 (X)	延べ出現数 (Y)	Y－X	演者	種類数 (X)	延べ出現数 (Y)	Y－X
A	8	19	11	D	11	12	1
B	12	13	1	E	13	15	2
C	13	15	2	F	9	12	3
I	6	10	4	G	9	14	5
J	10	14	4	H	9	13	4
計	(26)	71		計	(26)	66	

※本表は表2-4の記載内容に基づき，男性の独演者と女性の独演者を対比する形で作成した。【演者】欄のアルファベットは表2-4に記載の演者に対応している。
※【種類数（X）】欄の数字は，それぞれの演者が30秒間の独演で用いた身体動作の種類数を示す。またこの欄の一番下の括弧内の数字は，男性の独演者5名および女性の独演者5名，それぞれ都合2分30秒間の演技において用いられた身体動作の種類数を示す。なお基本となる身体動作に加えてその派生型が出現した場合にも単一の身体動作として数えた。
※【延べ出現数（Y）】欄の数字は，それぞれの演者の30秒間の独演に出現した延べ身体動作数を示す。またこの欄の一番下の数字は，男性の独演者5名および女性の独演者5名，それぞれ都合2分30秒間の演技に出現した身体動作数の合計を示す。
※【Y－X】欄の数字は，それぞれの演者の30秒間の独演に出現した延べ身体動作数からそこで用いられた身体動作の種類数を引いた値である。

法を有する学校（より具体的にはフレーヴォの市立学校）での教育が複数のパスィスタをして類型化された身体動作の組み合わせへと向かわせる契機となる可能性について注意を喚起しておきたい。

　表2-6-1は，表2-4の記載内容に基づき，それぞれ30秒間の独演で確認された身体動作の種類数（表中の【種類数（X）】欄を参照）と出現した延べ身体動作数（表中の【延べ出現数（Y）】欄を参照）を演者ごとに列挙し，成人年齢の熟練者と小学校年齢の経験者を対比して示したものである。すなわち，Yの値からXの値を差し引いた値（表中の【Y－X】欄を参照）が小さいほど，演技中に用いられる身体動作の種類の重複が少ないことになる。成人年齢の熟練者と小学校年齢の経験者を比較してみると，種

類数（X）については総体的に前者の方がやや高い値を示している。一方で延べ出現数（Y）については，演者Aの値が例外的に高いことを除けば，両者の間に大きな違いは見られないと言うべきであろう。その結果，総じて成人年齢の熟練者の方が演技中に用いる身体動作の種類の重複が少ない傾向を指摘できようが，それが単に年齢あるいは経験年数の違いに由来するものなのかどうか，その理由は特定できていない。また成人年齢の熟練者においても，演者Aのように身体動作の種類の重複が顕著な例もある（特に身体動作番号52（身体動作名：テゾウラ・オリジナウ（Tesoura original），はさみの原形の意。立った姿勢で両脚を交差させ，後方の脚を斜め前方に，また前方の脚を斜め後方に一気に開く。前方に開いた脚を前方に，また後方に開いた脚を後方に交差させる状態に戻る。これら一連の動作を反復する）から16（身体動作名：ポンチーニャ・ヂ・ペ（Pontinha de pé），つま先の意。立った姿勢で足関節を伸展させた左右のつま先を交互に接地する。体重はつま先を接地させたのとは反対側の足に掛ける）への移行を4回繰り返しているのが目を引く）ことから，パスィスタにはその独演中に身体動作の種類の重複をできるだけ避けようとする傾向が認められるとこの場で結論付けることは留保すべきと考える。一方，表2-6-1と同様の作業結果を男性の独演者と女性の独演者に分けて対比したものが表2-6-2であるが，こちらの表からは性別に基づく有意な傾向の違いは見出せないと言うべきであろう。

　表2-7-1は，表2-4の記載内容に基づき，個々の独演者の演技に出現した身体動作を表2-3の【視点1】欄に記した五つの姿勢（表中では「中」「低中」「中低」「低」および「高」という略号で示す）ごとに分類してその数を集計した上で，成人年齢の熟練者と小学校年齢の経験者の数値を対比して示したものである。どのような姿勢の身体動作を選択するかはいかなる場合でも個々の独演者の判断に委ねられる性質のものであるが，この表から浮かび上がる両者の独演を比較しての特徴は，しゃがんだ姿勢から立ち上がる身体動作（表中では「低中」という略号で示す）およびしゃがんだ姿勢で行われる身体動作（表中では「低」という略号で示す）の出現頻度の違いに求められると思われる。すなわち，成人年齢の熟練者に関して

表2-7-1. 独演における身体動作の姿勢別出現数（年齢別）

演者		姿勢					計
		中	低中	中低	低	高	
成人年齢の熟練者	A	11	1	1	3	3	19
	B	7	1	0	4	1	13
	C	9	2	1	2	1	15
	D	7	0	1	4	0	12
	E	7	1	0	6	1	15
小　計		41 (55.4)	5 (6.8)	3 (4.1)	19 (25.7)	6 (8.1)	74
小学校年齢の経験者	F	6	4	0	1	1	12
	G	10	2	0	1	1	14
	H	7	2	2	2	0	13
	I	2	4	0	3	1	10
	J	7	4	0	2	1	14
小　計		32 (50.8)	16 (25.4)	2 (3.2)	9 (14.3)	4 (6.3)	63
合　計		73 (53.3)	21 (15.3)	5 (3.6)	28 (20.4)	10 (7.3)	137
身体動作の種類数		54 (58.7)	4 (4.3)	7 (7.6)	19 (20.7)	8 (8.7)	92

※本表は表2-4の記載内容に基づき，成人年齢の熟練者と小学校年齢の経験者を対比する形で作成した。
※【演者】欄のアルファベットは，表2-4の【演者】欄の記載に対応している。
※【姿勢】欄の略号（中・低中・中低・低・高）は表2-3の【視点1】欄の略号に対応している（すなわち「中」は立っていること，「低中」はしゃがんだ姿勢から立ち上がること，「中低」は立った姿勢からしゃがむこと，「低」はしゃがんでいること，そして「高」は立った姿勢あるいはしゃがんだ姿勢から跳び上がることを示す）。
※【身体動作の種類数】欄の数字は，表2-3に記載の身体動作の種類を姿勢別に集計したものである。
※【小計】欄，【合計】欄および【身体動作の種類数】欄の括弧内の数値は，それぞれの欄の右端【計】欄の数字に対して占めるパーセンテージを示している。

は，5名の独演に出現した延べ身体動作数（74個）に占めるしゃがんだ姿勢から立ち上がる身体動作数は5個（6.8%）に過ぎないのに対し，しゃがんだ姿勢で行われる身体動作数は19個（25.7%）とそれをはるかに上回る。一方で小学校年齢の経験者に関しては，5名の独演に出現した延べ身体動作数（63個）に占めるしゃがんだ姿勢から立ち上がる身体動作数は16個（25.4%）であるのに対し，しゃがんだ姿勢で行われる身体動作数は9個（14.3%）に留まっている。このような逆転現象は偶然生じたものなのか，それともそこには何らかの有意性が存在するのかをこの場で明言することは差し控えねばならないが，一つの可能性として，小学校年齢の経験者は成人年齢の熟練者と比べ総じて体重が軽いことに加え，それまでの練習で培われた脚力の強さを有していることがこの結果の一つの要因と考えられるかもしれない。すなわち，そのような身体特性が上下方向への頻繁な重心移動を成人年齢の熟練者よりも容易ならしめているのではないかと推測したのである。次に表2-7-2は，表2-7-1と同様の作業を行った上で，男性の独演者と女性の独演者の数値を対比して示したものである。この表からは両集団間の明白な傾向の違いは見出しにくいが，立った姿勢あるいはしゃがんだ姿勢から跳び上がる身体動作（表中では「高」という略号で示す）の出現回数の差に着目することが可能ではなかろうか。すなわち，この種の身体動作の出現頻度は数においてこそ少ない（男性の独演者で7回，女性の独演者で3回）が，男性の数値が女性の数値の2倍を上回っているのである。このような結果の生じた理由もこの場で明言することは差し控えねばならないが，一旦しゃがみ込んでから空中高く跳び上がるためにはかなりの瞬発力を必要とするため，この種の動作が女性よりも総体的にその能力に長けた男性に好まれる傾向にあるのではないかとする推測は可能であるかもしれない。

　次に，10名の独演者による都合5分間の演技に出現した延べ137個の身体動作を上述した五つの姿勢ごとに集計してみると，表2-7-1および表2-7-2の【合計】欄に示すごとく，立った姿勢で行われるもの（表中では「中」という略号で示す）が全体の半数以上（73個：53.3%）を占め，しゃがんだ姿勢で行われるもの（表中では「低」という略号で示す）が全体

表2-7-2. 独演における身体動作の姿勢別出現数（性別）

演者		姿勢					計
		中	低中	中低	低	高	
男性の独演者	A	11	1	1	3	3	19
	B	7	1	0	4	1	13
	C	9	2	1	2	1	15
	I	2	4	0	3	1	10
	J	7	4	0	2	1	14
小　計		36 (50.7)	12 (16.9)	2 (2.8)	14 (19.7)	7 (9.9)	71
女性の独演者	D	7	0	1	4	0	12
	E	7	1	0	6	1	15
	F	6	4	0	1	1	12
	G	10	2	0	1	1	14
	H	7	2	2	2	0	13
小　計		37 (56.1)	9 (13.6)	3 (4.5)	14 (21.2)	3 (4.5)	66
合　計		73 (53.3)	21 (15.3)	5 (3.6)	28 (20.4)	10 (7.3)	137
身体動作の種類数		54 (58.7)	4 (4.3)	7 (7.6)	19 (20.7)	8 (8.7)	92

※本表は表2-4の記載内容に基づき，男性の独演者と女性の独演者を対比する形で作成した。
※【演者】欄のアルファベットは，表2-4の【演者】欄の記載に対応している。
※【姿勢】欄の略号（中・低中・中低・低・高）は表2-3の【視点1】欄の略号に対応している（すなわち「中」は立っていること，「低中」はしゃがんだ姿勢から立ち上がること，「中低」は立った姿勢からしゃがむこと，「低」はしゃがんでいること，そして「高」は立った姿勢あるいはしゃがんだ姿勢から跳び上がることを示す）。
※【身体動作の種類数】欄の数字は，表2-3に記載の身体動作の種類を姿勢別に集計したものである。
※【小計】欄，【合計】欄および【身体動作の種類数】欄の括弧内の数値は，それぞれの欄の右端【計】欄の数字に対して占めるパーセンテージを示している。

の5分の1余り（28個：20.4%）でそれに次ぐ結果となった。更に，しゃがんだ姿勢から立ち上がるもの（表中では「低中」という略号で示す）が21個（15.3%），立った姿勢あるいはしゃがんだ姿勢から跳び上がるもの（表中では「高」という略号で示す）が10個（7.3%），そして立った姿勢からしゃがむもの（表中では「中低」という略号で示す）が5個（3.6%）と続く。これらの数値を上記二つの表の【身体動作の種類数】欄に記載の数値と比較してみる。本章第4節第1項において表2-3の記載内容を検討した際には，立った姿勢で行う身体動作が54種類，しゃがんだ姿勢で行う身体動作が19種類それぞれ確認され，この二つの姿勢でその表に記載された92種類の身体動作のおよそ5分の4（73種類：79.3%）を占めることから，立った姿勢としゃがんだ姿勢をパッソにおける基本姿勢と見なしたのであった。一方で表2-7-1および表2-7-2の【合計】欄に関しても，上述したように，立った姿勢で行われた身体動作数が73個で延べ身体動作数（137個）の半分以上を占め，しゃがんだ姿勢で行われた身体動作数が28個でそれに次ぐという結果であった。両者を合わせた身体動作数は101個で延べ身体動作数のおよそ4分の3（73.7%）を占めることから，立った姿勢としゃがんだ姿勢がパッソの基本姿勢であることを実際の演技を通しても確認できたと考える。しかしながら，表2-7-1に見られるように，成人年齢の熟練者と小学校年齢の経験者を比較した場合には，それぞれの延べ身体動作数（成人年齢の熟練者が74個，小学校年齢の経験者が63個）に占める基本姿勢で行われる身体動作の数は前者で60個（81.1%）であるのに対して後者では41個（65.1%）に留まっている。また表2-7-2に見られるように，男性の独演者と女性の独演者を比較した場合には，それぞれの延べ身体動作数（男性が71個，女性が66個）に占める基本姿勢で行われる身体動作の数は前者で50個（70.4%）であるのに対して後者では51個（77.3%）であった。これらの結果から，成人年齢の熟練者は小学校年齢の経験者よりも，また女性の独演者は男性の独演者よりも基本姿勢で行われる身体動作を多用する傾向が強いと言えるかもしれない。

　ここでもう一度表2-4に目を転じ，まず演者の上下方向への重心移動について検討する。演者Ⅰ（小学校年齢の男性）を除く9名の独演には同一

の基本姿勢で行われる身体動作が三つ以上連続する時間帯[注43]が認められるが，これは重心位置の上下動がこの間ほとんど行われていないことを示している。そして 10 名の独演者による都合 5 分間の演技に重心位置の上下動を伴う身体動作（表中では「低中」「中低」および「高」という略号で示す）は 36 個含まれていた。この表に記載された延べ身体動作数が 137 個であるので，この種の身体動作の出現割合は全体の 4 分の 1 を上回っている（26.3%）。なお，表 2-3 に掲載された 92 種類の身体動作においては，重心位置の上下動を伴う身体動作の数は 19 個と全体のおよそ 5 分の 1（20.7%）に留まっていたので，実際の演技ではこの種の身体動作の出現する可能性が高まっていると言ってよかろう。更に，これを成人年齢の熟練者と小学校年齢の経験者に分けてその数値を比較してみる（表 2-7-1 を参照）。前者に関しては，その延べ身体動作数（74 個）に占めるこの種の身体動作の出現割合は 5 分の 1 弱（14 個：18.9%）であったのに対し，後者においては，その延べ身体動作数（63 個）の中でこの種の身体動作が 3 分の 1 以上（22 個：34.9%）を占めた。次いで，男性の独演者と女性の独演者に分けて同様の作業を行ってその数値を比較した（表 2-7-2 を参照）。前者に関しては，その延べ身体動作数（71 個）に占めるこの種の身体動作の出現割合は 3 分の 1 弱（21 個：29.6%）であったのに対し，後者においては，その延べ身体動作数（66 個）の中でこの種の身体動作は 5 分の 1 強（15 個：22.7%）に留まった。以上の結果から，パッソの独演における重心位置の上下動を伴う身体動作の出現頻度には年齢差および性差が存在し，年齢差に関しては成人年齢の熟練者よりも小学校年齢の経験者に，また性差に関しては女性の独演者よりも男性の独演者にその出現頻度の高い傾向があることを指摘できよう（ここではこのような結果が生じた理由を特定することはできないが，筆者がこのように指摘する一つの根拠として，本書の p. 116 に記した重心位置の上下動を伴う身体動作に関わる筆者の二つの推測が参考となるかもしれない）。

　次に，表 2-4 に記載された傘通しを伴う身体動作に着目する。10 名の独演者による都合 5 分間の演技に出現した傘通しを伴う身体動作は 36 個であり，延べ身体動作数 137 個の 4 分の 1 強（26.3%）を占める。表 2-3

に見るように，傘通しを必要条件とする身体動作は92種類中わずかに8種類（8.7%）であることを勘案すれば，いかに傘通しの動作がパッソの演技において多用される傾向にあるかも理解できよう。そしてその36個の中の6個は表2-3で傘通しを伴う身体動作に分類されていない動作に組み込まれたものであり，このことからはパッソというダンスに内在する即興性の一端が窺い知れるように思われる。次に，この36個の身体動作を成人年齢の熟練者と小学校年齢の経験者に分けてその数値を比較してみる。前者に関しては，その延べ身体動作数（74個）に占めるこの種の身体動作の出現割合が3分の1弱（24個：32.4%）に達したのに対し，後者においては，その延べ身体動作数（63個）の中でこの種の身体動作の占める割合は5分の1弱（12個：19.0%）に留まった。更に，この36個の身体動作を男性の独演者と女性の独演者に分けて同様の作業を行ったところ，前者に関しては，その延べ身体動作数（71個）に占めるこの種の身体動作の出現割合が4分の1強（20個：28.2%）であったのに対し，後者においては，その延べ身体動作数（66個）の中でこの種の身体動作の占める割合は4分の1弱（16個：24.2%）とほぼ同水準であった。以上の結果から，傘通しを伴う身体動作の出現頻度に関しては，年齢という尺度においてその差の著しいことが明らかとなった。その理由として，ここでは以下の指摘をしたいと思う。すなわち，基本的にソンブリーニャには大人用・子ども用という大きさの区別は存在せず，そのため，成人年齢のパシスタに比べて総じて小柄な小学校年齢のパシスタにとって両脚の間にソンブリーニャを通すという動作はより難度の高い技術となる可能性があるということである。

第5節　本章のまとめ

　本章では，これまでに公表されたナシメント・ド・パッソの活動に関わる論考やインタビュー記事，および筆者がこれまでの現地調査で収集した情報を手掛かりとして，半世紀以上に渡る彼とフレーヴォという民衆芸能との関わりについて検討した。また，2003年に実施した現地調査の折に

ナシメント・ド・パッソに協力を仰いで撮影されたビデオ映像を主たる情報源とし，パッソの技術的側面，すなわちこのダンスを構成する具体的な身体動作ならびにそれらを組み合わせた結果として成立する演技について分析を行った。
　1949年に13歳でレシーフェに移り住んで以来，2003年にフレーヴォの市立学校を退任するまで，半世紀以上の長きに渡り，ナシメント・ド・パッソは一貫してフレーヴォという民衆芸能に関与し続けた。すでに1950年代末にはパッソのコンテストでの活躍を通じてパスィスタとしての名声を確立していた彼は，パッソというダンスの実践の場をカルナヴァルの街頭から劇場の舞台にまで拡大させた立役者の一人であった。フレーヴォという民衆芸能に対する彼の最大の貢献は，従来パスィスタ同士の眼差しの交換，すなわち互いの演技の直接的な観察を通じて暗黙裡に行われていたパッソの技術の習得を，学校という場を設定するとともにそこでの指導法を考案することにより，年間を通じて誰もが安定的・効率的に行える環境を整備したことであろう。彼の指導法の斬新さは，パッソの演技からそれを構成する個々の身体動作を抽出し，それぞれに名称を付して教材化したことにある。更に，学校という場でのパッソ指導にあたっては，それを固定化された技術体系の合理的伝達に留めることなく，その先には学習者それぞれの演技を通じての個性の発露が期待されていたことを付け加えるべきであろう（彼は「すべての人間は自らのリズムの中に固有の創造性を育む能力を備えている」ことを確信していた）。その指導法は，彼の副校長への就任に伴い，フレーヴォの市立学校で実践されることになった。パッソの継承に向けた彼の働き掛けが実を結んだもう一つの事例は，元来フレーヴォを演奏するカルナヴァル団体に所属することなくその外部で無秩序に活動していたパスィスタという存在をその内部に組織化して位置付けることが，レシーフェ市の主催するカルナヴァル団体のコンテストにおいて制度化されたことであろう。これによりカルナヴァル団体は，パッソを指導する学校とともに，このダンスの後世への継承母体としての役割を担うこととなった。
　パッソの身体動作ならびにその独演を記録したビデオ映像の分析を通

じ，本書では立った姿勢およびしゃがんだ姿勢がこのダンスの基本姿勢であると解釈した。また2拍周期をその典型とする動作の反復，動作の反復により喚起される左右対称性，足関節の屈曲あるいは伸展を伴う意図的な足部の強調，そして両脚の間にソンブリーニャを通す動作（傘通し）の挿入の四つを，パッソの身体動作に見られる特徴として指摘した。一方でパッソの独演に目を転じれば，パスィスタにはその演技の中で小刻みに身体動作を切り替える傾向が顕著であること，身体動作の組み合わせ方には明瞭に各人の嗜好が反映されると考えられること，概してより難度の高い身体動作を試みる傾向が認められること，パッソの独演における個々の身体動作の出現頻度には相当程度の差が生じること，そして合理的な指導法を有する学校での教育には複数のパスィスタをして類型化された身体動作の組み合わせへと向かわせる契機となる可能性のあることが指摘されるべきであろう。年齢差という観点から成人年齢の熟練者と小学校年齢の経験者の独演を比較したところ，前者の方が演技中に用いる身体動作の種類の重複が少ない傾向，そして基本姿勢で行う身体動作および傘通しを伴う身体動作を多用する傾向が認められた。一方で後者には前者よりも演技中に重心位置の上下動を伴う身体動作を多用する傾向が認められた。また性差という観点から男性の独演者と女性の独演者の演技を比較したところ，女性には基本姿勢で行う身体動作を多用する傾向が，一方でそれとは対照的に男性には重心位置の上下動を伴う身体動作を多用する傾向が認められた。

第2章　注

注1）　序章の注20を参照のこと。

注2）　牧畜がブラジル北東部の経済に大きな影響を及ぼしていたポルトガル植民地時代に端を発するこの民衆芸能には，それぞれの時代をたくましく生き抜く被支配層が大牧場主や大農園主など時の権力者を揶揄することで彼我の立場を逆転させる構図が見て取れる（レシーフェではブンバ・メウ・ボイ（Bumba-meu-boi：第1章の注41を参照）と呼ばれて元来クリスマスの時期に演じられるが，その同じ芸能集団がカルナヴァルではボイ・ド・カルナヴァル（Boi do Carnaval：カルナヴァルの雄牛の意）とその名称を変えて街頭を行進する）。

注3）　ナシメント・ド・パッソのマナウス出奔のこのような動機に関連して，ルセリア・アウブケルケ・ヂ・ケイロースは次のように指摘する：

ナシメント〔・ド・パッソ〕が非常に厳格で権威主義的な〔家庭〕教育を受けたということを強調すべきである。ダンスや教育に働きかける彼の厳しい方法は恐らくこの生い立ちに由来するものであろう（QUEIROZ（2009）p. 26.）。

筆者がナシメント・ド・パッソのダンス指導を垣間見たのは 2001 年および 2003 年に実施した現地調査でのわずかな機会に限られるが，ルセリア・アウブケルケ・ヂ・ケイロースが指摘する厳しさは筆者にも感じ取ることができた（彼が発する一言の指示は生徒たちに抗うことの許されない絶対的権威として機能しているかのように感じられた）。そしてナシメント・ド・パッソがダンス指導に取り組む際のこの姿勢は，第 4 章で詳述するパッソの戦士たちのダンス指導にも受け継がれているように思われる。

注4） 1889 年に設立され現在もなお活動を続けるカルナヴァル団体（第 1 章第 1 節第 3 項（p. 37）および第 1 章第 2 節（pp. 42-43）にもこの団体に関わる記述があるので必要に応じて参照のこと）。フレーヴォを演奏しながら街頭を行進するところから，この種の団体にはクルーベス・ヂ・フレーヴォ（Clubes de Frevo）という名称が付与されている。

注5） CASSOLI, Camilo, Luís Augusto FALCÃO e Rodrigo AGUIAR（2007）*Frevo 100 Anos de Folia*, São Paulo: Timbro, p. 9. より転載。この写真の撮影者は，写真家にして民族学者であったフランス人のピエール・ヴェルジェ（Pierre Verger）である。

注6） 序章第 1 節（p. 5）でその名に言及したジルベルト・フレイレら知識人は，1920 年代のレシーフェから地域主義運動（Movimento Regionalista）を発信した。この運動はその当時ブラジルを席巻しつつあった全世界的な近代主義からペルナンブーコの伝統文化を保護することを目指しており，やがてその思想は近隣諸州へも波及した。1950 年代のレシーフェは未だその思想的背景を喪失してはいなかったと考えられる。

注7） レシーフェ生まれのジョゼ・ローゼンブリット（José Rozenblit）が，地元の音楽文化を自らの手で振興させるという志を抱き，当時最新の設備と機材をアメリカ合衆国から輸入してレコード製造工場（Fábrica de Discos Rozenblit）をレシーフェ市内アフォガードス地区に稼働させたのは 1954 年 12 月のことであった。モカンボ（Mocambo：貧民窟の意）という商標名でのレコード生産はその工場が閉鎖される 1983 年まで続けられた。

注8） ここでジュリアーナ・アメリア・パエス・アゾウベウが指摘した「民衆的な伝統を自らの統制下に置こうとするエリート層の恒常的な目論見」は，序章の注 15 においてマリオ・リベイロ・ドス・サントス（Mário Ribeiro dos Santos）が言及した「ペルナンブーコ・カルナヴァル連盟とそれに加盟するカルナヴァル団体との間に構築された前者による後者の支配という不均等な関係性」にも相通ずるものがあるのではなかろうか。そしてもしそうであるならば，そのような関係性は，今日レシーフェ市がカルナヴァル期間中に開催するカルナヴァル団体のコンテスト（本章の注 30 を参照）におけるレシーフェ市とカルナヴァル団体との間にも存在する可能性がないと

は言えまい（前者は後者に対しコンテストに出場するための助成金を支給する立場にある）。民衆芸能に関与する行政担当者に関しては，本書の第4章でその取り組みについて検討する「パッソの戦士たち」の開講するダンスクラスで教師を務めるラエルスィオ・オリンピオ・アギアール（Laércio Olímpio Aguiar）が，2016年5月28日に筆者の実施した聞き取り調査において興味深い回答をしているので以下に記す：

> 〔筆者の「フレーヴォという民衆芸能のためにレシーフェ市は何を行うべきか」という問い掛けに対して〕まず行うべきはフレーヴォに造詣のある職員を然るべき部署に配置することである。行政的な手続きと民衆文化の内容とは切り離して考えるべきであって，フレーヴォを実体験しそれを愛する人物がその立場に立つことが大切だ。〔中略〕残念ながら今日のレシーフェ市役所の多くの職員にはフレーヴォの歴史や実態がまだよく理解されていないように思う。民衆文化であるフレーヴォについて熟知している人材の登用がまず必要である。

彼のこの回答からは，民衆芸能の実践者とそれに関与する行政担当者との間に民衆芸能それ自体を巡って認識のずれの存在することが推察される。民衆文化への行政当局の関わりはそれ自体興味深いテーマではあるが，残念ながら本書ではこれ以上この問題に踏み込む余裕はない。

注9） ルセリア・アウブケルケ・デ・ケイロース（QUEIROZ（2009）p. 27.）によれば，青少年時代のナシメント・ド・パッソに最も影響を及ぼしたパスィスタがセチ・モーラス（Sete Molas：七つのばねを持つ男の意）であった。

注10） 本書では第1章第3節においてパッソの身体動作の源泉をカポエイラの格闘術に求めた。その後パッソの技術は，カルナヴァルの街頭で浮かれ騒ぐ民衆の中でその技能を磨いたパスィスタたちに受け継がれたと考えられる。そのパスィスタたちがどのように新たなパッソの身体動作を生み出していったのかについてはほとんど情報がないが，第2章第1節第3項でその名に言及するアンドレ・マドゥレイラ（André Madureira）は，1989年にマリア・ゴレーチ・ロシャ・ヂ・オリヴェイラが実施した聞き取り調査に際し，パッソの身体動作が生み出される過程について具体例を挙げて説明しているので，少々長くなるが以下に引用する：

> パッソが世界各地のダンスの身体動作の中にあるよりよい要素を吸収しているのをあなたは目の当たりにすることだろう。パッソの踊り方はペルナンブーコに固有のものである。あなたはロシアのバレエの中でパッソの身体動作に出会うことだろう。主としてしゃがんだ姿勢で行われるロコモチーヴァ〔Locomotiva：機関車の意〕，パチーニョ〔Patinho：小さなアヒルの意〕，エンカラコラード〔Encaracolado：渦巻の意〕，パラフーゾ〔Parafuso：ねじの意〕，これらの身体動作はすべてロシアのダンスの身体動作の中にその起源を有することをあなたは理解することだろう。ただそれらがペルナンブーコのやり方で踊られるのである。なぜそのようなことが起こったのであろうか。1950年代には数多くのロシアの舞踊団がレシーフェを訪れたのであった。その際に彼らは何を行ったのか。彼らは街頭で〔ロシアの〕ダンスを踊ったのである。彼らは劇場で公演を行うと

ともに，街頭でもダンスを踊ったのである。〔レシーフェの〕民衆はそれを見てどうしたであろうか。その直後のカルナヴァルにおいて彼らは自分たちが街頭で目撃した身体動作を自分たちのやり方で再現したのである。このようにしてロシアのダンスがパッソに吸収された。またアメリカ映画，中でもアメリカ合衆国のミュージカル映画は，ペルナンブーコのパスィスタにとって正真正銘の研究の源泉であった。古いミュージカル映画を見れば，あなたはそこにペルナンブーコのパッソの身体動作を見出すことだろう。あなたはパセアンド・ナ・プラスィーニャ〔Passeando na pracinha：公園の散歩の意〕やテゾウラ〔Tesoura：はさみの意〕のような身体動作に出会うことだろう。あなたはそこにパッソの身体動作を見出すことだろう。彼ら〔アメリカ人〕が行う身体動作もその実践方法は類似している。とは言え，我々〔ペルナンブーコ人〕の解釈の仕方，踊り方とは異なる。あなたが一定の知識を持たない限り，両者を識別することは難しい。更に〔ペルナンブーコの〕民衆はクラシックダンス〔クラシックバレエの身体技法〕をも吸収した。パッソにおけるつま先〔の使い方〕。すなわちつま先で立つことはクラシックダンスの身体技法の一部であった。我々が同様の身体動作を行わない理由があろうか。我々も行うことができる。但し我々のやり方でそれを行うのである。〔パスィスタが〕足の指を折り畳んで立つときには，民衆的なやり方，解釈の仕方でそれを行うのである（OLIVEIRA（1993）pp. 152-153.）。

このアンドレ・マドゥレイラの発言は，パッソというダンスがいかに外来の舞踊文化の身体動作を借用して生成されてきたかを如実に示すものである。今日一般にはペルナンブーコに固有のダンスであると考えられているパッソであるが，その生成過程では外来の様々な要素をペルナンブーコの民衆の感性を通じて消化・吸収した複合文化である事実を改めて認識することが必要であろう。

注11）　ナシメント・ド・パッソはイヴァン・モラエス・フィリョによるインタビューに答え，このコンテストを次のように回想している：

> 1957年か58年にタマンダレーラジオ（Rádio Tamandaré）のフェルナンド・カステラゥン（Fernando Castelão）の番組でレシーフェでは初めてのパッソの一大コンテストが開催され，演奏はネルソン・フェレイラ（Nelson Ferreira：本章の注15を参照）のオーケストラが務めた。優勝者はヂアリオ・ヂ・ペルナンブーコ新聞社の前の広場で観衆の投票によって決定され，私がその栄誉に輝いた。その夜の司会を務めたセーザル・ブラジル（César Brasil）が「そして優勝者は……フランシスコ・ナシメント・フィリョ，ナシメント・ド・パッソだ」と言った（FILHO（2002））。

すなわち，このコンテストの後に彼が自らを「ナシメント・ド・パッソ」と称した背景には，この司会者の当意即妙な発言があったのである。

注12）　1973年2月6日付けのヂアリオ・ダ・ノイチ紙（Diário da Noite）。ナシメント・ド・パッソらフレーヴォの担い手たちのサンパウロ（São Paulo）への公演旅行について報じている（帽子を被って小型の傘（ソンブリーニャ）を手に手足を広げた

写真の人物がナシメント・ド・パッソである)。この複写物は 2001 年 8 月の現地調査の折に筆者がナシメント・ド・パッソ本人から手渡されたものの一つである(彼は自らについて記された新聞記事を切り抜いては収集するという几帳面さを備えた人間であった)。

注13) 筆者は 2001 年 8 月に実施した現地調査の折にナシメント・ド・パッソの自宅を訪問する機会を得た。その当時の彼は,パッソの指導者として広くその名を知られ,第 3 章で検討するフレーヴォの市立学校の副校長として精力的に活動していたが,筆者の想像とは異なり,その自宅はレシーフェ市内ボア・ヴィアージェン(Boa Viagem)地区のファヴェーラ(favela:経済的貧困層が暮らす地域)にあった。彼は,筆者に対し,民衆舞踊の伝承者としてどのような栄誉を受けても,そのことが経済的な生活水準の向上には結び付かない現実について語った(表 2-1 に記載の通り,彼は 1998 年にはレシーフェ市から名誉市民賞を,また 2000 年にはペルナンブーコ州から名誉州民賞を授与されている)。なお,レシーフェにおいて民衆舞踊の実践を職業として生計を立てることの難しさについては,第 3 章第 3 節第 2 項で改めて言及する。

注14) 1960 年代以降フレーヴォという民衆芸能を衰退させた要因として,エスコーラ・ヂ・サンバの台頭に加えヴァレリア・ヴィセンチが指摘するのは,ラジオ局の生放送スタジオの相次ぐ閉鎖,軍事政権(1964-1985)の樹立,そしてレシーフェ市の中心部から離れた地域に建設された住宅地への住民移動計画の推進である(VICENTE, Valéria (2007) "Ensaiando o Passo" *Continente Documento*, 54: 26-30.)。

注15) ネルソン・フェレイラ(Nelson Ferreira:1902-1976)は,1920 年代から半世紀以上に渡って活躍したペルナンブーコ出身の作曲家である。彼がフレーヴォという民衆文化,別けてもその音楽の発展と普及に果たした役割の大きさは計り知れない。

注16) このネルソン・フェレイラの発言を受けてルイ・ドゥアルチ(Ruy Duarte)は,フレーヴォという民衆芸能が置かれた状況の改善に向け,1968 年に公表された著書の中で次のような提言を行っている:

> フレーヴォが持ち合わせている重要性を前提にしてその民衆芸能を眺めることが,増大するエスコーラ・ヂ・サンバと共存するにしても,その存在を確たるものとするための最も有効な方法である。そのために行われるべきは,本書が提示するように,フレーヴォについて研究を怠らないことである。フレーヴォは我々のものであり,ペルナンブーコの民衆の創造物である。それ故,我々がまず最大の敬意と配慮をもってその民衆芸能を眺めることをしなければ,外部の者たちが我々に賛同してそれに倣うことはないであろう(DUARTE, Ruy (1968) *História Social do Frevo*, Rio de Janeiro: Editora Leitura, pp. 95-96.)。

一方,ヴァウデマール・ヂ・オリヴェイラ(Valdemar de Oliveira)も 1971 年に公表されたその著書の中に「フレーヴォの衰退」という一節を設けてその問題について論じている。彼はその原因が複合的なものであるとしているのだが,エスコーラ・

ヂ・サンバに関しては以下のように記している：
> エスコーラ・ヂ・サンバ〔の街頭行進〕を見に駆け付ける民衆の多くはフレーヴォ〔という民衆芸能〕にも参加する。我々のカルナヴァルの伝統を守るために行うべきは，エスコーラ・ヂ・サンバに異議申し立てをすることではなく，十分な助成金を街頭のクルーベ〔クルーベ・ヂ・フレーヴォ〕に付与してその活動を援助することである。それによって街頭のクルーベはその構成員を活気付けて彼らの衣装を整えるとともに，人目を引く豪華なエスタンダルチ〔第1章の注8を参照〕と民衆の興奮を喚起するレパートリーを演奏する大規模で質の高いオーケストラを用意することができる。これらの要素が整えば，散り散りになってしまったパスィスタたちを再び呼び寄せることができるだろう（OLIVEIRA (1971) p. 138.）。

このヴァウデマール・ヂ・オリヴェイラの記述から，1970年代初頭の時点ではパスィスタはまだカルナヴァル団体の内部には位置付けられておらず，その活動は彼らの自発性にのみ基づくものであったことがわかる。

注17）ナシメント・ド・パッソに先んじること10数年，1950年代末にはすでにパッソの名手としての名声を手に入れていたエジヂオ・ベゼーラもパスィスタの集団を結成してパッソの指導を行ってはいたが，その対象は彼の子どもたちや隣人の範囲に限られていた。ルセリア・アウブケルケ・ヂ・ケイロース（QUEIROZ (2009) p. 25.）は，新聞紙上に掲載されたレオナルド・ダンタス・シウヴァ（Leonardo Dantas Silva）の回想を引用しているのだが，そこにはエジヂオ・ベゼーラのパッソ指導の一端が垣間見えて興味深い：
> エジヂオ・ベゼーラは〔レシーフェ市内〕トーレ（Torre）地区で我々を指導した。ラジオ付きのレコードプレイヤーなど誰も持っていなかった。それ故〔エジヂオ・ベゼーラは〕ラジオ・ジョルナウ・ド・コメルスィオ（Rádio Jornal do Commercio）あるいはラジオ・クルーベ・ヂ・ペルナンブーコ（Rádio Clube de Pernambuco）に周波数を合わせ，それらのラジオ局のカルナヴァル番組の中でフレーヴォが掛かるのを待った。フレーヴォが掛かるとまず彼が踊り，皆が彼からダンスを学んだ（MOURA, Ivana (2000) "Carnaval Precisa de Som" Recife: *Diário de Pernambuco* (28 de Fevereiro).）。

レオナルド・ダンタス・シウヴァのこの回想からは，エジヂオ・ベゼーラがカルナヴァルの時期にパッソの指導を行っていたことが窺い知れよう。

注18）マリア・ゴレーチ・ロシャ・ヂ・オリヴェイラによれば，ブラジルが軍事政権下にあった1970年代から80年代にかけては，テレビ放送を通じてアメリカ合衆国の大衆文化が大量に移入され，ブラジルの民衆文化を席巻した時代であった。それ故，そのような状況下で行われたナシメント・ド・パッソによるフレーヴォおよびパッソという民衆文化の普及活動は，強大な外圧に対する「文化的抵抗」と位置付けられるべきであると彼女は考える。

注19）民俗学者のジョゼ・フェルナンド・ソウザ・イ・シウヴァ（José Fernando

Souza e Silva）は，2016年5月10日に筆者が実施した聞き取り調査に際し，ナシメント・ド・パッソとの関わりにおける昨今のパッソ指導について以下のような見解を表明した：

> ナシメント・ド・パッソはエアロビック体操（ginástica aeróbica）の形態を借用した。エアロビック体操の幾つかの身体動作を模倣し，それをフレーヴォの市立学校〔この学校の活動実践については第3章で検討する〕のダンスクラスに適用した。生徒たちはその身体動作を学ぶことになった。彼らは自らが動きを生み出すのではなく，他者が生み出した身体動作を組み合わせてダンスを踊ることになった。ナシメント・ド・パッソは私の親愛なる友人でもあった。彼が〔1996年に〕フレーヴォの市立学校でダンスを教え始めたときにはすでに年を取っていた。彼は卓越したパスィスタであったが，すでに年を取り過ぎていた。そのためフレーヴォのダンスに適用できる要素を〔外部から〕借用した。その結果，パッソは集団で行う新たなダンスへと変容した。しかしながら，本来パッソとはそのようなダンスではない。パッソとは個々人の自発性の表明に他ならない。〔中略〕ナシメント・ド・パッソが果たした役割とは，フレーヴォのダンスを集団的なダンスへと変容させたことだ。しかしパッソは断じて集団的なダンスではない。それは常に個人的なダンスであった。パスィスタは他者のパッソから学ぶことができる。けれども学ばれる側がどのようにその身体動作を行うのかについて口で説明することはない。学ぶ側は他者が踊るパッソを観察してそれを模倣するのだ。フレーヴォのダンスはそのようにして受け継がれてきた。〔中略〕今日，筋肉運動を指導する学校では有酸素運動が重要視されている。そこでは長時間に渡って身体運動が継続される。しかしながらパッソはそのようなものではない。一人のパスィスタが数分間踊ったら，それ以上の運動の継続は難しい。他のパスィスタが彼〔彼女〕に取って代わるだろう。長時間に渡ってダンスを踊ることのできる一群の踊り手たちを養成すべく，有酸素運動のトレーニング法が導入された。

ジョゼ・フェルナンド・ソウザ・イ・シウヴァのこの見解には，第2章第2節第3項（p. 92）および本章の注26に記した，パッソを学校という枠組みの中で明確な方法論に基づいて指導することから生ずる結果についてヴァウデマール・ヂ・オリヴェイラの抱いた懸念に通底するものがある。

注20）　アリアーノ・スアスーナは，「アルモリアル」というこの名称の由来についてその著書の中で以下のように説明している：

> ブラジルでは紋章（armorial）は他の何ものよりも民衆的な芸術である。それ故，我々が採用したこの名称は，ブラジルの民衆文化の根源に我々が自らを結び付けることを望んでいるという意志を的確に意味するものである（SUASSUNA, Ariano (1974) *O Movimento Armorial*, Recife: Editora Universitária da UFPE, p. 9.）。

また文化人類学者の荒井芳廣は，この運動を以下のように解説している：

> アルモリアル運動は，1970年に，当時，ペルナンブーコ〔連邦〕大学文化発展

学部で教職に就いていた A〔アリアーノ〕・スアッスーナの指導の下に 19 人の作家，美術家，音楽家たちによって組織された文化運動で，民衆芸術をブラジル文化の象徴と考え，その表現やテーマに霊感を受けて，ブラジル独自の教養文化を構築しようとする試みであった（荒井芳廣（2019）『ブラジル北東部港湾都市レシフェの地方文化の創造と再創造』東京：丸善プラネット，p. 186.）

更にマリア・ゴレーチ・ロシャ・ヂ・オリヴェイラはこの運動の歴史的意義について次のように述べる：

本質的に民族主義的な特徴を有するこの運動は，ブラジルにおいて通信の産業化が開始された 1970 年代に，アメリカ合衆国を中心とする覇権主義的国家を前にしたブラジル文化の隷属状態に対する抵抗の理念として出現した（OLIVEIRA (1993) p. 123.）。

注 21） ナシメント・ド・パッソはイヴァン・モラエス・フィリョによるインタビューに答え，その当時を以下のように回想している：

1987 年のこと，パッソ指導のためにレシーフェ市と関わりを持ったのを機に，私はそのための〔公立〕学校の設立に向けた働き掛けを市長，市議会議員，州議会議員に対して開始した。私の提案に唯一耳を傾けたのは，初めて市長に就任したジャルバス・ヴァスコンセーロス（Jarbas Vasconcelos）博士だった。耳を傾けはしたものの彼はそのための行動を起こさなかったので，彼が 2 期目の当選を果たしたとき，私は彼の腰に食らいつく蚤に徹することにした。会議であれ，ホテルであれ，彼がいるところにはどこへでも足を運び，彼に近付いては「博士，フレーヴォの学校ですよ。博士，フレーヴォの学校ですよ」と話し掛けた。それが余りに頻繁だったので，1996 年にパッソ指導のための市立学校の開校式が行われたとき，彼はその場に居合わせた人々に対し，ナシメント・ド・パッソから自らを解放するためにこの学校を開校したと話した（FILHO (2002)）。

注 22） ナシメント・ド・パッソがフレーヴォの市立学校におけるダンスクラスへの参加を外国からの突然の訪問者である筆者に促したことからもわかるように，彼が考えるパッソの継承に向けた普及の対象とは，年齢，性別，社会階層，国籍などの枠組みを超越したものであった。

注 23） リタ・ヂ・カッシア・バルボーザ・ヂ・アラウージョ（Araújo (1996) pp. 362-363）は，カポエイラ術から生み出されたパッソの身体動作の一例として以下のようなものを挙げている（括弧内の日本語訳は筆者が便宜的に付したものである）：Dobradiça（ちょうつがい），Ferrolho（かんぬき），Parafuso（ねじ），Tesoura（はさみ），Martelo（金づち），Passo do candombré（カンドンブレー〔西アフリカを起源とする宗教でその儀式にはダンスを伴う〕の身体動作），Passo do jocotó miúdo（小柄なジョコトーの身体動作），Passo do siri（カニの身体動作），Passo do siri sem unha（爪のないカニの身体動作）そして Chã de barriguinha（腹部を大きく前後させる身体動作）。

注 24） 1967 年のカルナヴァル期間中の JC 紙には，インタビューを受けたエジデオ・

ベゼーラの以下のような発言が掲載されている（括弧内の日本語訳は筆者が便宜的に付したものであり，筆者はこれをヴァウデマール・ヂ・オリヴェイラの著作（OLIVEIRA (1971) p. 103.）より引用するものである）：

> 私は幼い頃からフレーヴォ〔パッソ〕を踊っている。私は様々な身体動作を生み出した：Peru na chapa quente（熱い鉄板の上の七面鳥），Tesoura aérea（空中のはさみ），Todo duro（すべてがつらい），Cortando jaca（パンの木の実を切る），Escamado（いら立ち），Mulher carregando menino（子どもを抱えた女性）そして Parafuso（ねじ）。

注25）マリア・ゴレーチ・ロシャ・ヂ・オリヴェイラが列挙した30種類の基本的な身体動作を以下に記す（40種類の基本的な身体動作に含まれないものには下線を引いてある。また括弧内の日本語訳は筆者が便宜的に付したものである）：1) Lavanca, 2) Ritmo, 3) Swing de ombros, 4) Onda do passo, 5) Saci Pererê, 6) Ponta de pé e calcanhar, 7) Trocadilho, 8) Pontinha de pé, 9) Pontilhando, 10) Chutando de frente, 11) Chutando de lado, 12) Muganga, 13) Abre o leque, 14) Folha seca, 15) <u>Patinho（小さなアヒル）</u>, 16) <u>Cumprimentando（あいさつ）</u>, 17) Passa-passa em cima, 18) Passa-passa em baixo, 19) Base, 20) Carrossel, 21) Tesourão, 22) Gaveta, 23) Faz que vai mas não vai, 24) Serrote, 25) Banho de mar pra frente, 26) Banho de mar pra trás, 27) Guerreiro, 28) Rojão, 29) Abre alas, 30) Pernadas。

注26）ヴァウデマール・ヂ・オリヴェイラがナシメント・ド・パッソの学校を念頭に置いていたかどうか定かではないが，彼は，パッソの指導が学校という場で行われることへの懸念，およびそのダンスの然るべき学習法について以下のように記している：

> 「フレーヴォの学校」について言えば，こうして学校化（escolarizado）されたフレーヴォ〔パッソ〕が，その授業を通じて，ペルナンブーコのパッソの最良の源泉である生徒の自発的な意志を犠牲にしながら，基本的あるいは副次的な「パッソ〔の身体動作〕」へと規格化されてしまうことを懸念すべきである。その場合，教師は，生徒たちに自らの個人的な刻印を押そうとする劇場の演出家さながらに振舞う。そしてその結果，生徒たちは，その教師の粗悪な模造品となるべく，遂には自らに固有の想像力を喪失してしまうのである。「パッソの学校」は，生徒に想像力，あるいは今日言われるような創造性を担保するスタニスラフスキー〔Konstantin Stanislavskii：ロシアの演出家・俳優。スタニスラフスキー・システムと呼ばれるリアリズム演劇の方法論を確立した〕の方法論に範を仰ぐべきであった。〔中略〕いわゆるフレーヴォ〔パッソ〕の「学校」あるいは「教室」に加えて，初等学校においてもフレーヴォ〔パッソ〕の指導が試みられている。その場合，本物の「パッソ」とは（クラシックバレエの基本ポジションの価値に囚われない〔で動く〕幾人かの重要な役柄でもない限り）指導できないものであることを思い起こす必要がある。素晴らしい俳優と同様に，パスィスタもすでに生

まれながらに才能を持ち合わせている。子どもの言語能力が聴覚的な注意力に基づいているとすれば，パッソには視覚的な観察実践が必要不可欠である。各人の肉体的な特性，疲労に対する抵抗力，そして関節の柔軟性に基づいた創造的想像力を働かせながら，人は他者〔のパッソ〕を観察することによって学習するのである。

この引用に見られるごとく，カルナヴァルの街頭で自発的に踊られる自由奔放なパッソの演技を長年に渡り目の当たりにしてきたヴァウデマール・ヂ・オリヴェイラにとって，学校という枠組みの中で指導者と学習者という明確な立場の違いを設定してパッソを指導するという新たな方向性には強い違和感を抱かざるを得なかったのであろう。

注27）第3章第3節第1項で述べるように，具体的には「身体各部の筋肉の入念なストレッチ」および「腹筋や背筋など体幹部の筋肉を強化するためのエクササイズ」を指す。

注28）アフリカ系キューバ人の非宗教的な音楽とダンスで，彼らの日常生活の楽しみとして演じられる。19世紀末には今日的な形態を整えていたと言われる。

注29）第1章の注25を参照のこと（なお第1章の注25で言及したオンダはカルナヴァル団体の内部に発生したものであったが，ここで言うオンダはカルナヴァル団体の外部に発生する現象であり，いわゆるフレーヴォに相当するものであると考えられる）。オンダの中で自由に浮かれ騒ぐ人々はフォリアゥン（folião）と呼ばれ，カルナヴァル団体の構成員として揃いの衣装を着用し集団的に行動するコルダゥン（cordão）とは区別される。すなわちパスィスタとは，フォリアゥンの中でもパッソを演ずる能力に長けた者に与えられる呼称であったと考えることができる。そのことに関連して，第4章でその取り組みについて検討する「パッソの戦士たち」の開講するダンスクラスにおいて教師を務めるラエルスィオ・オリンピオ・アギアールは，2016年5月28日に筆者が実施した聞き取り調査に際し，フォリアゥンとパスィスタの関係を以下のように説明した：

街頭のフォリアゥンというのは，将来のパスィスタを生み出すための原料のようなものだ。すべてのフォリアゥンはパスィスタになる可能性がある。しかしながら，〔逆に〕すべてのパスィスタがフォリアゥンになるわけではない。なぜならパスィスタは特異な存在だからだ。彼は他の者たちよりも自らが〔パッソの技能において〕優れていることを周囲に示そうとする。フォリアゥンはそうではない。彼らの間にはダンスの技能における優劣〔という観念〕は存在しない。

注30）レシーフェ市は毎年カルナヴァル期間中にカルナヴァル団体による街頭行進のコンテストを市内数か所に設定した会場で実施している。このコンテストは，クルーベス・ヂ・フレーヴォ（Clubes de Frevo），クルーベス・ヂ・ボネーコ（Clubes de Boneco），トロッサス（Troças），ブローコス・ヂ・パウ・イ・コルダ（Blocos de Pau e Corda），マラカトゥス・ヂ・バッキ・ヴィラード（Maracatus de Baque Virado），マラカトゥス・ヂ・バッキ・ソウト（Maracatus de Baque Solto），カボク

リーニョス (Caboclinhos)，トリーボス・ヂ・インヂオ (Tribos de Índio)，ボイス・ヂ・カルナヴァル (Bois de Carnaval)，ウルソス (Ursos) そしてエスコーラス・ヂ・サンバ (Escolas de Samba) という 11 の団体種別ごとにそれぞれの団体種別を四つの序列集団（上位から順に特別グループ (Grupo Especial)，第 1 グループ (Grupo Um)，第 2 グループ (Grupo Dois) および初出場グループ (Grupo de Acesso)）に分けて行われる。すなわち原則として 44 のコンテストが実施され，すべての出場団体に審査員が付与した得点により順位が付けられるのである。このコンテストの運営を担当するのが「コンテストならびに文化教育実施本部 (Núcleo de Concursos e Formação Cultural)」で，この組織は，レシーフェ市文化局と連携しながら文化行政の推進および文化財の保護等の任務を遂行しているレシーフェ市文化財団 (Fundação de Cultura Cidade do Recife) の内部に設置されている。コンテストならびに文化教育実施本部が取り決めた 2010 年のカルナヴァルにおけるコンテスト規則を参照してみると，例えばクルーベス・ヂ・フレーヴォ（フレーヴォを演奏しながら街頭を進行するカルナヴァル団体の意）という団体種別の場合，最上位の序列集団である特別グループの街頭行進には 15 名以上のパスィスタの出場が必要であると明記されている (NÚCLEO DE CONCURSOS E FORMAÇÃO CULTURAL (2010) *Relatório: Carnaval 2010*, Recife: Núcleo de Concursos e Formação Cultural; Fundação de Cultura Cidade do Recife, sem página.)。

注 31）レシーフェ市の北側に隣接する地方自治体で，その旧市街は UNESCO の世界文化遺産に登録されている。また，オリンダのカルナヴァルでは旧市街の細い坂道を舞台にカルナヴァル団体の街頭行進が繰り広げられるのだが，レシーフェにおいてはついぞ見られなくなったと言われるそれに付き従う民衆の密集状態，すなわちフレーヴォが今日なお出現することでも知られている。

注 32）しかしながら，フレーヴォに関わるすべてのカルナヴァル団体がパスィスタを養成する体制を整えているわけではない。2016 年 7 月 5 日に筆者が実施した聞き取り調査において，2005 年からクルーベ・カルナヴァレスコ・ミスト・ダス・パス・ドゥラーダス (Clube Carnavalesco Misto das Pás Douradas：団体名のパス・ドゥラーダスには金色のシャベルという意味がある。1888 年に設立された現存する最古のクルーベ・ヂ・フレーヴォである) というカルナヴァル団体でパッソ指導を行っているジェスィランヂ・モンテイロ・ゴメス (Gecilandi Monteiro Gomes) は，彼女が指導した青少年がこの団体の街頭行進でパスィスタを務めると述べている。更に彼女は，そのパスィスタたちがカルナヴァル期間中には他の団体の街頭行進にも参加してパッソを実演すると付け加えた。そのような状況が発生するのは以下のような理由による。すなわち，自前のパスィスタを保有しないカルナヴァル団体はその街頭行進にあたって他所からパスィスタを賃借しなければならないが，結果としてその方が自らの団体でパスィスタを養成するより経済的に効率的であると考えているからである。

注 33）2016 年のカルナヴァル期間中に筆者が目撃した状況を以下に記す。筆者は，2016 年 2 月 7 日から 9 日までの 3 日間，レシーフェ市が主催するカルナヴァル団体

（団体種別はトロッサス（7日），クルーベス・ヂ・ボネーコ（8日）およびクルーベス・ヂ・フレーヴォ（9日），そして序列集団はいずれも特別グループ）の街頭行進のコンテストを調査するために，会場であるレシーフェ市中心部のノッサ・セニョーラ・ド・カルモ大通り（Avenida Nossa Senhora do Carmo）へ足を運んだ。フレーヴォに関わる上記三つの団体種別のコンテストにパスィスタの隊列は欠かせない。筆者はパスィスタたちの動向に着目していたのだが，そこでは二つの演技形態，すなわち集団演技と独演が併用されていた。前者は隊列が移動しているときに行われ，演技内容を指示するのは隊列の先頭に位置するパスィスタである（彼（あるいは彼女）の行った身体動作を他のパスィスタたちは模倣する）。一方で後者は，会場全体を見晴らせる観客席よりも一段高い位置に設営された審査員席の前で行われた。パスィスタが一人ずつ前に出て（他のパスィスタたちはその間その後方で集団演技を行う），あるいはパスィスタが形作る円陣の中に交互に入って独演を披露した。

注34） その略歴は以下の通りである：ペルナンブーコ連邦大学（Universidade Federal de Pernambuco）の体育課程を修了する。大学時代にクラシックバレエとモダンダンスを学び始め，1984年から1989年までバレ・ポプラール・ヂ・レシーフェに職業舞踊家として在籍する。同舞踊団を退団後，民衆舞踊団バレ・ブリンカンチス・ヂ・ペルナンブーコ（Balé Brincantes de Pernambuco：民衆娯楽の参加者たちの舞踊団の意）に加入する。2003年にフレーヴォの市立学校での舞踊団設立をレシーフェ市から要請される。その使命を全うして後，同校を離れ，2016年の時点ではパッソの指導に携わる傍ら，レシーフェ市文化財団においてダンス部門の責任者を務めていた。

注35） 本章の注25に記したように，マリア・ゴレーチ・ロシャ・ヂ・オリヴェイラの著作（OLIVEIRA（1993）pp.86-87.）にはナシメント・ド・パッソが考案したルーティンを構成する30種類の基本的な身体動作についての言及があり，その中の13種類については断片的な写真が掲載されているのだが，個々の身体動作に関する説明はなされていない。またレオナルド・ダンタス・シウヴァが監修に当たったレコード音源付きの資料（SILVA, Leonardo Dantas (ed.)（1978）*Ritmos e Danças: Frevo*, Recife: Governo do Estado de Pernambuco; MEC-FUNARTE, sem página）にもパッソを構成する代表的な20の身体動作が写真入りで解説されているのだが，この資料の制作にもナシメント・ド・パッソが関与している。

注36） 筆者は，ナシメント・ド・パッソに協力を仰いだ2003年の現地調査で86種類，また2009年の現地調査で更に6種類，都合92種類の身体動作を確認している。

注37） 以下本書においてパーセンテージを表示する場合，小数点以下第二位を四捨五入する。

注38） 例えばしゃがんだ姿勢で行われる身体動作には，バランスを保ちながら俊敏に動作を反復するための巧緻性，股関節の柔軟性，姿勢を維持する脚部および体幹部の筋力の強靱さなどが要求されよう。

注39） シンメトリーは一般に「対称」あるいは「相称」と呼ばれる美の形式である

が，ここで言う異時性のシンメトリーとは，左右の対称的な動作が時間をずらして行われた結果，それを見る者に二重印象が与えられてシンメトリーが成立する現象を意味する。

注40）　とは言え，本章の注10で引用したアンドレ・マドゥレイラの発言を勘案すれば，パスィスタが足関節を伸展させ足の指を折り畳んでつま先立ちする身体動作番号63（Britadeira：砕石機の意）については，トウシューズを履いたバレリーナのつま先立ちの技術から着想を得た可能性が十分にあると思われる。

注41）　両脚の間にソンブリーニャを通す動作をここでは「傘通し」と呼んでいるが，この動作には一方の手から他方の手へのソンブリーニャの持ち替えを伴う。

注42）　パッソの身体動作には瞬発力を必要とするものが多く，パスィスタもそのような身体動作を好んで自らの演技に組み込む傾向がある。そのため密度の高い独演が持続されるのはせいぜい数十秒間に過ぎないことが多く，本書では試行的に演技開始から30秒間を分析の対象とした。

注43）　例えば演者Bの場合，その独演の前半部は主としてしゃがんだ姿勢で行われる身体動作で，また後半部は立った姿勢で行われる身体動作のみで構成されている。

第2章　引用および参考資料

［1］　OLIVEIRA, Maria Goretti Rocha de（1993）*Danças Populares como Espetáculo Público no Recife de 1970 a 1988*, Recife: O Autor.

［2］　AZOUBEL, Juliana Amelia Paes（2007）*Frevo and the Contemporary Dance Scene in Pernambuco, Brazil: Staging 100 Years of Tradition*, A Thesis Presented to the Graduate School of the University of Florida in Partial Fulfillment of the Requirements for the Degree of Master of Arts.

［3］　QUEIROZ, Lucélia Albuquerque de（2009）*Guerreiros do Passo: Multiplicar para Resistir*, Monografia Apresentada Junto ao Curso de Pós-graduação em Cultura Pernambucana da Faculdade Frassinetti do Recife.

［4］　VICENTE, Ana Valéria（2009）*Entre a Ponta de Pé e o Calcanhar: Reflexões sobre Como Frevo Encena o Povo, a Nação e a Dança no Recife*, Recife: Editora Universitária da UFPE.

［5］　FILHO, Ivan Moraes（2002）*É só brilho*（http://www.aponte.com.br/carnaval/esobrilho/nascimento-02-01-23.html：2003年2月18日参照）.

［6］　FILHO（2002）*ibid.*（2003年2月18日参照）.

［7］　FILHO（2002）*ibid.*（2003年2月18日参照）.

［8］　QUEIROZ（2009）*op.cit.*, p. 26.

［9］　FILHO（2002）*op.cit.*（2003年2月18日参照）.

［10］　FILHO（2002）*ibid.*（2003年2月18日参照）.

［11］　FILHO（2002）*ibid.*（2003年2月18日参照）.

[12]　PONTUAL, Virgínia (2000) "O Urbanismo no Recife: entre Idéias e Representações" *Revista Brasileira de Estudos Urbanos e Regionais*, 2: 89-108.
[13]　TELES, José (2008) *O Frevo Rumo à Modernidade*, Recife: Fundação de Cultura Cidade do Recife, p. 48.
[14]　CASSOLI, Camilo, Luís Augusto FALCÃO e Rodrigo AGUIAR (2007) *Frevo 100 Anos de Folia*, São Paulo: Timbro, p. 93.
[15]　VICENTE (2009) *op.cit.*, p. 52.
[16]　OLIVEIRA (1993) *op.cit.*, p. 74.
[17]　OLIVEIRA (1993) *ibid.*, p. 74.
[18]　OLIVEIRA (1993) *ibid.*, p. 74.
[19]　VICENTE (2009) *op.cit.*, p. 52.
[20]　AZOUBEL (2007) *op.cit.*, p. 65.
[21]　FILHO (2002) *op.cit.* (2003 年 2 月 18 日参照).
[22]　OLIVEIRA (1993) *op.cit.*, p. 67.
[23]　FILHO (2002) *op.cit.* (2003 年 2 月 18 日参照).
[24]　FILHO (2002) *ibid.* (2003 年 2 月 18 日参照).
[25]　FILHO (2002) *ibid.* (2003 年 2 月 18 日参照).
[26]　OLIVEIRA (1993) *op.cit.*, p. 75.
[27]　OLIVEIRA (1993) *ibid.*, p. 87.
[28]　VICENTE, Valéria e Giorrdani de SOUZA (2015) *Frevo: para Aprender e Ensinar*, Olinda: Editora da Associação Revista; Recife: Editora UFPE, p. 133.
[29]　SUASSUNA, Ariano (1974) *O Movimento Armorial*, Recife: Editora Universitária da UFPE, p. 9.
[30]　MOURA, Ivana (1993) "Para não Perder o Compasso" Recife: *Diário de Pernambuco* (5 de Dezembro).
[31]　OLIVEIRA (1993) *op.cit.*, pp. 86-87.
[32]　OLIVEIRA (1993) *ibid.*, p. 86.
[33]　VICENTE (2009) *op.cit.*, p. 59.
[34]　VICENTE (2009) *ibid.*, p. 59.
[35]　QUEIROZ (2009) *op.cit.*, p. 47.
[36]　VICENTE e SOUZA (2015) *op.cit.*, p. 131.
[37]　OLIVEIRA, Valdemar de (1976) "Frevo" *Folclore*, 24, Recife: Centro de Estudos Folclóricos do Departamento de Antropologia do Instituto Joaquim Nabuco de Pesquisas Sociais.
[38]　NASCIMENTO DO PASSO (1995) *Um Documento Inédito*, sem página.
[39]　筆者によるナシメント・ド・パッソへのインタビュー (2003 年 8 月 28 日実施)
[40]　VICENTE (2009) *op.cit.*, p. 59.
[41]　FILHO (2002) *op.cit.* (2003 年 2 月 18 日参照).

［42］　PREFEITURA DO RECIFE（2006）*Dossiê de Candidatura: Frevo ― Patrimônio Cultural Imaterial do Brasil*, Recife: Prefeitura do Recife, p. 50.（この文書はレシーフェ市がフレーヴォをブラジル無形文化遺産に登録申請する際にその決定機関である IPHAN（国立歴史芸術遺産院）に説明資料として提出したものである。）
［43］　AZOUBEL（2007）*op.cit.*, p. 100.
［44］　AZOUBEL（2007）*ibid.*, p. 101.
［45］　PREFEITURA DO RECIFE（2006）*op.cit.*, p. 51.
［46］　FILHO（2002）*op.cit.*（2003 年 2 月 18 日参照）.
［47］　Website da Villa Digital administrada pela Fundação Joaquim Nabuco（http://villadigital.fundaj.gov.br/index.php/fotografias/itemlist/category/34-katarina-real：2017 年 6 月 29 日参照）
［48］　VICENTE（2009）*op.cit.*, p. 56.
［49］　VICENTE（2009）*ibid.*, p. 56.
［50］　VICENTE（2009）*ibid.*, p. 56.
［51］　VICENTE（2009）*ibid.*, p. 56.
［52］　PREFEITURA DO RECIFE（2006）*op.cit.*, p. 81.
［53］　AZOUBEL（2007）*op.cit.*, p. 119.
［54］　筆者によるアレッシャンドレ・マセードへのインタビュー（2016 年 4 月 27 日実施）
［55］　VICENTE, Valéria（2007）"Ensaiando o Passo" *Continente Documento*, 54: 26-30.

第3章　フレーヴォの市立学校の活動実践

　本章では，第2章第1節第3項においてナシメント・ド・パッソとの関わりで言及したフレーヴォの学校（Escola de Frevo：現在はフレーヴォの市立学校マエストロ・フェルナンド・ボルジェス（Escola Municipal de Frevo Maestro Fernando Borges）と改称されている）の活動実践に焦点を当てる。その理由は，この学校が，レシーフェ市という大規模な地方自治体を運営母体とする安定した財政基盤を背景に，1996年の設立以来，20年以上に渡ってパッソの継承と普及を一貫して推進してきた自他ともに認める中核的な教育機関であるからに他ならない。後述するように，この学校のダンスクラスへの受け入れ生徒数の規模からだけでも，パッソというダンスのあり様にこれまでこの学校の活動が及ぼしてきた影響の大きさを推し量ることができよう。2001年を皮切りに筆者はこれまで都合6回この学校を訪問している[注1]のだが，その機会に，ダンスクラスに参加してパッソを実体験するとともに，部外者の目でダンスクラスを含むこの学校の諸活動について観察を行った。そしてその間，この学校の複数の関係者に対する聞き取り調査も実施することができた。そこでこれまでの現地調査で得られた情報およびレシーフェ市役所のウェブサイトに掲載された情報等を踏まえ，この学校の設立目的と運営目標を明らかにするとともに，その施設および運営スタッフの実態を確認した上で，この学校において実践されている諸活動の内容を，特にナシメント・ド・パッソが2003年にこの学校を退任して以降の状況に着目して検討する。なお，筆者の知る限り，この学校の活動実践に焦点を絞った先行研究は存在しなかった。

第1節　学校設立の目的とその運営目標

　レシーフェ市が「ペルナンブーコの文化の保護に貢献すること」[1]を目的に掲げてフレーヴォの学校を設立したのは 1996 年 3 月 6 日であった[注2]。その後 1999 年にフレーヴォの市立学校マエストロ・フェルナンド・ボルジェスと名称を改めて今日に至っているが，本書では便宜的にこれを「フレーヴォの市立学校」と表記する。レシーフェ市がこの学校を設立するに至った経緯をこの場で詳細に説明できるだけの情報を筆者は持ち合わせていないが，第 2 章第 1 節第 3 項で述べたように，その設立にはナシメント・ド・パッソによるその当時のレシーフェ市長に対する執拗なまでの働き掛けが一定の役割を果たしたであろうことは想像に難くない（必要に応じて第 2 章の注 21 を参照のこと）。

　フレーヴォの市立学校を設立するにあたり，レシーフェ市は「市内の学校に通う児童・生徒の中から 400 名を〔この学校のダンスクラスに〕受け入れること，およびカルナヴァルに向けてソンブリーニャと仮面を製作するための講習会の場を提供すること」[2]を具体的な目標として掲げていた。それから 12 年余りが経過した 2008 年 5 月時点では，レシーフェ市役所のウェブサイト[3]によれば，その運営目標とは以下の四つであった：(1) フレーヴォというダンス〔パッソ〕の価値を高め，強化してその普及に努めること，(2) このダンスの踊り手ならびに指導者を養成すること，(3) 生徒の能力の開発に努めること，そして (4)〔ダンスという〕文化的言語を通じて社会的包摂（inclusão social）と所得の創出（geração de renda）に貢献すること。ここに見られるように，学校設立時に掲げられた運営目標と 2008 年時点のそれとの間には明確な相違点が認められる。すなわち，前者の核心はペルナンブーコの民衆文化の地元民への継承と普及であるのに対し，後者ではパッソというダンスの価値の向上と普及に加え，その実践を通じて実現されるべき新たな内容（踊り手と指導者の養成，生徒の能力の開発，そして社会的包摂と所得の創出）が付け加えられているのである。そこにはこの学校の活動がもたらす有形無形の利益を生徒個人に，また地

域社会に還元しようというレシーフェ市の意図を読み取れよう。このような運営目標の変化がいかなる理由に起因するのか確認できていないが，「2003年2月20日に一つの改革を踏まえて〔フレーヴォの市立学校が〕再開された」[4] ことが何らかの契機となっているのではないかと筆者は推測している（第2章第3節第4項で記したように，2003年にはナシメント・ド・パッソがこの学校を退任しており，そのことがこの運営目標の変化にも何らかの影響を及ぼした可能性は否定できない）。

　2016年8月22日に実施した聞き取り調査の中でパッソの継承と普及に向けた今後の取り組みについて筆者が問い掛けたところ，この学校の校長であるアナ・ミランダ（Anna Miranda）[5] は，「過去から未来へと変化し続けるパッソというダンスを保護する」こと，そしてそれを「レシーフェから外部，すなわち，ペルナンブーコ，ブラジルそして全世界へと発信する」ことがこの学校に課せられた使命であると明言した。この回答に関しては同校長の二つの認識に着目すべきであろう。一つは，パッソというダンスが決して形式的に固定化された不変の文化財ではなく時代とともに変化し続けるとするその動態性の認識である。そしてもう一つは，そのダンスの普及の範囲がすでにレシーフェという特定の地域には留まらないとする認識である。後者については，ナシメント・ド・パッソがレシーフェでのパッソの普及に腐心していた1970年代から80年代にかけての状況を思い起こせば，この間のフレーヴォという民衆芸能を取り巻く環境の変化には隔世の感がある。序章第1節で述べたように，民衆芸能としてのフレーヴォが2007年2月には国立歴史芸術遺産院（IPHAN）によってブラジル無形文化遺産に，また2012年12月には国際連合教育科学文化機関（UNESCO）によって人類無形文化遺産に登録されたことも同校長のこのような認識形成を大きく後押ししたに違いない。

　2007年8月22日に筆者が実施した聞き取り調査に際し，その当時この学校の校長[注3]を務めていたバルバラ・エリオドーラ（Bárbara Heliodora）[6] は，この学校の施設の拡大を強く希望していた（次節に記すように，この学校のダンスフロアは，その設立当初から今日に至るまで，およそ8メートル四方の空間が一つあるだけである）。ダンスフロアを複数確保する必要性は，

2011年8月17日に筆者が実施した聞き取り調査において，アナ・ミランダ校長[7]も指摘している。その背景には，本章の第3節第1項に記すように，この学校のダンスクラスの受講希望者数の増大への対応という差し迫った課題があった。アナ・ミランダ校長はその課題に関連して，2016年8月22日に筆者が実施した聞き取り調査の際には，ダンス教師をレシーフェ市内の幾つかの地区へ派遣してそこにある施設でダンスクラスを開講するという構想(注4)についても言及している。更に，この学校が掲げる2008年時点の運営目標に直接的な記述はないのだが，上記新旧二人の校長への聞き取り調査から浮かび上がった両者に共通するもう一つの課題意識について言及すべきであろう。すなわちそれは，「レシーフェに暮らす青少年のおよそ8割が経済的貧困状態にある」[8]という厳しい現実の改善に向けてこの学校がいかなる役割を果たし得るかについての切実で果てしなき問い掛けである。勿論フレーヴォの市立学校に通うすべての生徒が経済的貧困状態にあるというわけではないのだが，両校長への聞き取り調査を通じ，2008年の時点で「生徒の能力の開発に努めること」そして「〔ダンスという〕文化的言語を通じて社会的包摂と所得の創出に貢献すること」という運営目標が掲げられていた背景には，このような課題意識が横たわっているのではないかと筆者は考えるに至った。

第2節　学校の施設と運営スタッフ

フレーヴォの市立学校の所在地はレシーフェ市エンクルズィリャーダ地区（同市の北部に位置する）カストロ・アウヴェス通り440番地（Rua Castro Alves, 440, Encruzilhada, Recife）である。その施設はおよそ10メートル四方の敷地に2階建ての建物が1棟のみという小規模なものである（図3-1を参照）。2007年8月時点のこの施設の内部であるが，1階には事務室（校長および後述するコーディネーターが事務作業を行う），多目的スペース（この学校に通う生徒たちの食事の場，また年少の生徒に同行して来る保護者の待機の場として利用される），作業スペース（カルナヴァル用の装飾品などを製作するための講習会が開催される），厨房（この学校に通う生徒にはダ

図 3-1. フレーヴォの市立学校外観（2011 年筆者撮影）

ンスクラスが終了する度に軽食が提供される），トイレおよびシャワースペースが配置されており，階段を上がった 2 階はダンスフロア（およそ 8 メートル四方で壁の一面は鏡張りである），ロッカー室および物置で構成されていた。なお筆者が初めてこの学校を訪れた 2001 年 8 月の時点では，多目的スペースと作業スペースの間には間仕切りが存在せず，一つの大きな空間であった。また 2011 年 8 月の訪問時には，かつて事務室であったスペースは図書室（専門書から子ども向けの絵本までが配架されている）となり，作業スペースの一部を間仕切りしてそれに代わる事務室が設けられていた。

2007 年 8 月，筆者がバルバラ・エリオドーラ校長[9]にこの学校の運営スタッフについて確認したところ，校長，コーディネーター（2 名：庶務担当と教務担当に分かれている），振付家（1 名：次節第 2 項で検討するこの学校の舞踊団に作品を振付けるとともにその演出を行う），ダンス教師（5 名：次節第 1 項で検討するダンスクラスでパッソの指導を行う），調理係（2 名：ダンス

クラスが終了した生徒に提供する軽食を調理する),清掃係(1名)そして警備員(4名)の計16名が,月曜日から金曜日までの午前8時から午後10時まで,この学校の日常的な業務に携わっているとのことであった。それから9年後の2016年8月,筆者がアナ・ミランダ校長[10]に同様の確認を行ったところ,運営スタッフは,校長,教務担当コーディネーター(3名:校長は校外での職務も多いため,日常的な案件全般に対応する),ダンス教師(4名),調理係(2名),清掃係(2名)そして警備員(1名)の計13名で構成されていることが判明した。

第3節　学校の活動実践

2007年8月に筆者が実施したバルバラ・エリオドーラ校長に対する聞き取り調査の結果から,パッソというダンスに関わってフレーヴォの市立学校では以下に記す三つの活動が実践されていることが判明した[注5]。すなわち(1)ダンスクラスにおけるパッソの指導,(2)学校内に設置された舞踊団の活動,そして(3)各種イベントにおけるパッソの実演である。その後2016年8月に筆者が実施したアナ・ミランダ校長への聞き取り調査においても,これら三つの活動実践は,いささかその形態を変化させながらも継続されていることが確認できた。以下,それぞれの活動について検討を行う。

第1項　ダンスクラスにおけるパッソの指導

1996年の設立以来,一貫して掲げられているこの学校の運営目標は,パッソというダンスの継承と普及であり,それを達成するための主たる活動がダンスクラスにおけるパッソの指導であることは論をまたない。設立当初はレシーフェ市内の学校に通う児童・生徒がその受け入れ対象であったが,その後,受け入れ対象者の居住地域が「レシーフェ大都市圏(Região Metropolitana do Recife)」[注6]へ,またその年齢も「学齢期を過ぎた年長者」へと拡大された[11](制度上はこのように受け入れ対象が限定されているが,筆者のような外国人旅行者(短期のレシーフェ滞在者)にもその門戸

は開かれていた)。なお，レシーフェ市が運営母体であるこの学校のダンスクラスへの参加は無料である。

　フレーヴォの市立学校の授業暦は他の市立学校と同様に 2 学期制[注7]を採用している。しかしながらその運用の仕方はやや変則的である。と言うのは，他の市立学校が毎年 2 月上旬に第 1 学期を開始するのに対し，この学校のそれはそれぞれの年のカルナヴァルの終了後に始まるからである（序章の注 2 で説明したように，復活祭の移動に伴ってカルナヴァルも 2 月上旬から 3 月上旬にかけての時期を毎年移動するため，この学校の第 1 学期の開始時期には 1 か月程度の幅が生ずることになる）。なお，第 1 学期の開始に先立ち，受講希望者はその年度に開講されるダンスクラスの中から曜日・時間帯を選んで参加登録[注8]を済ませる必要がある（第 2 学期にも，第 1 学期と同様の曜日・時間帯のダンスクラスの受講を継続希望する場合には，改めて参加登録更新の手続きを踏まねばならない。その結果，ダンスクラスの定員に満たない状況が生じた場合には，それを受けて新規の生徒の参加登録が追加で行われる）。そして 6 月下旬にこの学校の第 1 学期は終了する。およそ 1 か月の休業期間を経て 8 月上旬から始まる第 2 学期は 12 月中旬に終了する（それぞれの学期末には劇場などの外部施設を借りてまとめの作品発表会[注9]が行われている）。またこの学校では，1 月上旬からその年のカルナヴァル開幕までの期間にパッソの講習会（oficina pré-carnavalesca：カルナヴァルに向けた講習会の意）を実施している。この講習会は通常のダンスクラスとは趣旨を異にするため，別途参加登録が必要になる（それ故，この講習会にはこの学校のダンスクラスの受講者（すなわち生徒）以外の者も参加が可能である）。更にここで確認しておくべきは，この学校には所定の在学年数が存在しないということである。すなわち，真摯な姿勢でパッソを学ぼうという意志さえあれば，何年でも通い続けることが認められている。仮にブラジルの義務教育期間（6 歳から 14 歳まで）を通じてこの学校のダンスクラスに在籍したとすれば，このダンスに関しては相当に高度な技能を身に着けることが可能であろう。

　筆者の手元には，上記新旧二人の校長に聞き取り調査を行った三つの年度（2007 年度，2011 年度および 2016 年度）のこの学校の授業時間割があ

る。ダンスクラスでの指導内容について検討を行う前に，これら三つの授業時間割を比較することにより，この間のこの学校におけるパッソ指導の実施方法の移り変わりを読み解いてみたい。まず，2007年度のフレーヴォの市立学校の時間割を表3-1に示す。開講されるダンスクラスは生徒の年齢を尺度として四つに区分されている。すなわち「5歳から8歳まで」「9歳から13歳まで」「14歳から18歳まで」そして「19歳以上」である。我が国の学校制度に照らせば，それぞれ「小学校低学年」「小学校高学年」「中学生および高校生」そして「高校卒業以上の年長者」ということになろうか（なお後述するように，2011年度以降の授業時間割では，この区分が「5歳から8歳まで」「9歳から12歳まで」「13歳から17歳まで」そして「18歳以上」に変更されている）。14歳から18歳までのダンスクラスおよび19歳以上のそれは1日に2枠ずつ開講されており，後者は更に技能水準を尺度として初心者と経験者の時間帯に分けられている（この表から明らかなように，2007年当時のこの学校では，午前と午後の時間帯に初等および中等教育就学年齢の生徒たちのダンスクラスが，また夜間に成人年齢の生徒のそれが整然と分離した状態で開講されていた）。1枠当たりの授業時間は生徒の年齢の如何を問わず一律に90分（各曜日の最終時間帯のダンスクラスのみ75分）であった。表3-1からは，生徒1人当たり，週に3回（月・水・金もしくは火・木・金）のダンスクラスへの参加を認められていたことが読み取れよう。このようにして開講される週30枠のダンスクラスを5名のダンス教師が分担して指導していたわけである。

次いで2011年度のフレーヴォの市立学校の授業時間割を表3-2に示す。正確な時期は不明だが，筆者がこの学校を訪問した2007年8月から2011年8月の間に，この学校では校長がバルバラ・エリオドーラからアナ・ミランダに交代している。その運営体制の転換も影響を及ぼしたのであろうか，2007年度の授業時間割と2011年度のそれとの間にはいくつかの変更点が認められる。ここでは以下四つの観点を提示してみる。第一の観点は，1枠当たりの授業時間および1週当たり開設授業枠数である。1枠当たりの授業時間に関しては，前者では生徒の年齢の如何を問わず一律に90分であったものが，後者では5歳から12歳までの生徒の授業時間が

表 3 - 1. フレーヴォの市立学校の授業時間割（2007 年 8 月現在）

月・水・金		火・木・金	
8:30 - 10:00	5 - 8 歳	8:30 - 10:00	14 - 18 歳
10:30 - 12:00	9 - 13 歳	10:30 - 12:00	14 - 18 歳
13:30 - 15:00	14 - 18 歳	13:30 - 15:00	5 - 8 歳
15:30 - 17:00	14 - 18 歳	15:30 - 17:00	9 - 13 歳
舞踊団の練習		舞踊団の練習	
18:30 - 20:00	19 歳以上（初心者）	18:30 - 20:00	19 歳以上（経験者）
20:15 - 21:30	19 歳以上（経験者）	20:15 - 21:30	19 歳以上（初心者）

※金曜日は状況に応じて左欄と右欄どちらの時間割でも授業が行えるようになっている。

50 分に，そして 13 歳以上の生徒のそれが 60 分（月曜日から木曜日までの夜間に開講されている 18 歳以上を対象とするダンスクラスのみ 75 分）に短縮されている（金曜日に開設されている 3 枠（いずれも 13 歳以上の生徒が対象）は授業時間が 120 分であるが，その理由については後述する）。また 1 週当たりの開設授業枠数であるが，前者では 30 枠であったものが，後者では 49 枠へと大幅に増加している。一方で 1 枠当たりの授業時間が短縮され，他方で 1 週当たりの開設授業枠数が増加した理由を，筆者はアナ・ミランダ校長に確認できていない。しかしながら，以下に記すような二つの可能性を推測することは，特に的外れではないように思われる。一つは，この学校のダンスクラスの受講希望者数が増大したことに対する学校側のやむを得ざる対応であった可能性である（本章第 1 節に記したように，フレーヴォという民衆芸能が 2007 年 2 月には国立歴史芸術遺産院（IPHAN）によってブラジル無形文化遺産に，また 2012 年 12 月には国際連合教育科学文化機関（UNESCO）によって人類無形文化遺産に登録されたことも，レシーフェ市民のパッソというダンスに対する関心を高め，この学校のダンスクラスへの受講希望者を増大させる要因として作用した可能性がある）。そしてもう一つは，パッソというダンスの 1 枠当たりの授業時間として，5 歳から 12 歳までの生徒の場合には 50 分が，また 13 歳以上の生徒の場合には 60 分が適当で

ある（すなわちそれまでの一律に90分という授業時間は長すぎた）という判断が学校によって下された可能性である。あるいはこれら二つの理由が複合している可能性も考えられよう。第二の観点は，一人の生徒が1週間に参加を認められる授業時間である。2007年度の授業時間割では270分（各曜日の最終時間帯のダンスクラスのみ225分）であったものが，2011年度のそれでは5歳から12歳までの生徒の場合には100分に，また13歳以上の生徒の場合には120分（月曜日から木曜日までの夜間に開講されている18歳以上を対象とするダンスクラスのみ150分）に短縮されている。すなわち生徒にはダンスクラスへの参加にあたり，〈月曜日と水曜日〉または〈火曜日と木曜日〉いずれかの同一時間帯に開設されているダンスクラス，もしくは〈金曜日〉に開設されているダンスクラスという三つの選択肢が用意されていたわけである（金曜日に開設されているダンスクラスのみ授業時間が120分であるのは，2回分の授業を1日で集中的に行うためである）。このような変更のなされた背景にも，この学校のダンスクラスの受講希望者数の増大という問題が透けて見えるように思われる。第三の観点は，技能水準を尺度としたクラス分けである。2007年度の授業時間割では19歳以上の生徒のダンスクラスにのみ初心者と経験者の区分が明記されていたのだが，2011年度のそれでは5歳から12歳までの生徒が参加するすべてのダンスクラスにその区分が適用されるとともに，13歳以上の生徒が参加するダンスクラスに関しては，金曜日だけに初心者対象のダンスクラスが開設されている。この変更について筆者は，次年度に受け入れる生徒たちの技能水準をそれまでの実績を踏まえて学校側があらかじめ想定し，それに対応する最善の指導体制を構築すべく授業時間割が作成された結果ではないかと考えている。そして第四の観点は，生徒の年齢区分を越えたダンスクラスの設定である。これはすなわち，生徒の年齢を「5歳から12歳まで」および「13歳以上」に設定したダンスクラス（1週間の総開設授業枠数（49枠）の中の19枠がこれに当たる）を指しており，このように幅の広い年齢区分は2007年度の授業時間割には見られなかったものである。なぜこのような年齢区分が設定されたのか，その理由は確認できていないが，以下に示す二つの可能性を指摘しても差し支えなかろう。一つは，第

表 3-2. フレーヴォの市立学校の授業時間割（2011 年 8 月現在）

【月曜日と水曜日】

08:30 - 09:20	Infantil Iniciante（5 - 12 歳初心者）	Inaê
09:20 - 10:10	Infantil Avançado（5 - 12 歳経験者）	Inaê
10:10 - 10:20	Intervalo（清掃時間）	
10:20 - 11:20	Adolescente（13 - 17 歳）	Inaê
11:20 - 12:20	Adolescente / Adulto（13 歳以上）	Inaê
12:20 - 13:20	Adulto（18 歳以上）	Alisson
13:20 - 13:30	Intervalo（清掃時間）	
13:30 - 14:20	Infantil Iniciante（5 - 12 歳初心者）	Alisson
14:20 - 15:10	Infantil 1 Avançado（5 - 8 歳経験者）	Bhrunno
15:10 - 16:00	Infentil 2 Avançado（9 - 12 歳経験者）	Bhrunno
16:00 - 16:10	Intervalo（清掃時間）	
16:10 - 17:10	Adolescente（13 - 17 歳）	Bhrunno
17:10 - 18:50	CIA de Dança（舞踊団）	
18:50 - 19:00	Intervalo（清掃時間）	
19:00 - 20:15	Adulto（18 歳以上）	Juninho
20:00 - 21:15	Adulto（18 歳以上）	Juninho

【火曜日と木曜日】

08:30 - 09:20	Infantil Iniciante（5 - 12 歳初心者）	Inaê
09:20 - 10:10	Infantil Avançado（5 - 12 歳経験者）	Inaê
10:10 - 10:20	Intervalo（清掃時間）	
10:20 - 11:20	Adolescente（13 - 17 歳）	Inaê
11:20 - 12:20	Adolescente / Adulto（13 歳以上）	Inaê
12:20 - 13:20	Adulto（18 歳以上）	Pinho
13:20 - 13:30	Intervalo（清掃時間）	
13:30 - 14:20	Infantil Iniciante（5 - 12 歳初心者）	Pinho
14:20 - 15:10	Infantil 1 Avançado（5 - 8 歳経験者）	Bhrunno
15:10 - 16:00	Infantil 2 Avançado（9 - 12 歳経験者）	Bhrunno
16:00 - 16:10	Intervalo（清掃時間）	
16:10 - 17:10	Adolescente（13 - 17 歳）	Bhrunno
17:10 - 18:10	Adolescente（13 - 17 歳）	Bhrunno
18:10 - 18:30	Intervalo（清掃時間）	
18:30 - 19:45	Adulto（18 歳以上）	Juninho
19:45 - 21:00	Adulto（18 歳以上）	Juninho

【金曜日】

09:00 - 11:00	Adolescente / Adulto Iniciante（13 歳以上初心者）	Inaê
15:00 - 17:00	Adolescente / Adulto Iniciante（13 歳以上初心者）	Bhrunno
17:00 - 19:00	CIA de Dança（舞踊団）	
19:00 - 21:00	Adolescente / Adulto Iniciante（13 歳以上初心者）	Juninho

※ Infantil 1：5 歳から 8 歳まで，Infantil 2：9 歳から 12 歳まで，Adolescente：13 歳から 17 歳まで，Adulto：18 歳以上
※表の一番右側の欄にはダンスクラスを担当する教師の名前が記してある。

一の観点にも記したところであるが，この学校のダンスクラスの受講希望者数が増大したことに対する学校側のやむを得ざる対応であった可能性である。表3-2から明らかなように，この学校の開設授業枠数はすでに飽和状態に近かった。このような状況において可能な限り多くの生徒を受け入れようと思えば，より幅の広い年齢区分を設定しておく方が生徒を各クラスに振り分ける際に融通が利くと学校側が考えたとしても特に不思議はなかろう。もう一つは，パッソ指導のためのダンスクラスを編成するにあたっては，年齢を尺度とするよりも，技能水準を尺度とする方が理にかなった指導ができると学校側が判断した可能性である（実際にこの学校のダンスクラスに参加した筆者の経験に照らしても，パッソの技術の習得を主たる目的とするのであれば，その場に参加している生徒の年齢の如何を問わず，技能水準に大きな違いのない生徒同士でダンスクラスを編成する方がその目的達成にとって効率的であることに議論の余地はないと思われる）。

　最後に2016年度のフレーヴォの市立学校の授業時間割を表3-3に示す。これは2011年度のものを基本的には踏襲していると思われるが，いくつかの相違点も認められる。ここでは以下三つの観点を提示してみる。第一の観点は，1週当たりの開設授業枠数である。2011年度には49枠であったものが，2016年度には52枠へと更に増加している。これはやはりこの学校のダンスクラスの受講希望者数の増加を反映した対応であると推測せざるを得ない。第二の観点は，技能水準を尺度としたクラス分けである。2007年度および2011年度の授業時間割では，生徒を技能水準別に区分するカテゴリーは初心者と経験者の二つであったのだが，2016年度のそれでは，初級，中級そして上級という三つのカテゴリーが設定されているのである（個人レッスンを除いた1週間の総開設授業枠数（50枠）の中の40枠がこれに当たる）。このことから，この学校のダンスクラスでは，年齢による区分を基本としながらも，技能水準別のクラス編成を採用することで，より細やかで効率的なパッソの技術習得のための指導が志向されていると考えられる。そして第三の観点は，個人レッスンである。筆者は個人レッスンを実際に体験あるいは見学していないので，その実態についてこの場で説明することはできない。とは言え，この学校の授業時間割に個人

表 3 - 3．フレーヴォの市立学校の授業時間割（2016 年 8 月現在）

【月曜日と水曜日】

時間	クラス	教師
08:30 - 09:20	Infantil 1 Iniciante（5 - 8 歳 初級）	Minininho
09:20 - 10:10	Infantil 2 Avançado（9 - 12 歳 上級）	Minininho
10:10 - 10:20	Intervalo（清掃時間）	
10:20 - 11:20	Adolescente Intermediário（13 - 17 歳 中級）	Minininho
11:20 - 12:20	Adolescente / Adulto Iniciante（13 歳以上 初級）	Minininho
12:20 - 13:20	Adulto Iniciante（18 歳以上 初級）	Pinho
13:20 - 13:30	Intervalo（清掃時間）	
13:30 - 14:20	Infantil 1-2 Iniciante（5 - 12 歳 初級）	Pinho
14:20 - 15:10	Infantil 1 Intermediário（5 - 8 歳 中級）	Pinho
15:10 - 16:00	Infentil 2 Intermediário（9 - 12 歳 中級）	Pinho
16:00 - 17:00	Adolescente Iniciante（13 - 17 歳 初級）	Bhrunno
17:00 - 17:10	Intervalo（清掃時間）	
17:10 - 18:50	CIA de Dança（舞踊団）	
18:50 - 19:00	Intervalo（清掃時間）	
19:00 - 20:00	Adulto Intermediário / Avançado（18 歳以上 中・上級）	Juninho
20:00 - 21:00	Adulto Iniciante（18 歳以上 初級）	Juninho

【火曜日と木曜日】

時間	クラス	教師
08:30 - 09:20	Infantil Iniciante（5 - 12 歳 初級）	Minininho
09:20 - 10:10	Infantil 2 Intermediário（9 - 12 歳 中級）	Minininho
10:10 - 10:20	Intervalo（清掃時間）	
10:20 - 11:20	Especiais（個人レッスン）	Minininho
11:20 - 12:20	Adolescente / Adulto Avançado（13 歳以上 上級）	Minininho
12:20 - 13:20	Adulto（18 歳以上 初・中・上級）	Pinho
13:20 - 13:30	Intervalo（清掃時間）	
13:30 - 14:20	Infantil 1-2 Iniciante（5 - 12 歳 初級）	Pinho
14:20 - 15:10	Infantil 1（5 - 8 歳 初・中・上級）	Bhrunno
15:10 - 16:00	Infantil 2（9 - 12 歳 初・中・上級）	Bhrunno
16:00 - 16:10	Intervalo（清掃時間）	
16:10 - 17:10	Adolescente（13 - 17 歳 初・中・上級）	Bhrunno
17:10 - 18:10	Adolescente（13 - 17 歳 初・中・上級）	Bhrunno
18:10 - 18:30	Intervalo（清掃時間）	
18:30 - 19:30	Adulto Avançado（18 歳以上 上級）	Juninho
19:30 - 20:30	Adulto Intermediário（18 歳以上 中級）	Juninho
20:30 - 21:30	Adulto Iniciante（18 歳以上 初級）	Juninho

【金曜日】

時間	クラス	教師
09:00 - 11:00	Adolescente / Adulto Iniciante（13 歳以上 初級）	Juninho
14:30 - 16:00	Infantil 1-2 Iniciante（5 - 12 歳 初級）	Bhrunno
16:00 - 18:00	Adolescente Intermediário（13 - 17 歳 中級）	Bhrunno
18:00 - 18:50	CIA de Dança（舞踊団）	
19:00 - 21:00	Adolescente / Adulto Intermediário（13 歳以上 中級）	Pinho

※ Infantil 1：5 歳から 8 歳まで，Infantil 2：9 歳から 12 歳まで，Adolescente：13 歳から 17 歳まで，Adulto：18 歳以上
※表の一番右側の欄にはダンスクラスを担当する教師の名前が記してある。

レッスンのための時間帯が明記された可能性は 2012 年度以降に限られる。1 週間の開設授業枠数がほぼ飽和状態にある中でこの指導形態が導入された理由については今後の調査に委ねたい。

　2016 年 8 月 22 日に実施したアナ・ミランダ校長への聞き取り調査から，その時点のこの学校の総生徒数が 632 名（その内訳は，5 歳から 12 歳までが 223 名，13 歳から 17 歳までが 189 名，そして 18 歳以上が 220 名）であることが判明した。この人数はレシーフェ市がこの学校の設立当初に予定していた受け入れ人数（400 名）を大幅に上回る。しかしながらその内訳に着目すると，5 歳から 17 歳までの初等および中等教育就学年齢に該当する生徒数は 412 名であり，これはおおよそこの学校の設立当初の受け入れ目標と合致する。それ故，受け入れ対象を「学齢期を過ぎた年長者」にまで拡大したことがこの学校の総生徒数を増大させた遠因になっていると考えられる（そしてそれは，今日のレシーフェにおいて，その理由はパッソの技能の向上あるいは健康の維持増進など様々であろうが，学齢期を過ぎた年長者にもパッソというダンスを学習することへの一定程度の欲求が存在することを示している）。ダンスクラスによって受講者数の多寡があることを念頭に置いた上で，2016 年 8 月時点の 1 クラス当たりの平均受講者数を算出してみる（なおこの場合には，〈月曜日と水曜日〉および〈火曜日と木曜日〉それぞれの同一時間帯に開講されているダンスクラスは同一のクラスと見なす必要がある。また個人レッスンは除外することとする）。5 歳から 12 歳までの生徒の場合には開設クラス数が 11（月・水が 5 クラス，火・木が 5 クラス，そして金が 1 クラス）であるので，その数値はおおよそ 20.3 名となる。また 13 歳以上の生徒の場合には開設クラス数が 16（月・水が 6 クラス，火・木が 7 クラス，そして金が 3 クラス）であるので，その数値はおおよそ 25.6 名となる。日々のダンスクラスに一定数の欠席者は当然存在するわけだが，それを割り引いても，上記のような受講者数をおよそ 8 メートル四方のダンスフロア一つに受け入れてパッソを指導することは物理的にかなり厳しい状況であると言わざるを得ない。しかしながら，これがフレーヴォの市立学校のダンスクラスの実情なのである。本章第 1 節（pp. 139-140）に記したようなこの学校の上記新旧二人の校長によるダンスフロアの拡大（複

数化）に対する強い要望は，このように切実な状況の改善を訴えたものであると解釈できよう。

　2003年にナシメント・ド・パッソが退任して後，この学校におけるパッソの指導法に変化が生じたことについてはすでに述べた（第2章第3節第4項を参照）。ここからは2007年8月，2011年8月そして2016年2月から9月にかけての時期に筆者が参加したダンスクラス[注10]での体験を踏まえ，その指導内容について検討を行う。一例として以下に示すのは，筆者がフィールドノーツに記した2007年8月7日のダンスクラスに関する記録である：

　　火曜日の午前8時半からのダンスクラスは昨日参加した〔9歳から13歳が対象の〕ダンスクラスよりも生徒の年齢層が高い。日本の中学生から高校生くらいの年齢だと思われた〔後ほど14歳から18歳までの生徒を対象としたクラスであることを確認した〕。男性の参加者は自分を含めて6名，また女性のそれは8名であった。指導はセリア・レアゥン（Célia Leão）先生である。この場に参加している者たちはパッソの経験者が多く，ダンス教師が不在の場合にはその代理を務める者もいるらしい。授業のおおよその流れは昨日参加したダンスクラスと同様であった。まず身体各部の筋肉のストレッチを入念に行う。次いで急速なテンポのフレーヴォ・ヂ・ルア〔第1章の注26および注28を参照〕に合わせて参加者が一斉にサッスィ・ペレレー（Saci-pererê），トロカヂーリョ（Trocadilho），ペルナーダ（Pernada）など立った姿勢の身体動作を行う〔これらの身体動作はすべてナシメント・ド・パッソが考案した40種類の基本的な身体動作から成るルーティンに含まれているものである〕。その後パチーニョ（Patinho）やロコモチーヴァ（Locomotiva）などしゃがんだ姿勢の身体動作を二列縦隊で行いながら，ダンスフロアの対角線上を移動した。更に，男性のグループと女性のグループに分かれ，鏡に向かって交互にテゾウラ（Tesoura：立った姿勢で行う）〔という身体動作〕のバリエーションやファス・パッサ・パッサ・エン・バイショ（Faz passa-passa em baixo：しゃがんだ姿勢で行う）〔と

いう身体動作〕だけを1曲分延々と繰り返した。この同一動作の反復練習は大腿部前面の筋肉群に特に負荷が掛かるためかなりハードである。筋肉疲労のために男性の一人が曲の途中で動きを中断すると、女性たちから「おー」という不満の声が上がる。それから二重の円陣を形成し、床に横たわった状態で腹筋や背筋を強化するためのエクササイズを行った。ダンスクラスの最後は、皆が見守る中、二人ずつ鏡の前に出てパッソの独演が行われた。それを見た時に、改めてこのクラスの生徒はほぼすべてがパッソのかなりの経験者であるとわかった〔引用文中の個々の身体動作の名称については第2章第4節第1項の表2-3を参照〕。

　この引用文には、2003年にナシメント・ド・パッソがフレーヴォの市立学校を退任して後に採用されたこの学校のパッソ指導の根幹を成す内容が示されている。すなわち（1）身体各部の筋肉の入念なストレッチ、（2）立った姿勢で行うパッソの身体動作、（3）しゃがんだ姿勢で行う、もしくは重心位置の上下動を伴うパッソの身体動作[注11]、（4）腹筋や背筋など体幹部の筋肉を強化するためのエクササイズ、そして（5）パッソの独演である。これらの内容は、2011年8月および2016年2月から9月にかけての時期に筆者が参加したダンスクラスにおいても一貫して実践されていた。アナ・ミランダ校長が「この学校のダンス指導法は一つである」[12]と語るのも、これらの内容を念頭に置いているものと考えられる。そして同校長はそれに続けて、踊り手を目指している生徒と単に身体活動を行うためにこの学校に通う生徒を例に挙げ、ダンス教師は参加目的が異なる生徒の要望に応えるための最適な授業を準備しなければならないと述べている。これはすなわち、基本となる指導法の存在を前提に、その運用はダンスクラスの実態に応じてそれを担当するダンス教師の判断に委ねられているということではなかろうか[注12]。以下それぞれの内容について考察を行う。

　「身体各部の筋肉の入念なストレッチ」および「腹筋や背筋など体幹部の筋肉を強化するためのエクササイズ」は、主として14歳以上のパッソ

の経験者が参加するダンスクラスにおいて行われた内容[注13)]であるが，2001年8月に筆者が参加したナシメント・ド・パッソのダンスクラスでは行われていなかったものである。「身体各部の筋肉の入念なストレッチ」には二つの目的が考えられる。一つは，言うまでもなく活動中のけがの予防である。パッソの身体動作には特に瞬発力を必要とするものの多いことがその背景にあると思われる。また身体の柔軟性の向上はけがの発生率を減少させる要因ともなろう。もう一つは，身体の可動域の拡大である。第2章第1節第3項において記したように，1970年代以降，パッソというダンスには舞台芸術という新たな可能性が開拓された。それに伴い，舞台で観客を前に演技を行うパッソの踊り手には舞台映えのするダイナミックな演技が求められるようになったと考えられる。そのような演技を可能ならしめる要件の一つが身体の柔軟性と可動域の広さであることに異論の余地はなかろう。一方で「腹筋や背筋など体幹部の筋肉を強化するためのエクササイズ」については次のように解釈することが可能であろう。すなわち，およそ「合理的に様式化された舞踊の技術においては，頭や脊骨の位置というのは骨盤の上に自然と垂直に立てられていることが基本である」[13]とするならば，パッソを演じる場合にもそれは当てはまる。そしてその姿勢を適切に維持するためには，体幹部の拮抗筋（すなわち腹筋群と背筋群）の機能を強化した上でそれをバランスよく協働させる能力が求められるのである。また頭部と脊柱を骨盤の上に垂直に立てる技術の習得は，腰痛の予防にも効果があると思われる。

「立った姿勢で行うパッソの身体動作」は，通例すべての生徒がフロアの一面に設えられた鏡に向かい，スピーカーから流れるフレーヴォ・ヂ・ルアに合わせてダンス教師の行う身体動作を一斉に模倣するというものである。ダンス教師はフレーヴォ1曲分（およそ2分から3分）の中に10種類から15種類くらいの基本的な身体動作を切れ目なく組み込むのだが，これにはパッソに特徴的な動きを実践するにあたっての体慣らしの意味があると思われる。なお，ここに組み込まれた身体動作のほとんどがナシメント・ド・パッソの考案した40種類の基本的な身体動作から成るルーティン（第2章第2節第2項を参照）に含まれるものであったことから，ナシ

メント・ド・パッソが退任して以降もこの学校には彼の足跡が確かに残されていることを筆者は感じ取ったのであった（奇しくも2007年8月，2011年8月そして2016年2月から9月までの時期に筆者が参加したダンスクラスでその指導に当たった3名の教師は，いずれもナシメント・ド・パッソからかつてこのダンスの手解きを受けた者たちであった）。

「しゃがんだ姿勢で行う，もしくは重心位置の上下動を伴う身体動作」は立った姿勢で行う身体動作に比べると総じて難度が高い（例えばしゃがんだ姿勢で行う身体動作では，第2章の注38に記したように，バランスを保ちながら俊敏に動作を反復するための巧緻性，股関節の柔軟性，姿勢を維持する脚部および体幹部の筋力の強靭さなどが要求されよう）。この種の身体動作は概して二つの隊形で実施された。一つは，その日のダンスクラスの参加生徒数によって一列もしくは二列縦隊を形作り，一つの身体動作を連続して行いながら，あるいは複数の身体動作を組み合わせて行いながら，ダンスフロアの対角線上を移動してゆくというものである（その距離はおよそ8メートル）。もう一つは，8名程度を上限とする複数のグループに生徒を分け，グループごとに交替でダンスフロアへ出て，一つの身体動作あるいは組み合わされた複数の身体動作をその場で行うというものである（図3-2を参照）。ダンス教師は自ら最初に模範演技を示すこともあれば，口頭で実践すべき身体動作の名称を伝えることもある（このように教師が口頭で伝達した身体動作名を生徒が実際の身体動作へと変換できるのは，ナシメント・ド・パッソの考案した指導法（第2章第2節第1項を参照）に負うところが極めて大きいと考えられる）。そして生徒の演技を注視しているダンス教師は必要に応じて個別に問題点を指摘するのである。2007年8月に筆者が参加した14歳から18歳までの経験者を対象としたダンスクラスでは，より高度な体力と技能を必要とするこの種の身体動作の習得に重点が置かれていた。

「パッソの独演」は毎回のダンスクラスの最後に行われるが，2001年8月に筆者がこの学校のダンスクラスに初めて参加して以来，筆者が最後に参加した2016年2月から9月にかけてのダンスクラスに至るまで，この内容がこの学校のダンスクラスから欠落したことはなかった。すなわち

図3-2. フレーヴォの市立学校のダンスクラス
（2011年筆者撮影，しゃがんだ姿勢の身体動作が指導されている）

「パッソの独演」は，ナシメント・ド・パッソがまだこの学校の副校長を務めていた2003年以前からこの学校のダンスクラスで継続されてきた重要な内容であると考えられる。第2章第2節第3項でも言及したように，初心者であるか熟練者であるかを問わず，ダンスクラスに参加する生徒すべてがこれを行う。第1章第3節で詳述したところだが，カポエイラ術の荒々しい身体動作を母体として誕生したパッソは，元来カルナヴァルの雑踏の中で自由気儘に踊られる即興的な独舞であった。パッソの継承と普及に向けたナシメント・ド・パッソの強い信念から学校という場が設定され，更に彼がパッソの演技からそれを構成する身体動作の抽出に成功したことにより，抽出された身体動作を個別の技術として教材化することが可能となった（パッソを「個別の運動単位〔身体動作〕を踊り手が自在に組み合わせることによって成立するダンス」であるとする解釈もこのようなナシメント・ド・パッソの貢献に立脚している）。そして第2章第1節第3項で述べたように，パッソが舞台作品化されることに伴ってそのための振付が行わ

れるようになり，複数のパスィスタによる集団演技が出現するに至る。とは言え，パッソを実践する環境がいかに変わろうとも，カポエイラの時代から受け継がれてきた即興性や独創性こそがパッソに固有の本質であり，それ無くしてパッソはパッソたり得ない。自然発生的で無秩序なカルナヴァルの街頭から学校という制度化された空間へと演技の場が移行しても，独舞としてのパッソの本質が継承されていればこそ，ダンスクラスに独演が一貫して入れ込まれているのではなかろうか。

　以上，2003 年にナシメント・ド・パッソが退任して以降のフレーヴォの市立学校のダンスクラスにおける指導内容について考察を行った。その結果，ナシメント・ド・パッソの実践していた指導内容がすべて放棄されているわけではないことが明らかになったと思われる。以下に引用するのは，2015 年 10 月から 2016 年 9 月までのレシーフェ滞在中に筆者が参加したこの学校のダンスクラスで指導を担当したジョゼ・ヴァウドミーロ（José Valdomiro）[注14] に対して 2016 年 8 月 30 日に筆者が実施した聞き取り調査における彼の回答の一部である。ここで彼はナシメント・ド・パッソの指導法に関する筆者の問い掛けに答えている（彼自身ナシメント・ド・パッソから直接パッソ指導を受けた経験を有する）のだが，今日のこの学校の関係者のナシメント・ド・パッソの指導法に対する認識の一端が垣間見えて興味深い：

　　私はナシメント・ド・パッソの指導法がとても好きだった。強靭さが必要とされるパッソのような身体活動のための肉体的な準備という意味で，多くのことが熟考されていたと思う。彼の指導法には数多くの〔パッソの〕身体動作が含まれており，ダンスクラスに参加する者はそれ〔を実践する〕だけで十分であると彼は確信していた。しかしながら，時の流れの中で，この〔フレーヴォの市立〕学校に関わった彼以外の専門家たちの貢献により，我々はナシメント・ド・パッソの指導法を改善できることに気付いた。それは彼の指導法が誤っていたということではない。そこには何かが欠けていたということだ。パッソはその実践にあたって多様な身体能力を必要とするので，我々はその

改善を試みた。我々は，この学校でともにパッソを実践するパスィスタの身体を考慮して，腹筋の強化を行い，大腿の裏側，ふくらはぎ，そして臀部などの筋肉の従来とは異なるストレッチを実践するとともに，それまでは行われてこなかったクーリングダウンの方法を考案することができた。とは言え，ナシメント・ド・パッソの指導法は素晴らしいものだったと思う。なぜなら，彼は街頭のパッソを学校という環境に持ち込むという感性を備えた最初の人物であったからだ。彼が系統立てた方法は，一つの身体動作をもう一つの身体動作と会話させるというものだった。そこには身体動作を結合させるという論理が貫かれており，これは我々が考える見世物的な〔観客を意識した〕方法と何ら異ならない。私は彼の指導法が見世物的である〔観客を意識している〕と思う。我々は，パスィスタになることを目指している人間の要望だけでなく，身体的な充足感を求めている人間の要望，あるいは毎週のダンスクラスに通うことでいくつかのパッソの身体動作を身に着けたがっている人間の要望をもかなえられるように，彼の指導法を再利用することができると信じている。〔それらの多様な要望に応えるために〕我々はナシメント・ド・パッソの指導法を修正して利用することを考えたが，その指導法自体は素晴らしいものである[14]。

2005年8月，4年ぶりにフレーヴォの市立学校を訪問した筆者は，この学校の関係者から「もはやこの学校ではナシメント・ド・パッソの指導法は実践されていない」と告げられた。その有無を言わせぬような決然とした口調に，この学校ではナシメント・ド・パッソについて言及しないことがもはや暗黙の了解事項となっているのではないかとの思いを筆者は強く抱いた。以来10年余り，ジョゼ・ヴァウドミーロへの聞き取り調査を実施するまで，筆者がこの学校の関係者の前でナシメント・ド・パッソに関する話を切り出すことはなかった。そのような思いを抱き続けていた筆者にとって，上記のジョゼ・ヴァウドミーロの回答は意外なものであった。少なくとも，彼自身は，パッソというダンスを巡る今日的状況下では修正が必要であるとしながらも，ナシメント・ド・パッソの指導法を高く評価

しているのである。彼の回答には，ナシメント・ド・パッソの指導法を「改善できる」「再利用する」あるいは「修正して利用する」という表現が用いられているが，このことからも，ナシメント・ド・パッソが退任した 2003 年以降のフレーヴォの市立学校におけるパッソの指導法は，彼の指導法をすべて放棄してまったく新たなものに入れ替えたというよりも，彼の構築した基盤の上にそれを修正，あるいはそれに新たな内容を付加することで確立されたと考えるのが現実的な解釈であるように思われる。更にもう一点，ジョゼ・ヴァウドミーロの回答で筆者が着目したのは，「一つの身体動作をもう一つの身体動作と会話させる」あるいは「身体動作を結合させる」というパッソの演技に関わる表現である。これは，筆者が序章の注 20 でパッソを「個別の運動単位（そのそれぞれに名称が付されている）を踊り手が自在に組み合わせることによって成立するダンス」であると見立てたのと同様の解釈が彼によってもなされていることを示している。

　フレーヴォの市立学校における指導法の変化を巡っては，この学校の設立当初からナシメント・ド・パッソにパッソの手解きを受け，その後はパッソの身体動作をモチーフに創作活動を続けている現代舞踊家のオタヴィオ・バストス（Otávio Bastos）[15] に対して筆者が 2016 年 4 月 29 日に実施した聞き取り調査における回答も，一つの重要な示唆を与えてくれる。彼は，ナシメント・ド・パッソが在籍していた当時のフレーヴォの市立学校では「街頭で踊られるパッソ」の習得が目指されていたが，今日のこの学校では「舞台あるいは劇場で演じられるパッソ」すなわち「見世物化されたパッソ」が少なからず志向されているのではないかと指摘したのであった。彼の発言は，この学校内に舞踊団が設立されたこと（これについては次項で検討する），またこの学校のダンスクラスの学期末には劇場などの外部施設を借りてまとめの作品発表会が行われていること（本書の p. 143 を参照：すなわちその発表会に向けて生徒たちに作品の振付が行われるということである）からも的を射たものであると考えられる。そしてこの変化は，パッソの身体動作を振付に用いるというナシメント・ド・パッソの在職中には行われていなかった活動がこの学校に導入され，舞踊団はもとよりダンスクラスにおいても一定の位置付けを与えられていることを示してい

る。本章の注 9 に記したところであるが，筆者も 2016 年 6 月にこの学校の第 1 学期の作品発表会を体験した。筆者の出演した作品は子どもから大人まで総勢 30 名以上が参加するという大掛かりなものであったが，その活動に日々参加する中で筆者に強く印象付けられたのは，ダンス教師の振付けた作品を演じることに対する充足感や抵抗感などではなく，一つの作品にともに関与することを通じて出演者同士の心理的な距離が縮まる，あるいはダンスクラスとしての団結力が高まるというようなこの活動の招来する集団心理面での効能であった。ダンスクラス単位で作品を振付けて上演する目的が那辺にあるのかを筆者は確認できていない。とは言え，ダンスの専門家ではないこの学校の生徒たちを対象にして作品の振付を行うというここ数年来の新たな取り組みについての評価にこの場で踏み込むのは時機尚早であろう。

　本項を閉じるにあたり，パッソの振付について若干補足をしておく。パッソというダンスが振付という概念と結び付くのは，1970 年代のバレ・ポプラール・ド・レシーフェ（Balé Popular do Recife）を嚆矢として民衆舞踊団がそのダンスを舞台作品化するようになって以降のことである[注15]。そしてその当時，ここで言うパッソの振付を行うためには，その前提としてパッソの演技を構成する個々の身体動作の収集という作業が必要とされたであろうことは想像に難くない。実際にそのような作業がバレ・ポプラール・ド・レシーフェにおいても行われていたことを裏付ける証言がある。1989 年にマリア・ゴレーチ・ロシャ・ヂ・オリヴェイラ（Maria Goretti Rocha de Oliveira）がこの舞踊団を創設したアンドレ・マドゥレイラ（André Madureira）に対して行った聞き取り調査において，彼は「今日フレーヴォに関しては，〔身体動作の〕新たな創作型や特定の身体動作の派生型を除いて，我々は 90 種類のパッソの身体動作を保有している」と述べているのである[16]。思い返せば，ナシメント・ド・パッソはパッソを指導するための教材を作成する目的でそのダンスを構成する身体動作の収集を行ったわけだが，一方でアンドレ・マドゥレイラは舞台作品を制作するにあたっての素材としてパッソを構成する身体動作を収集したことになる。パッソというダンスを巡り，教育と芸術という異なる方向性を目指

した両者がそれぞれの目的を達成するために奇しくも同様の作業を行ったという事実は，筆者には非常に興味深く感じられる．

第2項　学校内に設置された舞踊団の活動

　この舞踊団の原型は「フレーヴォの学校マエストロ・フェルナンド・ボルジェスの舞踊団パッソ・ア・パッソ[注16)](Companhia de Dança Passo a Passo da Escola de Frevo Maestro Fernando Borges)」という名称で 2003 年に設立された[注17)]が，レシーフェ市のウェブサイトによれば，その目的は「フレーヴォの市立学校を代表し，ペルナンブーコで最も特徴的なダンス〔パッソ〕を普及させる」[17]ことであった．筆者は 2016 年 4 月 27 日にこの舞踊団の設立に自らが関与したアレッシャンドレ・マセード（第 2 章第 3 節第 4 項および第 2 章の注 34 を参照）に聞き取り調査を行ったが，以下に記す彼の回答はその設立の経緯を説明するものである：

> 2003 年，私はフレーヴォの市立学校に舞踊団（Companhia de Dança）を設立するためにレシーフェ市役所から招きを受けた．その当時，あの学校には舞台でパッソを演じる舞踊団は存在せず，演じるための作品もまた然りであった．私はフレーヴォの市立学校へ乗り込むと，すべての生徒を対象にして舞踊団を設立するための選考を行った．そしてその結果 9 名で構成される小規模な舞踊団が結成された．私はその舞踊団を率いて，その年バイーア州サルヴァドールで開催された国際的なダンスイベント〔第 9 回ダンスと子ども国際会議（9th Dance and the Child International Conference）〕に出場した．世界各国からこのイベントのために青少年で構成される舞踊団が集まった．レシーフェ市役所は特にこのイベントに出場するための舞踊団を結成するために私を招いたのだ．このイベントに出場したフレーヴォの市立学校の舞踊団は好結果を残した．それを受けてレシーフェ市役所はこの舞踊団の規模を拡大しようと考えた．9 名では余りに小規模であるというわけだ．そこで我々はレシーフェ市内の舞踊団で指導を行っている何人かのダンス教師を招いて審査委員会を結成し，この学校の生徒の中から

更なる舞踊団の構成員を選考した。その結果，新たな舞踊団は 20 名で構成される「レシーフェのフレーヴォの学校の舞踊団（Companhia de Dança Escola de Frevo do Recife）」として再結成された[18]。

このような経緯で設立されたこの学校の舞踊団の 2016 年時点の名称は「レシーフェのフレーヴォ舞踊団（Companhia de Frevo do Recife）」であるが，本書では以下これを「フレーヴォの市立学校舞踊団」と表記する。2007 年 8 月 22 日に筆者が実施した聞き取り調査に際し，バルバラ・エリオドーラ校長[19]は，この学校の舞踊団員の選抜方法には二つの形態があると述べた。すなわち，一つはフレーヴォの市立学校の外部から学外の審査員によって選抜される場合であり，もう一つはこの学校の生徒の中からダンス教師の推薦を受けて選抜される場合である。レシーフェ市役所のウェブサイト[20]には 2008 年 5 月に実施されたこの学校の舞踊団員の選抜試験に関する記事が掲載されており，それによれば，受験資格とは以下の五つであった：(1) フレーヴォの市立学校の生徒であること，(2) 年齢が 15 歳から 25 歳までであること，(3) 中等教育を継続中であるかまたは終了していること，(4) 3 年以上のパッソの経験があること，および (5) フレーヴォの市立学校舞踊団での活動を最優先できること。そしてその選抜過程で受験者には三つの試験（面接試験，筆記試験および実技試験）が課されていた。その後筆者は，2011 年 8 月 19 日にその当時この学校の舞踊団の振付家を務めていたジョゼ・ヴァウドミーロ[21]に聞き取り調査を行った際，舞踊団への入団資格と入団者の選抜方法についても確認をした。それによると，まず入団資格はこの学校の生徒であることのみであった。また選抜方法も，コンテンポラリーダンスの振付を踊ること（踊り手としての適性が評価される）とパッソの独演を行うこと（音楽性，リズム感，身体動作の正確性と多様性，そして演技の優雅さなどが評価される）という実技試験のみであり，2008 年 5 月当時よりその内容は簡素化されていた。更に 2016 年 4 月 6 日に筆者が，2003 年末以来この学校の舞踊団に所属しているというジョアン・ヴィエイラ（João Vieira）[22]に聞き取り調査を行ったところでは，すでにこの学校の舞踊団への入団のための選抜試験は行わ

れておらず，舞踊団員がこの学校の生徒の中から入団候補者を選び，その候補者を舞踊団の活動に仮参加させてその適性を判断しているとのことであった（なお彼によれば，ジョゼ・ヴァウドミーロがこの舞踊団の振付家を退いて後，1年の活動休止期間を経て，その後は振付家を置かず，舞踊団員のみで作品制作も含めた活動全般を行っているという）。

　前項の表3‐1，表3‐2および表3‐3に記載の通り，フレーヴォの市立学校舞踊団は，この学校の午後のダンスクラスと夜間のダンスクラスの合間を利用して活動を行っている（2007年度は月曜日から金曜日まで週5回の活動であったが，2011年度および2016年度には週3回（月曜日，水曜日および金曜日）に活動が縮小されていた）。実は筆者には2005年8月のレシーフェ滞在中にこの舞踊団の上演作品を偶然にも観賞する機会があった[注18]（その時まで筆者はフレーヴォの市立学校に舞踊団が存在することすら知らなかった）。総勢18名の踊り手が素足で演じた『プロスィサゥン・ドス・ファラーポス（Procissão de Farrapos：貧者の行進の意）』[注19]というその作品には民衆バレエ（balé popular）の趣があった。作品の題材は貧者の日常生活であったが，作品の構成に目を転じれば，筋書きをパントマイムおよびモダンダンス的な振付で運び，ところどころにペルナンブーコの代表的な民衆芸能[注20]の身体動作などを見せ場として差し挟むというその意図が明確に見て取れた。この作品を通じて一つの事実が明らかになる。すなわち，まだ揺籃期にあったと推測される2005年当時のこの舞踊団では，その上演作品に用いられる身体動作がパッソのそれに限定されてはいなかったということである[注21]。そしてその傾向の一端は，筆者が2007年8月17日に見学したこの舞踊団の練習内容（途中で休憩を挟みおよそ2時間に渡って行われた）にも見て取れる。その内容とは以下のようなものであった：(1) 床に座って，あるいは身体を横たえての全身的なトレーニング（約50分），(2) アフリカのダンス[注22]の身体動作（約30分），および (3) カポエイラ術の身体動作（約30分）。この中で「アフリカのダンスの身体動作」および「カポエイラ術の身体動作」は，踊り手としての身体を形成するために行う基礎的なトレーニングであるのみならず，作品を演じる際にはその表現技法としても利用され得るものである。また「床に座って，あ

図3-3. フレーヴォの市立学校舞踊団の練習風景
（2011年筆者撮影，中央は当時この舞踊団の振付家であった
ジョゼ・ヴァウドミーロ）

るいは身体を横たえての全身的なトレーニング」には，この学校のダンスクラスにも指導内容として取り入れられていた「身体各部の筋肉の入念なストレッチ」および「腹筋や背筋など体幹部の筋肉を強化するためのエクササイズ」が含まれており，筆者はそれをモダンダンスのメソッドから借用したものではないかと見て取ったのである（なお2007年8月の時点ではすでにアレッシャンドレ・マセードはこの学校を離れており，それに伴ってこの舞踊団の指導もその後任の振付家であるセリア・メイラ（Célia Meira）の手に移っていた）[注23]。その後2016年4月6日に筆者が実施した聞き取り調査に際し，ジョアン・ヴィエイラ[23]が列挙したこの舞踊団の日常的な活動内容とは以下のようなものであった：(1) 筋肉のストレッチを含むウォーミングアップ，(2) パッソの身体動作の練習，(3) この舞踊団のレパートリー作品の通し稽古，そして場合によって (4) 新たな作品の制作。本章の注21に記したように，今日のこの舞踊団のレパートリー作品はすべ

てパッソの身体動作を中心に構成されている（すなわち上述した『プロスィサゥン・ドス・ファラーポス』のような他の舞踊団の制作作品（本章の注19を参照）を上演するのは例外的であったと考えられる）。そのことを勘案すれば，今日のこの舞踊団の日常的な活動とは，パッソというダンスをより高度な技能水準で実践することであると言ってよかろう。

　筆者は第2章第3節第4項で，ナシメント・ド・パッソがフレーヴォの市立学校を退任して後のこの学校の指導法がアレッシャンドレ・マセードから少なからぬ影響を受けている可能性を指摘した。彼は現在もパッソ・ド・フレーヴォ（Paço do Frevo：序章第1節および序章の注11を参照）が開講するダンスクラス（外部の非営利団体がこの施設の管理・運営を委託されており，その受講には費用が必要である）でパッソの指導を行っているが，彼の指導法とはいかなるものなのか。以下に記すのは，2016年4月27日に実施した聞き取り調査の際に筆者が発した彼の指導法についての問い掛けに対する回答である：

　　私は大学で体育課程を修了した。そのため私は身体の安全に特に配慮するが，その指導法は総合的方法（método sintético）と分析的方法（método analítico）を融合させたものである。すなわちある場合には，例えばポンタ・ヂ・ペ・カウカニャール（Ponta de pé-calcanhar）〔表2-2の記載内容を参照〕という身体動作を繰り返させ，その後でその動作を細かく分析して指導する。またある場合には，その逆にまず詳細に身体部位の動かし方を説明した上で，それらを総合した動作へと移行する。私は身体の安全に配慮するが，それとともに身体動作の質の高さにも気を配る。これはすなわち芸術的な表現性によって決定されるものだ。私の指導法は身体のウォーミングアップから始まる。これは特にパッソに限らず，他のジャンルのダンスでも重要視されていることである。次いで私の指導法では動的な筋肉のストレッチに移行する。ある位置に筋肉を固定してのストレッチではなく，身体部位を動かしながら筋肉のストレッチを行うのである。続いてそれぞれの楽器が演奏するフレーヴォのリズムパターンについて学習する。それか

ら個々の身体動作についてそれぞれを分析的に指導する。例えばポンタ・ヂ・ペ・カウカニャールという身体動作について，身体部位の動かし方を詳細に説明しながら私がその動作を行い，生徒たちはそれを模倣する。更にゆっくりと身体を動かし，それぞれの身体部位がどのように使用されているのかを感じながら，全身の身体運動をイメージする。これはその制御された身体から運動が更に展開してゆく可能性を探る作業でもある。それらが終了すると，生徒たちは指導されたパッソの身体動作を反復練習する。そこでは身体をリラックスさせることの重要性についても学ぶ。このようにして身体動作の指導が済むと即興演技が行われる。その中で生徒たちは異なる幾つかの身体動作をいかにして組み合わせるかを自ら体験するのである。それから生徒たちは自らの思うままに動いてみる。これは先ほどの即興演技とは異なる過程である。そして私の指導法では最後にクーリングダウンを行う。そこではフレーヴォ・ヂ・ブローコ（Frevo de Bloco）〔第 1 章の注 26 を参照〕などのゆっくりとした音楽に合わせての静的な筋肉のストレッチ，そして深呼吸が行われ，日常の身体へと回帰してゆく[24]。

　アレッシャンドレ・マセードが繰り返し指摘するのは，パッソを実践する中で身体の安全を確保することの必要性である。それ故，彼は筋肉のストレッチを含めたウォーミングアップとクーリングダウンの重要性を強調する。その大学時代すでにクラシックバレエとモダンダンスを体験し，その後バレ・ポプラール・ド・レシーフェに職業舞踊家として在籍した彼にとって，踊り手の身体へのダメージは何を措いても回避すべき事柄であったのだろう（第 2 章第 3 節第 4 項での引用に見られるように，ナシメント・ド・パッソの指導法に対する彼の批判も，その指導法における身体の安全に対する配慮不足に向けられていた）。また彼が「芸術的な表現性」を重要視していることに着目したい。この観点は職業舞踊家として活動した彼の経験から導き出されたもので，恐らくナシメント・ド・パッソがこれを重要な課題として考慮することはなかったのではあるまいか。一方で彼が指摘した「パッソの身体動作の反復」や「即興演技」はナシメント・ド・パッソ

の指導内容にも組み込まれていた（アレッシャンドレ・マセードは特に即興演技に関して「生徒たちは異なる幾つかの身体動作をいかにして組み合わせるかを自ら体験する」と述べているのだが，パッソの即興演技についての彼のこの解釈は，第2章第2節第3項に記した「ダンスクラスの参加者一人一人が，その日の活動で学習した内容をそれまでに蓄積した自らの身体知と結び付けながら他者の前での独演に反映させる」とするナシメント・ド・パッソの指導法における即興演技についての考え方（筆者はそれを「参加者一人一人が各自の発想に基づいて身体動作の結び付け方を工夫すること」と読み替えたのであった）と極めて近いように思われる）。このように両者の指導法を比較してみると，相違点もあるが，すべてが相矛盾するというわけではないことが明らかであろう。ダンス指導に対するアレッシャンドレ・マセードの信念は，彼がその指導を任されたフレーヴォの市立学校舞踊団の構成員に少なからぬ影響を及ぼしたことであろう。前項でその発言を引用したジョゼ・ヴァウドミーロや本章の注13にその発言を記したイナエ・シウヴァ（Inaê Silva）はいずれも，フレーヴォの市立学校のダンスクラスでナシメント・ド・パッソから，またフレーヴォの市立学校舞踊団においてアレッシャンドレ・マセードから指導を受け，その後この学校のダンス教師を務めている。先に引用したジョゼ・ヴァウドミーロの発言（pp. 156-157）からも浮かび上がるように，彼らがこの二人の指導者から受けた影響を自らのパッソ指導に反映させている可能性は極めて高いと思われる。

　更にアレッシャンドレ・マセードに関しては，フレーヴォの市立学校舞踊団の教え子たちに職業舞踊家への道を開いた貢献が指摘されるべきであろう。そのことに関連して，フレーヴォの市立学校舞踊団に関与していた時期についての彼自身の回想を，少々長くなるが以下に引用する：

　　この〔20名の団員で構成される舞踊団が再結成された〕ときから，この舞踊団はパッソの振付作品を携えてペルナンブーコ州内そしてブラジル国内各地で開催される舞踊祭に参加するようになった。サルヴァドール，フォルタレーザ〔Fortaleza：ブラジル北東部セアラー（Ceará）州の首都〕，ガラニュンス〔Garanhuns：ペルナンブーコ州内陸部の都市〕，

アラカジュー〔Aracaju：ブラジル北東部セルジッペ（Sergipe）州の首都〕，マセイオー〔Maceió：ブラジル北東部アラゴアス（Alagoas）州の首都〕，サンパウロ〔São Paulo：ブラジル南東部サンパウロ州の首都〕，リオデジャネイロ，ブラジリア〔Brasília：ブラジル中西部に位置する同国の首都〕などを訪れては，それらの地で開催される舞踊祭でペルナンブーコのパッソの演技を披露した。そして2005年にこの舞踊団はサンパウロで開催されるダンスコンクールに招待された。このコンクールに出場できる年齢は19歳までだった。〔中略〕そのためそのコンクールには19歳以下の14名の舞踊団員を連れて行った。そして我々はそこで第1位を獲得した。ブラジルの様々な州から舞踊団が集まって開催されたそのコンクールは「パッソ・ヂ・アルチ（Passo de Arte：芸術の足取りの意）」と呼ばれ，ブラジルの舞踊団の中からアメリカ合衆国ニューヨーク市で開催されるダンスコンクールに出場する団体を選抜するためのものだった。そのコンクールでフレーヴォの市立学校舞踊団は優勝したのだ。そのコンクールにはクラシックバレエ，ジャズダンス，タップダンス，モダンダンス，コンテンポラリーダンス，ブレイクダンス，社交ダンスそして民衆舞踊などジャンルの異なる舞踊団が混在して参加し，その中で我々は優勝したのである。そしてこのコンクールの結果を受け，我々を含めてブラジルから10団体が2006年4月にニューヨーク市で開催される国際ダンスコンクールに出場することになった。ユース・アメリカ・グランプリ（Youth America Grand Prix）[注24] と呼ばれるそのダンスコンクールは，日本，フランス，アメリカ合衆国，ドイツ，ブラジルなど世界各地から集まった様々なジャンルの54の舞踊団が一堂に会して競われた。そしてフレーヴォの市立学校舞踊団はそのコンクールで第2位を獲得した。〔中略〕フレーヴォの誕生100周年〔第1章の注12を参照〕の前年に当たる2006年のこの出来事は，フレーヴォ〔という文化〕にとってとても重要なものとなった。我々がこの成果をレシーフェに持ち帰ったとき，レシーフェ市役所，すなわちレシーフェ市長とレシーフェ市文化局長は非常に喜んだ。レシーフェ市のフレーヴォの市立学校への眼差

しが変化した。レシーフェ市が資金を投入してこの学校の外壁，床，鏡などが修復され，音響設備も一新された。更にこの学校の舞踊団の職業化が図られた。つまりこういうことだ。この舞踊団の構成員は長期間に渡ってパッソを演じてきたが，それは職業としてではなかった。彼らがその演技を通じて収入を得ることはなかった。そこでレシーフェ市は彼らがパッソを踊って収入を得られるよう取り計らったのである。彼らはペルナンブーコ州舞台芸能関係者組合（SATED-PE：Sindicato dos Artistas e Técnicos em Espetáculos de Diversão no Estado de Pernambuco）に加入を申請することになった。職業舞踊家と認められてこの組合に加入するには5年以上の舞踊歴が求められる。そして書類による業績審査および実技審査に合格しなければならない。フレーヴォの市立学校舞踊団の構成員はすべて職業舞踊家として認められた。彼らはみな長い舞踊歴と高い身体能力を持ち合わせていたからだ。その結果，この舞踊団は職業舞踊家の集団となったのである。その時以来，彼らは毎月賃金をレシーフェ市から受け取ることになった。と言うのは，この舞踊団は年間100回以上の舞台を演じたからである。年によってはその数が120回に及ぶこともあった。彼らは法で定められた最低賃金を受け取ったのである。フレーヴォの市立学校舞踊団が職業舞踊家の集団になったのを見届け，私はこの学校を離れた[25]。

しかしながら，職業舞踊家の資格を手に入れることと実際に職業舞踊家として生計を立てることは同義ではない。現代舞踊家のオタヴィオ・バストスは，筆者が2016年4月29日に実施した聞き取り調査の折に，レシーフェで職業舞踊家として生計を立てることの難しさについて以下のように説明した：

　レシーフェで職業舞踊家として生計を立てることは難しい。同時に，ブラジル国外を旅行した経験から，〔レシーフェに限らず〕どこでもダンスで生計を立てることは難しいとわかった。ニューヨークでもベル

リンでもそれは変わらない。どこにおいてもダンスで生計を立てたいと考えている人間の数は，実際にダンスで生計を立てている人間の数を大きく上回る。そしてここ〔レシーフェ〕にはダンスを踊るための場が数多く存在する。カルナヴァルの街頭で，また無料のダンスクラスで人々はダンスを踊る。彼らがその対価を金銭で支払うことはない。それがダンスで生計を立てることの難しい大きな理由になっている。〔中略〕職業舞踊家となるためには，単にダンスの技能が高いだけでなく，他の様々な能力も要求される。例えば，自らの要望を文書化する能力が求められる。すなわち地方自治体や企業宛てに文書を作成して自らのダンス活動を継続するための資金援助を願い出る能力が求められるのだ。金銭を管理する能力も求められる。また行政的な事柄にも関与しなければならない。と言うのは，ペルナンブーコ州政府やレシーフェ市のためにも仕事を行わねばならず，それに伴って行政の担当者とも関わりを持たねばならないからである。結果として，それらの活動が自らの舞踊歴を拡大することへ，延いてはダンスの世界で身を立てることへとつながるのである。私自身にとってもこれらの作業は手間が掛かるのであまり楽しいものではない。だがこれらの能力が必要とされることからも，職業舞踊家として生計を立てることは簡単なことではないと言えるだろう。とは言え，ダンスを職業にすることは大いなる喜びであり幸せでもあるのだが[26]。

パッソに関して言えば，オタヴィオ・バストスが指摘するように，そのダンスクラスを無料で提供する場がレシーフェ市内には幾つも存在する。フレーヴォの市立学校はその代表格であるが，第4章で検討する「パッソの戦士たち（Os Guerreiros do Passo）」のダンスクラスもその一つである。特に経済的貧困層の場合には，仮にその願望があったとしても，金銭の支払いまでしてパッソを習うだけの余裕はないであろう。パッソを指導するダンス教師として生計を立てるには，経済的中間層以上を対象に開講される有料のダンスクラスを幾つも掛け持ちする必要があるとアレッシャンドレ・マセードも述べている[27]。パッソに限らず，今日のレシーフェで地

元の民衆舞踊を職業にすることは決してたやすいことではないのである。とは言え，フレーヴォの市立学校舞踊団の構成員が職業舞踊家の資格を手に入れたことは，たとえささやかであったとしても，彼ら自身のみならずそれに続く者たちにもダンスで生計を立てるという将来への希望を与えたという意味で非常に価値のある一歩であったと考えられる（第2章第1節第2項で確認したように，あのナシメント・ド・パッソでさえ職業舞踊家として生計を立てることができなかった時代を思い起こせば，民衆舞踊の担い手たちを取り巻く環境が改善していることに異論の余地は無かろう）。なお2016年8月22日に筆者が実施したアナ・ミランダ校長[28]への聞き取り調査によれば，レシーフェ市の財政上の理由から，かつてこの学校の舞踊団員に支給されていた最低賃金は打ち切られているとのことであった。そのため，多くの舞踊団員が収入を求めてこの学校の外部に活動の場を移しており，舞踊団の規模はその設立当初よりも縮小を余儀なくされている。一方でこの舞踊団に残って活動を続ける者たちは，職業舞踊家としての資格を生かし，様々な場に出向いてはレパートリー作品を上演することで収入を得ているという。総じてフレーヴォの市立学校舞踊団の運営にとっては厳しい時期を迎えていると言えるのではなかろうか。

第3項　各種イベントにおけるパッソの実演

　フレーヴォがペルナンブーコを代表する民衆芸能であることは広くブラジル国内で共有されている認識であろう注25)。その発祥の地であるレシーフェ市およびその北側に隣接するオリンダ市の住民にとって，自らがフレーヴォを演奏したりパッソを踊ったりしない場合であっても，フレーヴォの演奏を伴うカルナヴァル団体の街頭行進などに同行して浮かれ騒ぐことは特段珍しいことではない注26)。これは演者と観者が明確に区別できるフレーヴォ以外の民衆芸能には決して見られない現象であり，そこにはこの民衆芸能に対する彼らの強い帰属意識あるいは親近感といったものを窺い知ることができる。

　そのような社会心理も働いているのであろう，フレーヴォの市立学校には各種イベントにおいて生徒によるパッソの実演を希望する旨の依頼が絶

えない。またカルナヴァルの街頭行進などではフレーヴォを演奏するオーケストラと相当数のパスィスタの存在が欠かせないが，イベントによってはコンパクトディスクの再生音と少人数の踊り手で事足りる場合もあり，この手軽さも実演依頼が増大する一因であると考えられる（なお各種イベントにおけるパッソの実演は，まだナシメント・ド・パッソが副校長を務めていた 2003 年以前からすでに行われており，筆者も 1999 年のレシーフェ滞在中に彼が指導するこの学校の生徒たちによる実演を目撃したことがある[注27]）。この種の依頼はこの学校を管轄するレシーフェ市文化財団（Fundação de Cultura Cidade do Recife）宛てに文書で行われるのだが，その数が決して少なくないため，個々の案件についての諾否はフレーヴォの市立学校が決定する。なお，筆者によるアナ・ミランダ校長[29]への 2 度に渡る聞き取り調査（2011 年 8 月 17 日および 2016 年 8 月 22 日に実施）によれば，この学校の生徒（職業舞踊家の資格を有する舞踊団員は除く）がパッソを実演するイベントの数は年間に 40 くらいである（そして当然のことながら，カルナヴァルの時期にはこの種のイベントへの出演が立て込む）とのことであった（図 3 - 4[注28] を参照）。実演依頼数の多さはフレーヴォの継承と普及に向けたこの学校の取り組みが地域社会に広く認知されていることの証左であると解釈できるのだが，一方でこの学校の生徒によるパッソの実演がフレーヴォという民衆芸能に対する外部の認知度を更に向上させるために果たす役割も決して無視できないと思われる。例えばレシーフェ市内の観光スポットでパッソの実演が行われることもあり，そのような場合にはそれを見物する者の中にブラジル国内外からの観光客が相当数含まれている可能性が高く，彼らを通じてこの民衆芸能を遠隔の地へと知らしめる絶好の機会となる。2012 年 12 月に国際連合教育科学文化機関（UNESCO）がフレーヴォという民衆芸能を人類無形文化遺産に登録したことを受け，2014 年 2 月にパッソ・ド・フレーヴォというこの民衆芸能の公衆に開かれた教育と研究のための拠点と位置付けられるべき文化施設が開館されたこと（序章第 1 節を参照）は，カルナヴァル期間中のみならず年間を通じた観光資源としてこの民衆芸能を活用しようとするレシーフェ市の目論見と決して無縁ではあるまい。そのような方向性を踏まえれば，フレーヴォの市立学校

図3-4. フレーヴォの市立学校の生徒によるパッソの実演
（2007年筆者撮影）

の生徒によるパッソの実演が観光都市としてレシーフェが更なる発展を遂げるための一翼を担っていると見なしても差し支えなかろう。また一方で，実演を行う生徒たちの視点に立ってみよう。就学年齢にある彼らが観客を前にパッソを演じる（すなわち日頃の練習の成果を第三者に披露する）という行為は自己実現の手段ともなり，自己肯定感が高まることでその人間形成にも少なからず好影響を及ぼすことが期待されよう。取り分け経済的貧困状態にある生徒たち（本書のp. 140を参照）にこのような一種の晴れ舞台を提供することは，「生徒の能力の開発に努めること」そして「〔ダンスという〕文化的言語を通じて社会的包摂と所得の創出に貢献すること」という運営目標を掲げるフレーヴォの市立学校が当然担うべき一つの重要な社会貢献であると考えられる。

第 4 節　本章のまとめ

　本章では，1996 年にレシーフェ市が設立したフレーヴォの市立学校の活動実践に焦点を当てた。2001 年から 2016 年まで都合 6 回筆者が実施した現地調査およびレシーフェ市役所のウェブサイトから得られた情報等に基づき，この学校の設立目的と運営目標を明らかにするとともに，その施設や運営スタッフの実態を確認した上で，この学校において実践されている諸活動の内容を，特にナシメント・ド・パッソが 2003 年にこの学校を退任して以降の状況に着目して検討した。

　1996 年 3 月の設立時におけるこの学校の運営目標は「市内の学校に通う児童・生徒の中から 400 名を〔この学校のダンスクラスに〕受け入れること，およびカルナヴァルに向けてソンブリーニャと仮面を製作するための講習会の場を提供すること」であったが，2008 年 5 月時点のそれでは，パッソというダンスの価値の向上と普及という目標に，その実践を通じて実現されるべき新たな内容（踊り手と指導者の養成，生徒の能力の開発，そして社会的包摂と所得の創出）が付加されていた。そこにはこの学校の活動がもたらす有形無形の利益を生徒に還元するとともに，その結果として経済的貧困層の多く暮らす地域社会の状況の改善にも貢献しようというレシーフェ市の意図が読み取れる。2007 年 8 月のバルバラ・エリオドーラ校長への聞き取り調査から，これらの目標の達成に向けた三つの主要な活動内容（ダンスクラスにおけるパッソの指導，学校内に設置された舞踊団の活動，そして各種イベントにおけるパッソの実演）が確認され，2011 年 8 月および 2016 年 8 月のアナ・ミランダ校長への聞き取り調査でも，これらの三つの活動が継続して実践されていることを再確認できた。まず「ダンスクラスにおけるパッソの指導」がこの学校の根幹にして不可欠な活動であることに異論の余地はなく，その究極の目的はパッソという身体文化の継承と普及である。その目的達成のために今日この学校のダンスクラスで用いられている指導法は，ナシメント・ド・パッソのそれを全面的に放棄したものではなく，それを改善，あるいはそれに新たな内容を付加したものであ

ると解釈できる。また今日この学校のダンスクラスでは，従来の「街頭で踊られるパッソ」だけでなく，作品の振付を通じて「舞台で演じられるパッソ」が指導されていることを確認した。次に「学校内に設置された舞踊団の活動」には，パッソの身体動作で構成された作品の上演を通じて，フレーヴォという民衆芸能に対するブラジル国内外の認知度を高める役割が期待されているが，それとともに舞踊団員にとってその活動は自らの踊り手としての経歴を積み重ねる実践の場としても機能している（彼らには職業舞踊家の資格が付与されており，その結果その活動を通じて合法的に収入を得ることが可能になった）。最後に「各種イベントにおけるパッソの実演」は，それを行う生徒たちにとって人前で日頃の練習の成果を披露する自己実現の場として機能していると考えられる。また一方で，レシーフェ市がフレーヴォという民衆芸能の観光資源化を目論んでいる状況下，この生徒たちの活動はパッソを外部に発信するという役割の一端も担っていると解釈できる。生徒自身また地域社会への利益の還元という新たに設定された目標の実現に向け，フレーヴォの市立学校はパッソの実践を通じて更なる付加価値の創出を模索しながらその歩を進めていると結論付けられよう。

第3章　注

注1）　この学校訪問に関わる筆者のレシーフェ滞在期間は以下の通りである：2001年8月11日から8月25日まで，2005年7月31日から8月21日まで，2007年8月3日から8月26日まで，2009年8月29日から9月17日まで，2011年8月7日から8月25日まで，そして2015年10月4日から2016年9月25日まで。

注2）　この学校の特徴はその活動内容がフレーヴォという民衆芸能，取り分けパッソというダンスに関わるものに限定されていることであった（但し本章の注9に記すように，筆者がレシーフェ滞在中の2016年6月には第1学期末の作品発表会に向けてパッソ以外の民衆舞踊の身体動作も指導された）。そのため，その他の市立学校がレシーフェ市教育局（Secretaria de Educação）の管轄下に置かれているのに対し，この学校を管轄するのはレシーフェ市文化財団（Fundação de Cultura Cidade do Recife）である。

注3）　2007年8月の時点でこの学校には厳密な意味での校長（diretor(a)）職は存在せず，この学校の最高責任者は運営統括者（gerente serviço）と呼ばれていた。この役職はそれに相応しい人物としてレシーフェ市から任命を受けるもので，公務員ではなかった。本書では便宜的に「運営統括者」に代えて「校長」という表記を用いるこ

とにする。

注4）　アナ・ミランダ校長によれば，これまでにも他の施設にこの学校のダンス教師を派遣してダンスクラスを開講した事例はあったという（しかしながら現在は，その施設の閉館に伴って中断されている）。同校長は，外部の施設を利用したダンスクラスの開講には二つの利点があるという。一つは，言うまでもなく，フレーヴォの市立学校への受講希望者の集中を分散化できることであり，もう一つは，その施設が生徒の居住地に近ければ，わざわざ路線バスなどの交通費と時間を掛けてフレーヴォの市立学校まで足を運ぶ必要がなくなることである。

注5）　本章の第1節に記したように，この学校の設立時の運営目標には「カルナヴァルに向けてソンブリーニャと仮面を製作するための講習会の場を提供すること」が掲げられていた。長年に渡る筆者の検討対象はパッソというダンスであったので，筆者はフレーヴォの市立学校で実践されていたこの種の活動に関する情報をほとんど持ち合わせていない。とは言え，この種の活動についても可能な限りの説明はしておきたい。筆者の手元には2007年から2011年にかけてレシーフェ市役所のウェブサイトに掲載されたこの学校に関する記事の複写物があるのだが，それを見直してみると，その当時はカルナヴァル用の装飾品を製作することなどを目的とした講習会が頻繁に開催されていたことがわかる。レシーフェ市民であれば，講習会へは前もって登録を済ませることにより誰でも無料で参加できた。アナ・ミランダ校長は，受講者が「講習会で習得した技術をその家族の服飾品を製作するためや収入を得るために利用する」ことができると述べ，更に，このような活動の目的を「特にこの学校でパッソを学ぶ子どもたちの両親や縁者が余暇時間を有効に活用できるようにする」ことにあると続けている（http://www.recife.pe.gov.br/2009/11/17/mat_169402.php：2011年9月10日参照）。同校長のこの発言からも，この学校の活動がもたらす利益を地域社会に還元しようとする明確な姿勢が読み取れよう。なお，筆者によるアナ・ミランダ校長への聞き取り調査（2016年8月22日実施）によれば，レシーフェ市から講習会を開催するための予算配分がなされないため，その活動は休止状態にあるとのことであった。この事例，また本章第3節第2項で言及することになるのだが，この学校の舞踊団員に支給されていた最低賃金の打ち切りに見られるごとく，レシーフェ市の財政状況の推移がこの学校の活動にも少なからぬ影響を及ぼしている実態が浮かび上がる。

注6）　レシーフェ大都市圏は，レシーフェ市およびそれを取り巻く13の地方自治体で構成されている。

注7）　レシーフェの市立学校における第1学期は2月上旬から7月上旬まで，また第2学期は7月下旬から12月下旬までである。

注8）　参加登録の際にこの学校へ提出するのは，顔写真および身分証明書（子どもの場合は出生証明書）のコピーである。そして登録申請書に氏名や住所などの必要事項を記入する。

注9）　筆者は2016年度第1学期の作品発表会に出演する機会に恵まれた。この発表会が開催された6月下旬のブラジル北東部はフェスタ・ジュニーナ（Festa Junina：6

月期の祝祭の意）と呼ばれるカルナヴァルに次ぐ規模の祝祭のシーズンである。そのためこの発表会で上演する作品にはパッソの身体動作は一切用いられず，この祝祭に因んだ民衆舞踊（ココ（Coco：アフリカおよびブラジル先住民のダンスの流れを汲み，円陣を組んで踊られる），シャシャード（Xaxado：ブラジル北東部の奥地で暗躍した盗賊が好んで踊ったとされるダンス，足の裏で地面を摺る動作を多用する），クァドゥリーリャ（Quadrilha：第 1 章の注 21 も参照のこと。ここではブラジル北東部の農民が踊った集団的なダンスを指す）など）の身体動作を用いた作品の振付が発表会の 1 か月くらい前からダンスクラスごとに行われた。この事実から，季節に限定されたものであるとは言え，今日のフレーヴォの市立学校ではパッソ以外のペルナンブーコの民衆舞踊の身体動作も指導されていることがわかる。一方で 12 月に開催される第 2 学期の作品発表会においては，パッソの身体動作に特化した作品の振付が行われるという。なおこの作品発表会への参加は任意である。それに参加するには作品ごとに衣装代が必要となるため，その支払いを望まない生徒は発表会には参加しない。

注 10） まず 2007 年 8 月のダンスクラスへの筆者の参加状況である。2007 年 8 月 3 日から 8 月 26 日まで筆者はレシーフェに滞在したが，この間は月曜日から金曜日まで，ほぼ毎日ダンスクラスに参加した。筆者が参加したのは，いずれも午前中に開講された 9 歳から 13 歳までのクラスおよび 14 歳から 18 歳までの経験者が数多く含まれるクラスであった。次に 2011 年 8 月のダンスクラスへの筆者の参加状況である。2011 年 8 月 7 日から 8 月 25 日まで筆者はレシーフェに滞在したが，この間は月曜日，水曜日そして金曜日の午前中に開講された 13 歳以上の生徒を対象とするダンスクラスに参加した（なお金曜日のみ初心者対象のクラスであった）。最後に 2016 年 2 月から 9 月までのダンスクラスへの参加状況である。この期間は，月曜日と水曜日の午前中に開講された 13 歳から 17 歳までの中級のダンスクラスに参加した（しかしながら実際には，筆者のように 18 歳以上の生徒も相当数含まれていた）。

注 11）「立った姿勢で行うパッソの身体動作」および「しゃがんだ姿勢で行う，もしくは重心位置の上下動を伴うパッソの身体動作」については，第 2 章第 4 節第 1 項を参照のこと。

注 12） その辺りの事情に関して，2011 年 8 月 17 日に筆者が実施した聞き取り調査の中でアナ・ミランダ校長は以下のような回答を行っている：
〔この学校の〕ダンス教師はみな民衆舞踊の他にクラシックバレエやコンテンポラリーダンスを〔個別に〕体験しており，その経験をこの学校での指導にも役立てている。校長，教務担当コーディネーターそしてダンス教師は，半月に一度，ダンス指導に関する会議を開催してそれぞれのダンスクラスの現状と問題点を共有するとともに，その改善に向けた話し合いを行っている。

注 13） 年少者のダンスクラスでは，これらの内容に関しても，その心身の発達段階に応じた指導方法が工夫されているようである。筆者が 2011 年 8 月に参加したこの学校のダンスクラスでその指導に当たったイナエ・シウヴァ（Inaê Silva）は，筆者による聞き取り調査（2011 年 8 月 12 日実施）に際し，5 歳から 8 歳までの子どもたち

が参加するダンスクラスでの指導について以下のような回答を行っている：
> 年少者〔5歳から8歳まで〕のダンスクラスでは年長者のダンスクラスとは異なる指導をする。と言うのも，この年齢の子どもたちにはパッソは難しすぎるからだ。遊びの要素を多く取り入れ，それをパッソの指導に結び付けるよう心掛けている。筋肉のストレッチも彼らには退屈なので，それとはわからないような言葉掛けをし，結果としてストレッチの効果を得られるよう工夫している。

更に彼女は，生徒の加齢に伴う技能の向上について次のように説明した：
> 5歳児ではソンブリーニャを右手から左手に持ち替えるのさえ難しい。7歳を過ぎると，ソンブリーニャの持ち替えや腕と脚の動きの連動が可能になってくる。12歳を過ぎると，個人差はあるが，パッソの技能は急速に上達する。練習時間も長くなり，この時期の2年間で相当数の身体動作を実践できるようになる。15歳を過ぎるとその技能は更に向上するので，より難度の高い身体動作もこなせるようになる。特に男性は跳躍力，また女性は柔軟性に優れるようになる。16歳から25歳くらいがパッソというダンスの能力をそれぞれの頂点まで高めるのに最も適した年齢であると思う。

注14）　ジョゼ・ヴァウドミーロは，2011年8月に筆者がフレーヴォの市立学校を訪問した折には，本章第3節第2項で検討するこの学校の舞踊団の振付家を務めていた。

注15）　民衆舞踊は舞台作品化されることで変質するという視点を押さえておくことが重要である。マリア・ゴレーチ・ロシャ・ヂ・オリヴェイラ（Maria Goretti Rocha de Oliveira）は，この点についてその著作の中で以下のように記している：
> 民衆舞踊が審美的な動機と結び付くとき，技術的そして芸術的な観点から，宗教的あるいは娯楽的な動機を背景に生活の中で踊られている民衆舞踊とはどんどん乖離してしまう。民衆舞踊が舞台での上演のために練習されるようになると，理論的に，それは一部で「正装のダンス（danças à caráter）」と呼ばれる舞台のダンスに特有な傾向を帯びるようになる（OLIVEIRA (1993) p. 103.）。

オリヴェイラのこの見解は，本章の注23に記すアドゥリアーナ・アレンカールの指摘とも通底するものであろう。必要に応じて参照のこと。

注16）　パッソ・ア・パッソ（passo a passo）には「一歩一歩」「ゆっくりと」という意味がある。

注17）　2003年にフレーヴォの市立学校を退任したナシメント・ド・パッソはこの舞踊団の設立には関わっていない。しかしながら，彼の在職中にもこの学校の生徒たちが対外的な活動で成果を上げていなかったということでは決してない。2000年にはリオデジャネイロのカルナヴァル団体のコンテスト（団体種別：エスコーラ・ヂ・サンバ，序列集団：Aグループ）でこの学校のパシスタたちがパッソを演じてインペリオ・セラーノ（Império Serrano：山の帝国の意）という団体を優勝に導き，また2000年および2001年にブラジル南部のサンタ・カタリーナ（Santa Catarina）州で開催されたジョインヴィル舞踊祭（Festival de Dança de Joinville）ではこの学校のパシスタたちが2年連続の優勝を果たしている（MELO, Guto (2001) *Cultura*

Popular（http://www.aponte.com.br/culturapopular/culturapopular-01-09-27.html：2003年2月18日参照）。

注18）　2005年8月12日夜，レシーフェ市内ボア・ヴィスタ地区のパルキ劇場（Teatro do Parque）で他の舞踊団の作品とともに上演された。

注19）　実はこの作品は，バレ・ポプラール・ド・レシーフェ（第2章第1節第3項を参照）から1988年に派生したバレ・ブリンカンチス・ヂ・ペルナンブーコ（Balé Brincantes de Pernambuco：ペルナンブーコの民衆娯楽の参加者たちの舞踊団の意）という民衆舞踊団が1991年に制作したものである（VICENTE（2009）pp. 132-133.）。これをフレーヴォの市立学校舞踊団が上演するに至った経緯は定かでないが，アレッシャンドレ・マセードは1989年からバレ・ブリンカンチス・ヂ・ペルナンブーコに在籍しており（第2章の注34を参照），加えて彼が2003年以来フレーヴォの市立学校舞踊団の指導を任されていたことを考えれば，その関係性がこの学校の舞踊団によるこの作品の上演につながった可能性も考えられよう。

注20）　この作品の中で身体動作が演じられたペルナンブーコの民衆芸能とはマラカトゥ・ナサゥン（Maracatu Nação），カボクリーニョス（Caboclinhos），カヴァロ・マリーニョ（Cavalo Marinho：ペルナンブーコ州北部の森林地帯で演じられる民衆舞踊劇）そしてフレーヴォである。更にその他にもカポエイラ術やカンドンブレー（Candomblé：西アフリカを起源とするアフリカ系ブラジル宗教）に見られる身体動作が差し挟まれていた。

注21）　一方で2011年8月19日に筆者が実施した聞き取り調査に際し，その当時振付家を務めていたジョゼ・ヴァウドミーロは，この舞踊団のために制作されたレパートリー作品の場合，その振付はパッソの身体動作を中心に構成されている旨を確言している。

注22）　そこで行われた個々のダンスの名称は確認できていないが，肩や胸そして骨盤など体幹部の動かし方に明確にその特徴が見て取れた。

注23）　ダンス研究者のアドゥリアーナ・アレンカール（Adriana Alencar）は，2007年に発表された小論の中で，ナシメント・ド・パッソの指導法を放棄したフレーヴォの市立学校においては，身体動作の洗練（limpeza de movimento）を目指してクラシックバレエの特徴であるポアント（足関節とつま先の伸展）および足の振り上げ動作が強調されていると記しているが，それはこの学校の舞踊団の演技を念頭に置いての指摘であると推察される。更に彼女は以下のように続ける：

> パッソの身体動作を洗練する（limpar os passos）ためにクラシックバレエ〔の身体技法〕を導入するというこの新たな動向の背景に，我々はパッソの起源からの断絶，すなわち社会的・文化的〔脈絡の〕喪失を読み取ることができる。と言うのは，初期のパスィスタたちの乱暴ぶりはその当時の社会的抑圧状況に対する一つの反応であったからである。文化的多様性という美名の下，特殊な〔外部からの〕影響にさらされた結果，ブラジルにおける我々の現実とは掛け離れた一つの新たなダンスを生み出そうとする試みは，やがて我々自身のアイデンティティ

の喪失へと帰着する。結局それは，ヨーロッパの文物はよりよくより美しいという本国に対する植民地のかつての劣等意識に他ならない（ALENCAR, Adriana (2007) "Dança de Rua, Dança de Palco" *Continente Multicultural*, 74: sem página.）。

アドゥリアーナ・アレンカールのこの手厳しい指摘に見られるように，ナシメント・ド・パッソが退任して後にフレーヴォの市立学校が選択した方向性は必ずしも肯定的に受け止められているわけではない。そしてパッソの舞台芸術化に伴うクラシックバレエやモダンダンスといった欧米由来の舞踊芸術との融合は，単に身体技法の側面に留まらず，社会的・文化的なアイデンティティの問題にまで波及する可能性を内包している。非常に興味深いところではあるが，残念ながら本書ではそのような観点にこれ以上踏み込むことはできない。

注24）　ユース・アメリカ・グランプリ事務局のウェブサイト（http://www.yagp.org/eng/index.asp：2008年6月6日参照）によれば，2000年に創設されたこのバレエコンクールは，アメリカ合衆国および世界でも指折りのダンススクールで奨学生として学ぶ機会を与えられるアメリカ合衆国で唯一のものであり，あらゆる国籍のダンスに関わる9歳から19歳までの青少年を対象として毎年ニューヨーク市でその決選が行われている。なおフレーヴォの市立学校舞踊団が第2位を獲得したのは，このコンクールの群舞部門（Large Ensembles）である。またこの舞踊団が演じたのは，アレシャンドレ・マセードが振付けた『レシフェルヴェンド（Recifervendo：沸き立つレシーフェという意味の造語）』という作品である。

注25）　2016年8月にリオデジャネイロ市で開催された第31回オリンピック競技大会の閉会式において，第1章第2節で言及した「ヴァソウリーニャスのマルシャ第1番」というフレーヴォが演奏されるとともにそれに合わせてパッソの集団演技が披露されたことなども，その認識を反映したものであろう。

注26）　その年のカルナヴァルをおよそ2週間後に控えた2016年1月17日の午後，オリンダ市に本部を置くカルナヴァル団体トロッサ・カルナヴァレスカ・ピトンベイラ・ドス・クアトロ・カントス（Troça Carnavalesca Pitombeira dos Quatro Cantos：この団体の名称には「四つ辻に立つピトンベイラ（ムクロジ科の樹木）」という意味がある）の街頭行進に筆者は足を運んだ。1947年に創設されたこの団体はおよそ70年の歴史を有する。以下はその際に筆者が記したフィールドノーツからの抜粋である：

　　　午後4時頃ピトンベイラ・ドス・クアトロ・カントスの本部前に到着した。すでに本部前の石畳の緩やかな坂道にも大勢の人が集まっている。彼らは友人同士あるいは男女のカップルでやって来る場合が多いようだ。たとえ一人でやって来たとしても，ここが友人との出会いの場になっている。自分のようにたった一人でこの場にいる人間は非常に少ないだろう。極たまに小さな子ども連れを見かけるが，小学生くらいの少年少女の姿が見えないことも特徴だ。この場に集まっているほとんどすべてが青年または壮年なのだ。男女の割合はほぼ半々である。

〔中略〕本部の中からオーケストラによるフレーヴォ・ヂ・ルア〔第1章の注26および注28を参照〕の演奏が聞こえてくると，本部の外に集まっている人々も歓声を上げ，リズムを取って体を揺すり始める。それほど幅の広くはない本部前の通りの両側には，この人出を当て込んで集まった飲み物や食べ物の屋台が所狭しと並んでいる。この場に居合わせる人々はこれらの屋台で購入したビールを飲み，友人との会話を楽しみながら，街頭行進が始まる午後5時を待っているのである。〔中略〕午後4時30分頃にマラカトゥ・ナサゥン〔アフリカ系の民衆芸能〕の打楽器隊30名ほどが，演奏を行いながらこの本部前の群集を二つに割るようにして通りを上方から下方へと通過していった。〔中略〕もはや本部前の通りはおよそ100メートルの長さに渡って群集で埋め尽くされようとしている。午後4時50分頃には先ほどとは別のマラカトゥ・ナサゥンの打楽器隊がその混雑の中を半ば強引に通過していった。マラカトゥ・ナサゥンの打楽器の響きが本部の中から聞こえてくるフレーヴォの金管楽器の演奏音と交錯する。このカルナヴァル団体の代表者であるジュリオ・シウヴァ（Júlio Silva）氏が本部前の雑踏の中を何度も行き来しては，その度に知り合いと言葉を交わしている。午後5時を過ぎ，詰め掛けた群集で本部前の通りは人が一人往来することさえ難しくなってきた。本部の中からは揃いの黄色いTシャツを着用したオーケストラの構成員が続々と出て来る。この団体の象徴であるエスタンダルチ〔第1章の注8を参照〕も本部前の通りの中央に街頭行進の進行方向へ向けて立てられた。〔中略〕それからほどなくしてオーケストラが隊列を組み，フレーヴォ・ヂ・ルアの演奏が始まった。いよいよ街頭行進が始まる。自分はオーケストラのすぐ後方に陣取ってこの街頭行進に参加した。この日はこれまでの街頭行進の中でも一番の人出で群集が押し合いへし合いしながら（まさにフレーヴォの状態である）少しずつ坂道を下ってゆく。前方や左右の人間の足を踏まないように注意するのがせいぜいで，とてもパッソなど行える状況ではない。飲み物の入ったコップを頭上に掲げながら行進している者もいる。男女のカップルは男性が女性のすぐ後方に付いて保護するような体勢を取っている。この通りの両側にも二重三重の人垣ができているため，横に出ることもままならない。サンペドロ教会の前までおよそ200メートルの距離を15分ほど掛けて行進した。行列がここで左に折れたので，自分はこの方向転換を利用して右側へと行列を離脱した。

注27）　1999年9月4日，事前の新聞報道で情報を得ていた筆者は，ペルナンブーコ・コンヴェンションセンター（Centro de Convenções de Pernambuco）で開催中の第2回ペルナンブーコ国際ブックフェア（2a Feira Internacional do Livro de Pernambuco）に足を運び，ナシメント・ド・パッソに率いられたこの学校の生徒たち20名余りがオーケストラの演奏するフレーヴォに合わせて披露するパッソの演技を目の当たりにした。これは筆者のナシメント・ド・パッソとの初めての出会いであった。

注28）　ソンブリーニャを手にした生徒の後方には18世紀フランスの貴族を模した衣

装を身にまとってエスタンダルチを掲げるポルタ・エスタンダルチ（第1章の注8を参照）の姿が見える。

第3章　引用および参考資料
[1]　レシーフェ市役所のウェブサイト（http://www.recife.pe.gov.br/2007/07/12/mat_145054.php：2008年5月14日参照）
[2]　レシーフェ市役所のウェブサイト（同上：2008年5月14日参照）
[3]　レシーフェ市役所のウェブサイト（同上：2008年5月14日参照）
[4]　レシーフェ市役所のウェブサイト（同上：2008年5月14日参照）
[5]　筆者によるアナ・ミランダへのインタビュー（2016年8月22日実施）
[6]　筆者によるバルバラ・エリオドーラへのインタビュー（2007年8月22日実施）
[7]　筆者によるアナ・ミランダへのインタビュー（2011年8月17日実施）
[8]　筆者によるバルバラ・エリオドーラへのインタビュー（2007年8月22日実施）
[9]　筆者によるバルバラ・エリオドーラへのインタビュー（2007年8月22日実施）
[10]　筆者によるアナ・ミランダへのインタビュー（2016年8月22日実施）
[11]　筆者によるバルバラ・エリオドーラへのインタビュー（2007年8月22日実施）
[12]　筆者によるアナ・ミランダへのインタビュー（2016年8月22日実施）
[13]　矢田部英正（2004）『たたずまいの美学―日本人の身体技法』東京：中央公論新社．p. 33．
[14]　筆者によるジョゼ・ヴァウドミーロへのインタビュー（2016年8月30日実施）
[15]　筆者によるオタヴィオ・バストスへのインタビュー（2016年4月29日実施）
[16]　OLIVEIRA, Maria Goretti Rocha de（1993）*Danças Populares como Espetáculo Público no Recife de 1970 a 1988*, Recife: O Autor, p. 151．
[17]　レシーフェ市役所のウェブサイト（前掲：2008年5月14日参照）
[18]　筆者によるアレッシャンドレ・マセードへのインタビュー（2016年4月27日実施）
[19]　筆者によるバルバラ・エリオドーラへのインタビュー（2007年8月22日実施）
[20]　レシーフェ市役所のウェブサイト（http://www.recife.pe.gov.br/2008/05/09/mat_162078.php：2011年9月10日参照）
[21]　筆者によるジョゼ・ヴァウドミーロへのインタビュー（2011年8月19日実施）
[22]　筆者によるジョアン・ヴィエイラへのインタビュー（2016年4月6日実施）
[23]　筆者によるジョアン・ヴィエイラへのインタビュー（2016年4月6日実施）
[24]　筆者によるアレッシャンドレ・マセードへのインタビュー（2016年4月27日実施）
[25]　筆者によるアレッシャンドレ・マセードへのインタビュー（2016年4月27日実施）
[26]　筆者によるオタヴィオ・バストスへのインタビュー（2016年4月29日実施）

［27］筆者によるアレッシャンドレ・マセードへのインタビュー（2016 年 4 月 27 日実施）
［28］筆者によるアナ・ミランダへのインタビュー（2016 年 8 月 22 日実施）
［29］筆者によるアナ・ミランダへのインタビュー（2011 年 8 月 17 日および 2016 年 8 月 22 日実施）

第4章　フレーヴォの継承に向けた
「パッソの戦士たち」の取り組み

　本章では，フレーヴォという民衆芸能，取り分けパッソというダンスの継承と普及にその身を捧げたナシメント・ド・パッソから教えを受けた者たちの手で2005年に結成された「パッソの戦士たち（Os Gurreiros do Passo）」という組織の取り組みに焦点を当てる。筆者がこの組織に着目するのは，フレーヴォの市立学校ではすでにその姿を変えてしまったナシメント・ド・パッソの指導法（第2章第2節を参照）に基づいたパッソ指導をその結成当初から今日に至るまで一貫して継続していることによる。序章第2節に記したように，2000年代に入りナシメント・ド・パッソの活動実践に言及する論考の発表が相次いだ。この状況は，彼の活動に肯定的立場を取るにせよ批判的立場を取るにせよ，パッソという舞踊文化の現状を語る上で彼の実践を過去のものとして片付けてしまうことが適当でないとする現代のダンス研究者たちに共有された認識を反映しているように思われる。フレーヴォという民衆芸能の置かれた今日的状況を勘案すれば，前章で検討したフレーヴォの市立学校が，今後ともパッソというダンスの継承において主導的役割を担うことに疑いの余地はない。そのことを当然の前提とした上で，その比較対象としての参照点をナシメント・ド・パッソの活動実践に求めること，そのことが時代錯誤の的外れな提案であるとは筆者には思われない。そうであるとするならば，ナシメント・ド・パッソがすでに他界してしまった今日，彼の教えを最も忠実に継承していると考えられるパッソの戦士たちという組織の活動実態に着目してそれを明らかにすることは極めて有益であろう。

　筆者は2009年，2011年そして2015年から翌16年にかけての時期に実施した現地調査[注1]において，この組織が開講するダンスクラスに足を運

んで参与観察を行うとともに，この組織の関係者に対する聞き取り調査を実施した。そこで本章では，これまでの現地調査を通じて得られた資料，この組織のウェブサイト[注2]に掲載された情報，更にこの組織の結成に関わったルセリア・アウブケルケ・ヂ・ケイロース（Lucélia Albuquerque de Queiroz）が自らこの組織について分析した論文[1]等を手掛かりに，この組織の結成の経緯およびその活動目標を明らかにした上で，フレーヴォという民衆芸能の継承と普及に向けたこの組織の取り組みについて検討する。なお，筆者が調査した限りでは，上記ケイロースの論文以外にこの組織の取り組みに焦点を絞った先行研究は存在しなかった。

第1節　組織結成の経緯

　パッソの戦士たちの結成は，第2章でその人物像と活動実践について詳述したナシメント・ド・パッソがフレーヴォの市立学校を退任したことと深い関わりがある。この組織の結成に関わった者たち[注3]はいずれもフレーヴォの市立学校において彼からパッソの指導を受け（その中にはやがてその学校のダンス教師を務める者もいた），指導者としての彼の人間性に深く心酔している。第2章第3節第4項で言及したように，ナシメント・ド・パッソは2003年にフレーヴォの市立学校の副校長を辞し，以後フレーヴォという民衆芸能の表舞台から姿を消している。彼がその設立と運営に尽力したこの学校を去るに至った経緯は詳らかでないが，パッソの戦士たちの結成に関わった者たちは，ナシメント・ド・パッソの退任を契機としてフレーヴォの市立学校からフレーヴォという民衆芸能，別けてもパッソというダンスに関するそれまでの彼の貢献がこの学校を管轄するレシーフェ市により意図的に消去されてしまったと受け止めた[2][注4]。パッソ指導の拠点として重要な役割を担うフレーヴォの市立学校からナシメント・ド・パッソの長年に渡る業績が消失してしまうという事態に，彼らは大きな失望と強い憤りを覚えた。そしてそのような思いが，フレーヴォという民衆芸能に関する彼の貢献を教え子である自分たちが継承しなければならないという反骨心に基づく使命感を醸成し，ついには2005年にこの組織

図 4-1. パッソの戦士たちの新本部(2018 年筆者撮影,
この日はダンスクラスで生徒に貸与するソンブリーニャの修繕作業が行われた)

の結成へと至らしめた(なお,2016 年 5 月 21 日に筆者がこの組織の代表であるエドゥアルド・アラウージョ(Eduardo Araújo)[3]に対して実施した聞き取り調査において,この組織が結成された 2005 年は,彼がまだフレーヴォの市立学校でダンス教師を務めていた時期であった事実を確認した)。このような経緯を振り返るとき,彼らの活動の原点にはナシメント・ド・パッソの業績を消し去ろうとする外部からの圧力(と彼らには感じられたもの)に対する強い抵抗感が読み取れよう。パッソの戦士たちというこの組織の名称にも,そのような思いが如実に表現されていると考えられる。なお,パッソの戦士たちはまったくの任意団体で法人格は保有していない。また,その結成以来,この組織の本部は代表を務めるエドゥアルド・アラウージョの自宅に置かれているが,2018 年 8 月の筆者の訪伯時には,彼の自宅を兼ねたこの組織の新たな本部の建設が進められていた(図 4-1 を参照)。

第2節　組織の活動目標

　自らもパッソの戦士たちの結成に関わったルセリア・アウブケルケ・ヂ・ケイロースは，その結成の動機が「街頭で〔民衆によって〕生み出され，ナシメント・ド・パッソの深遠なる知性と感性によって育まれた〔中略〕パッソ指導の方法論を再評価する」[4] ための（フレーヴォの市立学校に代わる新たな）場を確保することにあったと記す。更に彼女によれば，この組織の活動目標とは，ナシメント・ド・パッソの方法論の継承を通じて「フレーヴォ〔という民衆芸能〕がカルナヴァルの時期に限定されることなく実践されるだけの十分な文化力（força cultural）を備えていることを証明し，年間を通じてこのダンス〔パッソ〕の実践を励行する」[5] ことであるという。第2章第1節第3項で言及したように，これはナシメント・ド・パッソが学校という安定した環境を確保することによって遂行しようとした宿願に他ならない。加えてパッソの戦士たちは，このような目標の実現に向けては自分たちと思いを同じくするパスィスタのたゆまざる育成が欠かせないと考えている[6]。確かな経験を有するこの組織の活動への古くからの参加者には，自らの力量に更なる磨きを掛けるとともに，新たな参加者たちのパッソの学びを支援することが求められる。そのような参加者間の緊密な関係性の構築を通じてあたかも細胞が分裂を繰り返しながら増殖するように同志の輪を拡大してゆくこと，それが上記の目標に込められたナシメント・ド・パッソの思いに着実に近付くためのこの組織の戦略である(注5)。

第3節　組織の活動実践

　これまでに実施した3回の現地調査を通じて得られた情報から，パッソの戦士たちの活動実践は以下に記す四つの項目に集約できることが判明した。すなわち（1）一般市民に対するパッソの指導，（2）ダンスグループとしての活動，（3）フレーヴォに関する研究活動，そして（4）カルナヴ

ァル団体としての活動である。以下，それぞれの活動について検討を行う。

第1項　一般市民に対するパッソの指導

ナシメント・ド・パッソの意志を継承するために結成されたパッソの戦士たちにとって，一般市民に対するパッソの指導はその中核を成す活動である。ルセリア・アウブケルケ・ヂ・ケイロースによれば，レシーフェ市内にパッソ指導のための拠点となる（フレーヴォの市立学校に代わる）施設を確保できなかったため，この組織は「レシーフェ市やオリンダ市〔レシーフェ市の北側に隣接する〕の街頭や広場でこの活動を実践してナシメント・ド・パッソの方法論が古臭い過去のものであって評価に値しないとする人々への抵抗を開始した」[7]注6)という。当初その活動は「再生プロジェクト（Projeto Reviver）」という組織（社会の中で危機的状況に置かれた青少年への支援活動を行う）と連携してオリンダ市内リオ・ドースィ（Rio Doce）地区で，また「トロッサ・カルナヴァレスカ・ミスタ・ア・カバスーダ（Troça Carnavalesca Mista a Cabaçuda）」注7)というカルナヴァル団体と連携して同じくオリンダ市内のジャルヂン・ブラジル・ドイス（Jardim Brasil II）地区で，そしてパッソの戦士たちの本部があるレシーフェ市内イポードロモ（Hipódromo）地区のテルトゥリアーノ・フェイトーザ広場（Praça Tertuliano Feitosa：その一角に直径20メートル程度の舗装された円形の空間があり，そこでパッソが指導されている）で行われていたが，2011年8月の時点ではイポードロモ地区での活動のみが継続されている状況であった。2009年9月6日に筆者が実施した聞き取り調査に際してエドゥアルド・アラウージョ[8]は，活動縮小の原因がこれらの活動を継続するための資金不足であることを率直に認めている。フレーヴォの市立学校を離れ，しかも公私を問わず外部からの資金援助を受けられない状況では，活動を維持するのに必要なあらゆる費用をこの組織の少数の関係者が工面せざるを得ないという（しかしながら，その後ペルナンブーコ文化奨励基金（Funcultura PE：O Fundo Pernambucano de Incentivo à Cultura）への活動支援申請が認められ，この組織は2012年および2013年の2年間に渡って同基金

から資金援助を受けることができた[9]）。パッソの戦士たちはテルトゥリアーノ・フェイトーザ広場でのパッソ指導を円滑に実施するために規約[注8]を制定しているのだが，その冒頭（第1章第1条）で「パッソの戦士たちはレシーフェ市イポードロモ地区テルトゥリアーノ・フェイトーザ広場での〔中略〕ダンス指導を〔中略〕無償で実施しようとするものである」[10]と謳っている。更に続けて，パッソの指導を受ける者たちがその活動への参加の見返りとして金銭の支払いを求められることはない旨を特に強調している（第1章第9条）。この組織にとってパッソの指導は営利を目的とした活動ではないため，その指導を受ける者たちから受講料等の名目で金銭を徴収することはない（そしてその指導を行う側にもまったく金銭的な報酬はない）。この無償の活動という原則を安定的に継続するためには，外部からの資金援助が欠かせないとエドゥアルド・アラウージョは考えているのである。

　パッソの戦士たちが結成されて初めてのダンスクラスは2005年9月1日にフレーヴォの市立学校で行われた[注9]（そのためこの組織はこの日を設立記念日として毎年祝賀行事を行っている）。そしてテルトゥリアーノ・フェイトーザ広場で初めてダンスクラスが実施されたのは2005年12月10日であった。この組織が開講するダンスクラスの参加者は不特定の一般市民である（フレーヴォの市立学校のように事前に参加登録を行う必要はない）ため，ダンスクラスの参加者に毎回ノートブックへの署名を求めている（当然のことながら参加者には，ほぼ毎回参加する者，ときどき足を運ぶ者，そして1回きりの者がいる）。その分厚いノートブックはすでに4冊を数えるが，表4-1は，筆者がエドゥアルド・アラウージョからそれを借り受け，2006年度から2015年度まで10年間に渡るこの組織のダンスクラスへの延べ参加者数を月別に集計したものである。エドゥアルド・アラウージョ[11]によれば，この組織のダンスクラスの年間活動スケジュールとはおおよそ以下のようなものであった：(1) 復活祭（序章の注2を参照）明けから5月下旬もしくは6月上旬まで，雨季による中断期間を挟み，(2) 7月下旬から12月中旬まで，そして年末年始による中断期間を挟み，(3) 1月上旬からカルナヴァルの直前まで。年度によって多少のばらつきはある

表4-1. ダンスクラスへの月別延べ参加者数

(単位 人)

年度	1月	2月	3月	4月	5月	6月	7月	8月	9月	10月	11月	12月
2006	211	145	71	34	17	15	13	14	19	62	49	27
2007	69	0	0	25	15	0	27	55	85	83	62	40
2008	52	0	0	31	37	0	0	14	37	48	48	17
2009	97	28	0	0	0	0	33	59	75	104	57	21
2010	87	0	0	7	36	5	14	30	44	49	10	0
2011	103	128	0	0	0	0	7	36	39	62	40	42
2012	92	39	68	47	58	42	45	92	174	93	47	100
2013	218	12	132	116	107	51	95	166	190	203	155	99
2014	210	164	0	111	171	47	96	115	258	153	179	122
2015	217	50	148	109	143	40	14	173	262	158	200	122
計	1356	566	419	480	584	200	344	754	1183	1015	847	590

※2006年度は1月17日から4月11日まで，土曜日午後のテルトゥリアーノ・フェイトーザ広場でのダンスクラスに加え，フレーヴォの市立学校でもダンスクラスが毎週火曜日と木曜日に行われていた。
※2011年度から土曜日午後に加えて水曜日夜間にも時々ダンスクラスが開講されるようになった。なお，水曜日夜間のダンスクラスが毎週行われるようになるのは2013年1月以降である。
※表中の灰色で塗りつぶした枠はその年度のカルナヴァルの開催月を示している。

ものの表4-1からは，8月から年末年始の中断期間を挟んでカルナヴァル直前までの時期にダンスクラスへの参加者数が増加する傾向を読み取れよう（表中最下段の数字に着目すると，特にカルナヴァル直前の1月にその数はピークを迎えている）。この組織のダンスクラスへの参加はまったく個人の自由意思に基づいている（フレーヴォの市立学校のように毎回のダンスクラスで出欠を確認することもない）だけに，この表に現れた数字は，フレーヴォという民衆芸能，あるいはパッソというダンスをカルナヴァルと結び付けて考える今日のレシーフェ市民の標準的な意識を反映しているとも解釈できよう。

表4-1と同様の資料に基づいて作成された表4-2には，2006年度か

表 4-2. 年度別ダンスクラス開講数，延べ参加者数および
ダンスクラス 1 回当たりの平均参加者数

年　度	ダンスクラス開講数 （回）	延べ参加者数 （人）	平均参加者数 （人）
2006	47	677	14.4
2007	29	461	15.9
2008	23	284	12.3
2009	28	474	16.9
2010	25	282	11.3
2011	34	457	13.4
2012	46	897	19.5
2013	78	1544	19.8
2014	70	1626	23.2
2015	66	1636	24.8
計	446	8338	18.7

※ 2006 年度のダンスクラスのうち 22 回は，テルトゥリアーノ・フェイトーザ広場ではなくフレーヴォの市立学校で開講されていた。
※ 2011 年度から土曜日午後に加えて水曜日夜間にも時々ダンスクラスが開講されるようになった。なお，水曜日夜間のダンスクラスが毎週行われるようになるのは 2013 年 1 月以降である。

ら 2015 年度までの 10 年間に渡る年度別のダンスクラス開講数と延べ参加者数，そして後者を前者で除して得られたダンスクラス 1 回当たりの平均参加者数が記してある。2013 年度以降ダンスクラスの開講数と延べ参加者数が大幅に増えているのは，それまで週 1 回（土曜日の午後）開講されていたダンスクラスが週 2 回（土曜日の午後と水曜日の夜間）開講されるようになったためである。一方，ダンスクラス 1 回当たりの平均参加者数は 2012 年度におよそ 20 名となり，以後着実にその数を増加させている。2012 年度にこの数値が前年度までに比べて一気に上昇した理由は定かでないが，筆者は次のように推測している。すなわち，上述したように，2012 年度およびその翌年度にペルナンブーコ文化奨励基金から資金援助

を受けたことがダンスクラスの安定的な運営を可能にし（実際に 2012 年度は，定例の中断期間を除いたほぼすべての土曜日にダンスクラスが開講されている），そのことが結果としてこの組織のダンスクラスに対する周囲の認知度およびそれへの参加意欲を高めたのではないかということである。更に言えば，それに伴う参加者数の増大が，2013 年度からダンスクラスの 1 週当たりの開講数をそれまでの 1 回から 2 回に増やすという判断をこの組織に下させたのではないかと筆者は考えている。

　筆者がレシーフェに滞在していた 2009 年 9 月の時点では，この組織のテルトゥリアーノ・フェイトーザ広場でのダンスクラスは，毎週土曜日の 15 時から開講されることになっていた。そしてダンスクラスでパッソを指導する教師は 4 名[注10]であった。上述の規約（第 1 章第 1 条）には「身体運動を実践可能な状態にあれば誰でも〔その活動に〕参加できる」[注11]と記されているが，ここには公衆に開かれたパッソ実践の場を切望したナシメント・ド・パッソの思いが確かに受け継がれていると言えよう。ダンスクラス開始の半時間前には，ダンス教師たちがこの組織の本部であるエドゥアルド・アラウージョの自宅から当日の活動に必要な備品[注12]を広場へと運び入れる。ここでは筆者が初めて見学したこの組織のダンスクラス（2009 年 9 月 5 日に 16 名[注13]が参加して実施された）を例に挙げる。その指導内容は概ね以下の通りであり，いずれも音響機器で音楽を流しながら実施された。なおこの組織のダンスクラスでは，フレーヴォの市立学校のような年齢別・技能水準別の指導は行われず，最初から最後まで参加者全員が同一の内容を実践する：(1) 全身の筋肉のストレッチ（約 15 分），(2) 立った姿勢を基本とする身体動作（約 40 分），(3) しゃがんだ姿勢で行う，もしくは重心位置の上下動を伴う身体動作（約 10 分）および (4) パッソの独演（約 10 分）[注14]（数日前にナシメント・ド・パッソが他界し，その葬儀[注15]が執り行われたばかりだったので，広場の一隅には「フレーヴォの学校ナシメント・ド・パッソ（Escola de Frevo Nascimento do Passo）」と金糸で刺繍を施された赤いビロード地のエスタンダルチ（第 1 章の注 8 を参照）が掲げられた）。以下，それぞれの指導内容について検討する。

　まず「全身の筋肉のストレッチ」は，活動中のけがの予防が最大の目的

図 4-2. パッソの戦士たちのダンスクラス
(2016 年筆者撮影，白いパンツを着用しているのがダンス教師である)

であり，基本的に立った姿勢で行われた。ダンスクラスの参加者はその前方に位置するダンス教師の行う動作を模倣するのだが，対象となる身体部位は手部，腕部，頸部，肩部，胸部，腰部，骨盤部，脚部そして足部と全身に及んだ。更に 2015 年 10 月から翌 16 年 9 月までのレシーフェ滞在中に筆者が参加あるいは見学したダンスクラスでは，この活動の前にダンス教師を先頭に参加者全員が一列縦隊を形成して様々なステップを踏みながら広場を縦横に移動するというウォーミングアップが行われたのであるが，筆者はその目的がパッソの身体動作の実践に先立って心拍数の上昇を促しておくことにあるのではないかと推測したのであった（筋肉のストレッチおよび空間移動を伴うウォーミングアップではフレーヴォ以外の音楽が用いられた）。次に「立った姿勢を基本とする身体動作」では，ナシメント・ド・パッソが考案した 40 種類の基本的な身体動作で構成されるルーティン（第 2 章第 2 節第 2 項および表 2-2 を参照）が忠実に指導された。当日筆者が撮影したビデオ映像を見直すと，ダンス教師のヴァウデミーロ・

ネト（Valdemiro Neto）が一つ一つの身体動作についてそれを行う上での要点をかなり丁寧に説明しながら指導している様子が確認できた。そして「しゃがんだ姿勢で行う，もしくは重心位置の上下動を伴う身体動作」では，その種の身体動作を四つ組み合わせた連続動作[注16]が指導されたが，そのために参加者を三つのグループに分けて交替でその連続動作を行わせた（筆者の体験から言っても，この種の身体動作は特に大腿部前面の筋肉群に大きな負荷が掛かるため，これを長時間連続して行うことは難しいのである）。最後に「パッソの独演」であるが，ここではダンス教師も含めて参加者全員が直径10メートル程度のロダ（roda）と呼ばれる円陣を形成して手拍子を打ち，その中に一人ずつ入って順番に演技を披露した。第2章第2節第3項で確認したように，パッソの独演では，参加者一人一人がその日の活動で学習した内容をそれまでに蓄積した自らの身体知と結び付けながら他者の前での演技に反映させるのである。(2) および (3) の活動を行う過程において参加者が個々の身体動作の基本から逸脱している場合には適宜ダンス教師がそれを修正するが，パッソの独演では誰もが互いの演技をあるがままに尊重する。パッソというダンスに必要欠くべからざる要件は，踊り手の自発性とその演技に現れる個性であるからに他ならない。なお，2009年9月の時点では実施されていなかったが，2015年および翌16年に筆者が参加したダンスクラスにはクーリングダウンとして新たな内容が付け加えられていた。すなわち (5) パッソ以外の民衆舞踊[注17]の身体動作である。これは，それぞれの民衆舞踊の経験者（パッソの戦士たちのダンス教師ではなくダンスクラスの参加者（すなわち生徒）である場合もある）の身体動作を模倣して踊る（この時にはそれぞれの民衆舞踊に固有の音楽が用いられる）というもので，エドゥアルド・アラウージョ[12]によれば，パッソとは異なるリズムで動作を行うことによる身体のリラックスがその目的であるという。第2章第2節第4項で確認したように，上記の (1) および (5)，すなわちパッソの身体動作およびフレーヴォという音楽を伴わないウォーミングアップとクーリングダウンはナシメント・ド・パッソの指導法には含まれていない内容である。そのような内容がナシメント・ド・パッソの指導法の継承を標榜するパッソの戦士たちのダンスクラスに

組み込まれるに至った経緯を筆者は確認できていない。しかしながら，この状況を次のように解釈することは可能であると思われる。すなわち，ナシメント・ド・パッソの指導法の根幹を形成する上記(2)，(3)および(4)の活動を忠実に実践した上で，その指導法になお不足していると彼ら自身も認めた内容がその前後に追加されているということである（これまでのレシーフェ滞在中に，筆者は何度か，エドゥアルド・アラウージョからパッソの戦士たちの活動内容についてフレーヴォの研究者としての見解を求められたことがある。本章第3節第3項でも指摘するのだが，この組織は部外者の発言や意見にも虚心坦懐に耳を傾けるだけの謙虚さを持ち合わせている。そうであるとすれば，上記(1)および(5)の内容が付加された理由が，純粋に内発的なものというより外部からのアドバイスに従った結果であった可能性も否定できないように思われる）。

　2003年にナシメント・ド・パッソがフレーヴォの市立学校を退任して後，第3章第3節第1項で確認したように，その学校では彼の指導法からの脱却が図られ，一方でこれまで本章で見てきたように，パッソの戦士たちの活動ではその指導法の継承が目指された。それから10数年を経た今日，その当時はまったく対照的な立場を取るかに思われた両者の指導法を改めて比較してみると，相違点ばかりではなく共通点も見出せることが明らかである。重要な相違点としてここでは以下二点を指摘するに留める。一つは，ナシメント・ド・パッソが考案した40種類の基本的な身体動作で構成されるルーティンを実施するか否かである（ナシメント・ド・パッソの指導法の代名詞とも言えるこの活動を前者は放棄し，後者は忠実に実践している）。そしてもう一つは，前者が「街頭で踊られるパッソ」に加えて「舞台で演じられるパッソ」も指導の対象にしているのに対し，後者は飽くまでも「街頭で踊られるパッソ」の指導に留まっていることである（すなわち，前者はナシメント・ド・パッソの在任中には決して行われることのなかったパッソの身体動作の振付を採用し，後者はそれを拒否し続けている）。また共通点についてもここでは重要であると思われる以下二点を指摘しておく。一つはパッソの身体動作を伴わないウォーミングアップおよびクーリングダウンの導入であり，もう一つはパッソの演技を構成する個々の身体

動作の反復練習およびパッソの独演の実施である。すでに第3章第3節第1項でフレーヴォの市立学校のダンスクラスについて検討した際にも指摘したところであるが，ナシメント・ド・パッソがパッソの演技からそれを構成する身体動作を抽出してそれに個別の名称を与え，そのようにして収集された身体動作を新たに設定された学校という枠組みにおける指導内容として教材化したことが今日のパッソ指導の原点となっている。彼の指導法を忠実に実践するか否かという問題とは別に，このような彼の貢献に両者の指導法が立脚しているという事実は改めて確認される必要があろう。

　本項を閉じるにあたり，ナシメント・ド・パッソの指導法の継承を標榜するパッソの戦士たちのダンスクラスを2015年10月から翌16年9月まで継続して参与観察した経験から筆者自身が抱いた疑問とその疑問に対するダンス教師ラエルスィオ・オリンピオ・アギアール（Laércio Olímpio Aguiar）の見解を記し，パッソの戦士たちのパッソ指導について考える手掛かりとしたい。筆者は彼に以下のような質問を行ったのであった：

　　パッソというダンスには様々な身体動作があるが，学習者にはそれぞれ得意・不得意がある。例えばリガドゥーラ（Ligadura：連結の意）[注18]という身体動作があるが，私はこれを正確に行うことができない。なぜなら股関節の柔軟性が乏しいからだ。つまり学習者それぞれの身体的な条件により，すべての学習者がダンスクラスで提示されたすべての身体動作を行うことができるわけではないということだ。股関節の柔軟性や脚力の強靭さを必要とする身体動作をすべての学習者に一様に行わせることに無理はないのであろうか。

この質問に対する彼の回答は以下のようなものであった：

　　ナシメント・ド・パッソの方法論には40種類の基本的な身体動作〔第2章第2節第2項を参照〕というものがあり，これは学習者すべてが実践すべき内容だ。しかしながらリガドゥーラ，ロコモチーヴァ（Locomotiva：機関車の意）[注19]のような身体動作はそれには含まれて

おらず，すべての学習者が実践しなければならない内容ではない。人間は一人一人がそれぞれ身体的な制約を抱えており，特定の身体動作を行うことが困難な場合にはその個性が尊重されるべきだ。個々の学習者の現状を確認した上で，我々ダンス教師はその原因を解消するための援助を行う[13]。

彼のこの回答だけでは納得できない思いが筆者には残った。パッソの戦士たちのダンスクラスの特徴の一つは，小学校年齢の子どもたちから高齢者まで，参加者すべてがその開始から終了まで同一の内容を実践することである（これは第3章第3節第1項で確認した，年齢別・技能水準別を基本に開講されるフレーヴォの市立学校のダンスクラスとの大きな相違点である）。そしてパッソの戦士たちのダンスクラスには常に4名のダンス教師が配置されていることも，他所のダンスクラスには見られない特色であろう。であるとすれば，ダンスクラスの参加者すべてが一斉に行うナシメント・ド・パッソが考案した40種類の基本的な身体動作で構成されるルーティンとパッソの独演との間に行われる活動（具体的には，しゃがんだ姿勢で行う，もしくは重心位置の上下動を伴う身体動作）に関しては，その日の参加者を幾つかのグループに分け，参加者それぞれの技能水準や希望に即した内容をグループごとに指導するという選択肢もあるのではなかろうか。特にまだ日差しが厳しい土曜日の午後におよそ2時間半に渡って行われるダンスクラスの場合，子どもたちから高齢者まで，参加者全員が同一の内容を一様に実践することにはいささか無理があるように筆者には感じられた（なお，誤解を避けるために補足すれば，パッソの独演には相応の時間が必要であるため，適宜差し挟まれる水分補給のための休憩を除いたダンスクラスの開始から終了まで，参加者が常に動き続けているわけではない）。筆者は，この形態でダンスクラスを開講する意図についてこの組織の関係者に確認できていない（ひょっとするとこの指導形態は，かつてナシメント・ド・パッソが実践していたものを単にそのまま踏襲しているに過ぎないのかもしれない[注20]）。とは言え，1年を通じてこの組織の活動に関与した筆者には，参加者を一律化して指導するメリットが那辺にあるのか，その点が率直な疑問として

残った。

第 2 項　ダンスグループとしての活動

ダンスグループ「パッソの戦士たち」は，毎週土曜日の午後および水曜日の夜間にテルトゥリアーノ・フェイトーザ広場で行われているパッソ指導の活動へのダンス教師を含めた参加者たちによって構成されている（この組織のウェブサイト[14]によれば，2017 年 8 月時点の構成員は 14 名であり，エドゥアルド・アラウージョが演出（direção geral）を務めていた）。その結成にあたっては，それを主導した面々が，ダンス研究者にして振付家でもあるアナ・ヴァレリア・ヴィセンチ（Ana Valéria Vicente）の『フェルヴォ（Fervo：無秩序や騒動の意）』というスペクタクル[注21]に出演したことが契機となっている。彼らはその出演に向けて 6 分間の試験的な作品を制作し，そのスペクタクルの冒頭で上演したのである。パッソの戦士たちのウェブサイトによれば，その後『オ・フレーヴォ（O Frevo：オはポルトガル語の男性名詞に付される定冠詞）』と命名されることになるその作品は「パッソの戦士たちが成し遂げた研究活動の成果としてこれまでに研究者たちの手で書き残されたフレーヴォの歴史を要約して舞台化した」[15]ものであった。筆者も 2015 年 10 月から翌 16 年 9 月までのレシーフェ滞在中に都合 3 回[注22]その上演に立ち会った。2016 年 5 月 21 日に実施したエドゥアルド・アラウージョへの聞き取り調査に際し，筆者がこのダンスグループとその作品について尋ねたところ，彼は次のように回答した：

> ダンスグループ「パッソの戦士たち」は〔振付けられた〕作品を上演するための公演を中心に活動する舞踊団ではない。我々は招待を受けた場所でパッソの指導を行うとともにその作品〔オ・フレーヴォ〕の上演を行う。勿論その作品が創られた当初と現在ではその構成に幾らかの変化が見られ，また新たに付け加えられた要素もあるが，基本は変わらず，フレーヴォの歴史がその一貫したテーマである。すなわち，カポエイラに始まり，1940 年代そして 50 年代のパスィスタを経て現在へと至る情景が，それぞれの時代の音楽とともに再現され

る[16]。

　更に彼は，当初6分間であったこの作品の上演時間が25分にまで延長されていること，そしてその上演場所が劇場，ホテル，街頭，広場など多岐に渡ることを付け加えた[注23)]。ここでは，ダンスグループ「パッソの戦士たち」が，舞台で上演する振付作品を相次いで制作しては公演活動を行うレパートリー舞踊団とは異なる存在であることを確認しておく。このダンスグループの上演作品は，レシーフェの歴史家，ジャーナリスト，芸術家などからも少なからぬ注目を集めた。ここでは，劇作家，俳優，作曲家などの肩書を持つレイナウド・ヂ・オリヴェイラ（Reinaldo de Oliveira）が2008年2月13日付けのフォリャ・ヂ・ペルナンブーコ紙（Folha de Pernambuco）に寄稿した記事の一節を引用し，このダンスグループの取り組みについて考える手掛かりとしたい：

　〔『フェルヴォ』というスペクタクルの〕公演における驚きは「パッソの戦士たち」というパスィスタの一団であった。そのすべてが私を身震いさせた。そこには本物のパスィスタの，残念ながら希有なものになりつつある手本があった。それぞれが，あらかじめ考えられた振付ではなく，それぞれの直感の趣くままにパッソを演じた。ヴァウデマール・ヂ・オリヴェイラ（Valdemar de Oliveira）はその著書『フレーヴォ，カポエイラそしてパッソ（Frevo, Capoeira e Passo)』の中でパッソを演じる人物の姿を描いている。パッソとはフレーヴォの演奏に合わせて踊られるダンスであり，パッソにあってすべては，オーケストラが『コメ・イ・ドルミ（Come e Dorme：食べて眠れの意)』『ゴストザゥン（Gostosão：色男の意)』あるいは『ヴァソウリーニャス〔のマルシャ第1番〕（Vassourinhas：小さな箒を意味するカルナヴァル団体の名称)』のような曲目を演奏して誘うときに生み出される衝動性，自発性そして創造に他ならない。パスィスタはどこで自らの動作を止めるのかを知る由もなく，飛び跳ねながらダンスを踊る。それはまるで，トロンボーンやコルネットから地面に撒き散らされる数多の音符を両

足で踏みつぶそうとしているかのようである。すぐ隣でパスィスタが行っているそのような行為を迷惑に思う者など誰もいない。重要なのはその瞬間にパスィスタが何を創造するかである[17]。

　筆者は，第2章第2節第3項においてナシメント・ド・パッソの指導法に言及した際，パッソの独演においてはそれぞれの演者の個性が重要である旨を指摘したのだが，レイナウド・ヂ・オリヴェイラはそのことを，フレーヴォの演奏に誘われて「生み出される衝動性，自発性そして創造」という言い回しで置き換えたと考えられよう。更に言えば，パスィスタには演じようとする意識すら必要ではなく，フレーヴォの演奏に触発されることでパッソを踊らずにはいられない心持ちになり，結果としてその瞬間に何かが生み出されるとする主張であるようにも思われる。いずれにせよ，レイナウド・ヂ・オリヴェイラはダンスグループ「パッソの戦士たち」の演技に，残念ながら今や失われつつあると彼が考えるパッソの真髄を見て取った。彼はこれまでに本書でも度々その著作を参照したヴァウデマール・ヂ・オリヴェイラの子息にしてフレーヴォという民衆芸能の研究者でもある。そのことを勘案すれば，「それぞれが，あらかじめ考えられた振付ではなく，それぞれの直感の趣くままにパッソを演じた」というその記述は，恐らく彼の目には振付と映る他の舞踊団の作品と「パッソの戦士たち」のそれとの相違点を明瞭に指摘したものである。

　3回に渡って筆者が立ち会ったこの作品の上演時間は10分から15分程度，また出演者数は10名前後であった。そしてこれらすべての上演に際してはジョゼ・ベゼーラ・ダ・シウヴァ（José Bezerra da Silva）の率いるオーケストラ（Orquestra do Maestro Lessa）が音楽を生演奏し（すなわちダンスグループ「パッソの戦士たち」とこのオーケストラとの間にはすでにその交流を通じて一定の相互理解が成立しているものと推測される），不特定多数の観衆が周囲を取り巻く空間の中で演技が行われた。作品の構成は概ね次のようなものであった。すなわち，まず2名のカポエイラ役が登場してカポエイラ術による格闘の場面が演じられ，その後は1940年代の出で立ち（図2-2を参照）をしたパスィスタたちの独演と彼らが密集状態を形成

図 4‑3. ダンスグループ「パッソの戦士たち」の実演
（2016 年筆者撮影，中央はルセリア・アウブケルケ・ヂ・ケイロース）

して押し合いへし合いする場面（いわゆるフレーヴォ）が交互に繰り返されるというものである（図 4‑3 を参照）。音楽はまず 19 世紀のドブラード（Dobrado：第 1 章の注 17 を参照）が，そしてそれ以降はフレーヴォ・ヂ・ルア（Frevo de Rua：第 1 章の注 26 および注 28 を参照）が演奏された。エドゥアルド・アラウージョが「カポエイラに始まり，1940 年代そして 50 年代のパスィスタを経て現在へと至る情景が，それぞれの時代の音楽とともに再現される」[注24]と述べたように，彼らの作品に時代背景を勘案した一定の演出は見て取れるが，レイナウド・ヂ・オリヴェイラも指摘するように，その中に振付は一切存在しない。出演者は，自らの気の趣くままにカポエイラ術の身体動作を，あるいはパッソのそれを行うのである（そこには上記第 3 節第 1 項で指摘したように，パッソの身体動作を振付には利用しない，言い換えれば，パッソは振付けられるべきダンスではないというパッソの戦士たちならではの無言の主張が込められているように筆者には感じられる）。言うまでもなく，踊り手たちは無意識下でオーケストラの演奏する

音楽に反応していることであろう。一方でオーケストラの指揮者は，カポエイラやパスィスタの演技を視覚的に確認しながらその演奏に反映させていることであろう（ここには，フレーヴォという音楽とパッソというダンスを生み出した20世紀初頭のレシーフェのカルナヴァルの街頭におけるカポエイラと楽隊を彷彿とさせる関係性が見て取れよう）。すなわちこの作品が上演される時空間では，踊り手と演奏者，更にはそれを取り巻く群集（あるいはそれを見つめる観客）がそれぞれの役割を図らずも適切に遂行した結果として生ずる非言語的な相互作用の成立することが重要になる。それ故，上演の時間と場所，すなわち毎回異なるその上演環境がこの作品の出来栄え（もしそれを客観的に評価する必要があるとすればだが）には少なからぬ影響を及ぼすものと考えられる。気分の高揚した踊り手，演奏者そして群集（あるいは観客）の織り成す相互作用が最高潮に達するとき，それは正に古のフレーヴォの再現あるいは復活と呼ぶに相応しいのではあるまいか。

第3項　フレーヴォに関する研究活動

　パッソの戦士たちの研究活動の中心を担うのはこの組織の代表を務めるエドゥアルド・アラウージョである。1997年に生徒としてフレーヴォの市立学校のダンスクラスに参加した彼は，ナシメント・ド・パッソとの出会いを契機としてペルナンブーコの民衆文化に傾倒するようになった[18]。彼はフレーヴォの市立学校において，またテルトゥリアーノ・フェイトーザ広場での活動においてもダンス教師を務めるだけの力量を備えていたが，2016年9月の時点ではその役割を離れてパッソの戦士たちの組織運営の職務に専念していた。この組織の活動が円滑に進行するよう様々な案件[注25]に対応するのが今日の彼の役割である。彼の組織運営者としての有能さは，彼が，次項で検討する「トロッサ・カルナヴァレスカ・ミスタ・オ・インデセンチ（Troça Carnavalesca Mista o Indecente）」[注26]というカルナヴァル団体の主宰者を兼務していることからも窺い知れよう。

　前項で言及したダンスグループ「パッソの戦士たち」の制作作品がフレーヴォの歴史の忠実な再現を目指していたとすれば，そのために綿密な時代考証が行われたはずである。事実前項で確認したように，その作品は

「パッソの戦士たちが成し遂げた研究活動の成果として」誕生したものであった。2009 年 9 月にエドゥアルド・アラウージョの自宅を訪問した際，彼は数多くの文献を示しながら，フレーヴォの歴史に関する自らの研究について筆者に説明してくれた。そしてその研究成果は，この組織のウェブサイトを通じて外部にも発信されている。また本節第 1 項で言及したこの組織の規約（第 1 章第 15 条）には「〔テルトゥリアーノ・フェイトーザ広場で〕パッソの指導を受ける者たちには，フレーヴォやカルナヴァルの歴史，またナシメント・ド・パッソの業績に関する理論的な情報が補完的に提供される」[19] と記されており，この組織によるパッソの指導が身体運動を通じた文化の継承だけに留まらないことを示している[注27]。またこの組織では 2011 年以来「パッソの実験室（Laboratório do Passo）」という活動を不定期で実施している。これは，かつて演じられていたが今日では消失してしまったパッソの身体動作を再発見して復活させようという取り組みである。2015 年 10 月から翌 16 年 9 月にかけての筆者のレシーフェ滞在中にエドゥアルド・アラウージョが手渡してくれたホチキス止め 4 枚綴りの資料[20] には，この取り組みによって再発見された 7 種類の身体動作[注28] の名称およびその概要が記されている。この組織の研究活動に関して更にもう一つ指摘すべきは，フレーヴォという民衆芸能に自らの人生を捧げてきた先達との交流を積極的に求め，その教えを請おうとする謙虚な姿勢である。パッソの戦士たちのウェブサイトにはそのような先達との出会いの数々が紹介されている。2009 年 9 月および 2011 年 8 月の現地調査の折，エドゥアルド・アラウージョの計らいで，長年フレーヴォという民衆芸能の実践に携わってきた二人の人物[注29] に対する聞き取り調査を筆者も実施することができた。

　これらの活動実践を通観してみると，パッソの戦士たちの過去に対する敬意と学びの姿勢が鮮明に浮かび上がる。その姿勢は，パッソの継承と普及に果たしたナシメント・ド・パッソの長年に渡る貢献が果敢なくも消失しつつある状況への失望と憤りからこの組織が結成された経緯にもすでに見て取れよう。エドゥアルド・アラウージョの言葉には過去へ引きこもろうとする懐古趣味は微塵も感じられない。彼らは間違いなく未来を見据え

て現在を生きているのだが，そのための道標として進んで過去に学ぼうとする，筆者にはそのように感じられた。

第4項　カルナヴァル団体としての活動

前項でその名称に言及したトロッサ・カルナヴァレスカ・ミスタ・オ・インデセンチというカルナヴァル団体は，フレーヴォという民衆芸能に対するナシメント・ド・パッソの熱い思いに触発された彼の教え子たち[注30]の手で2000年に結成された（以下これを「トロッサ・オ・インデセンチ」と表記する。なお，この団体は法人格を保有している）。このカルナヴァル団体の結成はパッソの戦士たちの結成に5年先立っており，厳密に言えば，この団体の活動とパッソの戦士たちのそれとは異なる脈絡に位置付けられるべきものであろう。しかしながら，それぞれの結成に関わった人物が完全に重複していること，そしてこのカルナヴァル団体の街頭行進が本節第1項および第3項で述べた活動と決して無関係ではないことから本章における検討対象とした。

ルセリア・アウブケルケ・ヂ・ケイロース[21]によれば，その結成時にこの団体が掲げた目標の一つは，レシーフェ市内各地区で行われる街頭のカルナヴァルを促進・普及・強化することであった（加えてこの団体は，パスィスタがダンスの専門家として相応に評価されるべきこと（そこにはパスィスタという存在が歴史的に軽視されてきたとの彼らの認識がある）を主張し，その実現を目指しているという）。この団体が初めてカルナヴァルの街頭行進[注31]を行ったのは2003年である。その後2005年から2008年までは連続して街頭行進を行ったが，2009年以降2012年までの4年間[注32]街頭行進は実施されなかった。その理由は街頭行進を行うに足るだけの資金を確保できなかったことである（エドゥアルド・アラウージョ[22]によれば，2009年のカルナヴァルに向けてこの団体が街頭行進を計画した際に見積もった経費はおよそ8,000レアル[注33]であったが，その確保がままならず計画は見送られた）。上述したように，この団体が「地域密着型のカルナヴァル」[注34]を標榜するのであれば，街頭行進のための費用をその地域に暮らす人々から小口で募ることもできるのではないか。筆者はそのようにエドゥアルド・ア

図 4-4. トロッサ・オ・インデセンチのエスタンダルチ
(2009 年筆者撮影，左がジウ・シウヴァ，右がエドゥアルド・アラウージョ)

ラウージョに問い掛けてみたが，地域住民のささやかな善意だけでは必要な経費は到底賄い切れるものではなく，何らかの組織体[注35]など外部からの大口の資金援助が欠かせないというのが彼の回答であった。このような状況に対し，エドゥアルド・アラウージョ[23]は強い違和感を表明する。すなわち，トロッサ・オ・インデセンチのような地域密着型の活動に対する公的支援を拡充すべきではないかとして現行のレシーフェ市のカルナヴァル運営（具体的には，カルナヴァル期間中レシーフェ市中心部のマルコ・ゼロ広場（Praça do Marco Zero：ペルナンブーコ州の道路元標が位置する）に設営される巨大な舞台でショーを行うブラジル国内でも有名なアーティストたちに多額の報酬が支払われていること，またレシーフェ市が市内数か所の会場で開催するカルナヴァル団体の街頭行進のコンテストに参加しなければ公的助成金が支給されない現状を指す）に改善を訴えるのである[注36]。

　ナシメント・ド・パッソと考えを同じくするパッソの戦士たちは，本章の第 2 節で記したように，フレーヴォをカルナヴァルという限定的な時空

間から解き放つことをその目標に掲げているのだが，それは決してカルナヴァルの街頭におけるパッソの実践を軽視するものではない（2016年5月21日に筆者が実施した聞き取り調査の際に，エドゥアルド・アラウージョにとってカルナヴァルとは何かと質問したところ，彼は「すべてだ。カルナヴァルがあるから我々は存在している」[24]と回答した）。トロッサ・オ・インデセンチによる地域密着型の街頭行進は，パッソの戦士たちが年間を通じて実践しているパッソの指導や研究活動の成果を自ら確認するとともに，それを地域住民に披露するための晴れ舞台であると考えることができる。すなわち，パッソの戦士たちおよびトロッサ・オ・インデセンチは相互補完的な関係にあり，それぞれの活動が十全に機能することが双方の掲げる目標の実現には欠かせないと思われる。

第4節　本章のまとめ

　本章では，フレーヴォという民衆芸能，別けてもパッソというダンスの継承と普及を志向するナシメント・ド・パッソの教え子たちの手で2005年に結成されたパッソの戦士たちという組織に焦点を当てた。そして2009年，2011年および2015年から翌16年にかけて筆者が実施した現地調査，この組織のウェブサイト，更にこの組織の結成に関わったルセリア・アウブケルケ・ヂ・ケイロースが自らこの組織を分析した論文等から得られた情報を手掛かりに，この組織の結成の経緯およびその活動目標を明らかにした上で，フレーヴォという民衆芸能の継承と普及に向けたこの組織の取り組みについてその実態を検討した。

　パッソの戦士たちは，ナシメント・ド・パッソの構想したフレーヴォという民衆芸能の将来像に共感した彼の教え子たちが，ナシメント・ド・パッソのフレーヴォの市立学校からの退任を切っ掛けとして自発的に結成した組織である。フレーヴォをカルナヴァルという時空間に限定することなく年間を通じてパッソを実践できる安定した環境を確保するという活動目標の実現に向け，彼らは自らも深く関与することでその価値を確信しているナシメント・ド・パッソのダンス指導法を継承する。毎週土曜日の午後

およひ水曜日の夜間にレシーフェ市内イポードロモ地区のテルトゥリアーノ・フェイトーザ広場で実施されている一般市民を対象としたパッソの指導では，体系化された方法論による学習者の技能の向上のみならず，ロダ（円陣）の中での独演を通じてそれぞれの演者の個性の追求が目指されていることを確認した。一方でナシメント・ド・パッソの指導法には含まれていなかったウォーミングアップやクーリングダウンの活動を取り入れるなど，彼の指導法の忠実な実践を基本としながらも，パッソの戦士たち内部での判断に基づく主体的な改革の姿勢も見て取れた。またこの組織は過去に学ぼうという謙虚な姿勢でフレーヴォに関する研究活動を行い，その成果をダンスグループおよびカルナヴァル団体としての活動に反映させている。ダンスグループ「パッソの戦士たち」は，パッソの振付作品を上演するのではなく，研究活動を通じて確認されたフレーヴォの歴史を，パスィスタとしての自らの経験に基づいて直感的に身体を動かすことで再現しようと試みている。他方，カルナヴァル団体「トロッサ・オ・インデセンチ」は，レシーフェ市内各地区で展開されるカルナヴァルの街頭行進の促進・普及・強化をその結成時の目標の一つに掲げており，この団体による地域密着型の街頭行進は，パッソの戦士たちが年間を通じて実践しているパッソ指導や研究活動の成果を自ら確認すると同時に地域住民に披露するための場として機能すべきものであると考えられる。取り分け一般市民に対するパッソ指導とカルナヴァル団体としての活動を円滑に遂行するには資金面の裏付けが欠かせないが，そのための経費を活動への参加者たちには負担させないという原則を遵守する中で安定した外部資金の確保がままならず，苦しい組織運営を慢性的に余儀なくされている。

　パッソの戦士たちを結成に至らしめたのは，その教え子たちのナシメント・ド・パッソに対する揺るぎない信頼と敬意，そして 2003 年に彼がフレーヴォの市立学校を退任するのに伴ってパッソ指導に関するその業績が消失してしまうことへの遣る方ない失望と憤りであった。その点でこの組織の結成の経緯は他に類を見ない特殊な事例と言えよう。とは言え，これもまたフレーヴォという民衆文化の継承を志向してそのための活動に地道に取り組む地元民の姿に他ならない。様々な困難に直面しながらも自らの

掲げた理想の実現を真摯に追求する彼らの姿勢は，民衆文化の主体は飽くまでも民衆であるという至極当然の前提を改めて我々に思い起こさせてくれる。この組織は2009年にナシメント・ド・パッソが他界して後も，生前の彼の教えを拠り所に粘り強い活動を続けており，その活動に対する周囲の認知度と評価も，この組織のダンスクラスへの参加者数の増加に見られるごとく，徐々にではあるが着実に高まっていると考えられる。ナシメント・ド・パッソから直接指導を受け，その教えを忠実に実践しようとする者の数がこのダンスの現場から今後確実に減少する現実に思いを馳せるとき，自らの体験を踏まえて彼のダンス指導法を継承するこの組織の果たす役割は決して小さくなかろう。この組織の結成からすでに10年以上の歳月が経過したが，ナシメント・ド・パッソから直接指導を受けた世代による同志の輪の拡大に向けた努力が次の世代にどのように受け継がれてゆくのかを見届けるには，今少し時間が必要であろう。

第4章 注

注1) パッソの戦士たちについて調査するためのレシーフェ滞在期間は以下の通りである：2009年8月29日から9月17日まで，2011年8月7日から8月25日まで，そして2015年10月4日から2016年9月25日まで。

注2) 2018年現在のパッソの戦士たちのウェブサイトのURLはhttp://www.guerreirosdopasso.com.br/である。

注3) この組織の結成に関わったのは，エドゥアルド・アラウージョ（Eduardo Araújo），ジウ・シウヴァ（Gil Silva），ヴァウデミーロ・ネト（Valdemiro Neto）そしてルセリア・アウブケルケ・ヂ・ケイロース（Lucélia Albuquerque de Queiroz）である。

注4) ナシメント・ド・パッソが退任して後のフレーヴォの市立学校の運営にまつわるパッソの戦士たちのこのような受け止めに関して，筆者はレシーフェ市の関係部局やこの学校の関係者に確認のための聞き取り調査を行ってはいない。そのため双方の事実認識には隔たりのある可能性がないとは言えない。しかしながら，本章の主眼は飽くまでもパッソの戦士たちという組織についての検討にあるので，ここでは彼らの解釈に基づいた記述を行っている。

注5) このことは本章の「引用および参考資料」欄の1)に記したルセリア・アウブケルケ・ヂ・ケイロースの論文の題目『パッソの戦士たち：抵抗のための増殖（Gurreiros do Passo：Multiplicar para Resistir）』にも明示されている。

注6) ケイロースのこの記述からも，2003年にナシメント・ド・パッソがフレーヴォ

の市立学校の副校長の職を辞したことを契機として，彼の業績（なかんずくそのダンス指導法）に対する批判的評価が少なからず表明された状況が窺い知れるように思われる。

注7）　トロッサ（Troça）とは，フレーヴォを演奏するオーケストラとパッソを演じるパスィスタを伴って街頭を行進するカルナヴァル団体の一形態である。そしてカバスーダという団体名には「処女」という意味がある。

注8）　2009年8月1日付けで制定されたこの規約は全四章から成り，第1章から第3章までは，それぞれ「生徒たち〔パッソの指導を受ける者たち〕」「ダンスグループの構成員たち」および「ダンス教師たち」に関する条項で構成されている。そして第4章にはこの規約の改定の手続きが記されている（パッソの戦士たちのウェブサイト（http://guerreirosdopasso.blogspot.jp/p/regulamento.html：2012年6月7日参照））。

注9）　この時点ではまだエドゥアルド・アラウージョとジウ・シウヴァはフレーヴォの市立学校のダンス教師を務めていたからである（しかしながら，ナシメント・ド・パッソの方法論（特に彼の指導法の代名詞とも言える40種類の基本的な身体動作で構成されるルーティン）を用いた指導は禁じられていた）。そのため，2005年12月10日にテルトゥリアーノ・フェイトーザ広場でのダンスクラスが開始されて後も，最終的に彼らがこの学校を離れることになる2006年4月11日まで，彼らはこの学校を舞台にパッソの戦士たちとして隠密裏にパッソ指導を行っていたのである。すなわち2005年12月10日から2006年4月11日までのおよそ4か月間，パッソの戦士たちのパッソ指導はフレーヴォの市立学校およびテルトゥリアーノ・フェイトーザ広場で並行して行われていたことになる。

注10）　本章の注3にこの組織の結成に関わった人物として氏名を記した4名である。なお2016年9月に筆者が帰国の途に就く際には，この組織のダンス教師の顔触れは，ヴァウデミーロ・ネト，ルセリア・アウブケルケ・ヂ・ケイロース，リカルド・ナポレアゥン（Ricardo Napoleão）そしてラエルスィオ・オリンピオ・アギアール（Laércio Olímpio Aguiar）の4名に変わっていた（ジウ・シウヴァはペルナンブーコ州内陸部への移転を機にすでにこの組織を離れており，エドゥアルド・アラウージョはこの組織の運営の職務に専念していた）。この4名の中でラエルスィオ・オリンピオ・アギアールはナシメント・ド・パッソの教え子ではない。彼は幼い頃から母親や母方の祖父に連れられフォリアゥン（第2章の注29を参照）としてカルナヴァルの街頭でパッソの技能を身に着けたパスィスタで（学校あるいはダンスクラスでパッソを学ぶことが一般化した今日，彼のような経歴を有するパスィスタの存在はむしろ珍しいと思われる），今日に至るまでフォリアゥンとしての生活（彼の場合，平日の日中は電気工として働き，夜間や休日にフレーヴォに関わるイベントへと足を運ぶ）を継続している。フォリアゥンの生活実態とはいかなるものなのか，またそのような経歴を有する彼が，40歳を過ぎてからナシメント・ド・パッソの指導法を実践するパッソの戦士たちの活動に参加するに至った経緯とはいかなるものなのか，これらの

点に興味を抱いた筆者は，2016年5月28日に彼に対して聞き取り調査を実施した。以下に記すのは筆者の後者の疑問に対する彼の回答である：

　　私はパッソの戦士たちの活動を5年前〔2011年〕に知った。私が40歳の時だ。私はずいぶん前からナシメント・ド・パッソの方法論の存在を知ってはいたが，私には興味のないことだった。と言うのは，私は街頭で〔フォリアゥンとして〕活動していたからだ。ダンスクラスに参加することなど私には面倒臭いことだった。パッソ〔の技能〕は街頭で身に着けるものだと思っていたからだ〔正にこの彼の考え方こそが，ヴァウデマール・ヂ・オリヴェイラ（第2章の注26を参照）やジョゼ・フェルナンド・ソウザ・イ・シウヴァ（第2章の注19を参照）が指摘した他者の演技の観察に基づく伝統的なパッソの技術の習得法に他ならない〕。そのような折，私はインターネットでパッソの戦士たちの『オ・フレーヴォ〔本章第3節第2項を参照〕』というスペクタクルを見た。そこには帽子を被って雨傘を手にしたパスィスタ，そしてカポエイラたちの姿があった。それは私の祖父や母が1930年代や40年代に目撃したと私に話してくれた情景の再現だった。そのことに興味を抱いた私は，インターネットでパッソの戦士たちの活動を調べてこの〔テルトゥリアーノ・フェイトーザ〕広場にたどり着いた。ここへ来てみて，パッソの戦士たちとはナシメント・ド・パッソの教え子たちであることを知った。ヴァウデミーロ〔・ネト〕，エドゥアルド〔・アラウージョ〕，ルセリア〔・アウブケルケ・ヂ・ケイロース〕そしてジウ〔・シウヴァ〕，彼らはみな私を快く受け入れもてなしてくれた。私はその〔パッソの戦士たちという〕ダンスグループ〔本章第3節第2項を参照〕の活動に参加することになった。〔パッソの戦士たちが開講する〕ダンスクラスにではない。そして雨傘を手に，カポエイラの横で，長ズボンを履き，破れた上着を着てその時代〔1930年代および40年代〕の伝統的なパッソを演じた。しかしながら，このスペクタクルを演じるにあたり，パッソの戦士たちの面々はナシメント・ド・パッソの方法論に基づいてパッソを実践していた。そこで私もその方法論の下でパッソを学んでみた結果，その実践が好きになった。パッソの戦士たちに出会うまで，私はパッソの指導法とは無縁であった。生まれてから40年経って，私は少しずつ〔ダンスクラスで〕パッソを学び始めた。そしてロジャゥン（Rojão：花火の意），トラメーラ（Tramela：木製の錠の意），リガドゥーラ（Ligadula：連結の意），これらの身体動作を学ぶことが好きになった。そのような学習を継続して現在は〔ダンスクラスの〕教師を務めている。私は街頭のフォリアゥンであることに加えて，ナシメント・ド・パッソの方法論でパッソ指導を行う教師となった。私にとってはこの上ないことだ。

注11）　しかしながら年少者に関しては一定の制限を設けており，この規約の第1章第3条には「7歳未満のいかなる子どもも活動への参加は認められない」と記されている。またそれに続く第4条では，7歳以上11歳以下の子どもの場合，ダンスクラスへの参加にあたっては保護者による同伴が必要である旨が規定されている（パッソの

戦士たちのウェブサイト（http://guerreirosdopasso.blogspot.jp/p/regulamento.html：2012 年 6 月 7 日参照））。

注 12）　具体的には，ダンスクラスの参加者に貸与するためのソンブリーニャ（通例ソンブリーニャは参加者が持参するものである。ダンスクラスの主催者がその参加者にソンブリーニャを貸与する他の事例を筆者は寡聞にして知らない），コンパクトディスクで音楽を流すための音響機器，飲料水の入ったタンク，そしてその日のダンスクラスへの参加者が署名するためのノートブックなどである。

注 13）　その中で小学校年齢の子どもは 5 名であった。またこのダンスクラスへは開始時刻から終了時刻までの参加を原則とするが，途中までの参加あるいは途中からの参加も見受けられた。

注 14）　この日のダンスクラスは水分補給のための休憩時間を含め，およそ 1 時間半で終了している。この当時，ダンスクラスの終了時刻は明確には定められていなかったようである。参加者数の多寡などその日の状況次第で終了時刻には一定程度の幅があった可能性がある。一方，2015 年 10 月から翌 16 年 9 月にかけてのレシーフェ滞在中に筆者が参加あるいは見学した土曜日午後のダンスクラスでは，15 時から 18 時までの時間帯の中のおよそ 2 時間半が概ねその実施時間に充てられていた。この事実からも，この組織のダンスクラスが 2009 年当時よりも安定した状況下で実施されるようになったことが窺い知れよう。

注 15）　ナシメント・ド・パッソは 2009 年 9 月 1 日にレシーフェ市内の病院で息を引き取った。偶然にもレシーフェに滞在していた筆者は，亡くなる前日に彼を病室に見舞い，2003 年 8 月以来 6 年ぶりにして最後となった面会を奇跡的に果たすことができた。彼の葬儀は 9 月 3 日に執り行われたのだが，その際にはカルナヴァル団体の街頭行進と見紛うばかりの光景が繰り広げられた。以下はその日に筆者が記したフィールドノーツからの抜粋である：

　　　午前 8 時少し前にポウザーダ・カーザ・フォルチ〔Pousada Casa Forte：筆者の宿泊していたホテル〕を出発し，徒歩でエドゥアルド〔パッソの戦士たちの代表を務めるエドゥアルド・アラウージョ〕宅へ向かった。ナシメント先生〔ナシメント・ド・パッソ〕の葬儀に参列するためである。午前 9 時少し前に到着。そこでエドゥアルド，ルセリア〔パッソの戦士たちの結成に関わったルセリア・アウブケルケ・ヂ・ケイロース〕そしてヴァウデミーロ〔同じくパッソの戦士たちの結成に関わったヴァウデミーロ・ネト〕夫妻と都合 5 人でヴァウデミーロの運転する車に乗り込み，サント・アマーロ（Santo Amaro）墓地の近くにある斎場へと向かった。そこに先生の遺体が安置されているのである。10 分ほどで到着すると，すでにジウ〔同じくパッソの戦士たちの結成に関わったジウ・シウヴァ〕は到着していた。ナシメント先生の息子さんと娘さんにお悔やみを言い先生の遺体と対面した。遺体は斎場の奥の棺に納められ，その脇には花輪やナシメント先生を象った大きな人形が置かれていた。会葬者の中にはパシスタの衣装を身に着けた子どもたちもおり，また斎場の外には金管楽器や打楽器を手にしたオーケ

ストラの姿も見える。午前10時半頃であろうか，ナシメント先生の親族や親しい友人たち数十人が棺の周囲に集まった。そして神への祈りの言葉を唱えた後，先生を偲んで涙で言葉を詰まらせながら，先生を称えるフレーヴォを合唱した。会葬者の数も増えた午前11時，青少年からなるパスィスタの一団を先頭に，先生の棺を納めた霊柩車，何本ものエスタンダルチと件の大きな人形，その後ろにフレーヴォを演奏するオーケストラという順番で墓地への行進が始まった。数百人にも及ぶ会葬者たちもそれに続く。パッソを踊っているのはパスィスタの衣装を身に着けた青少年ばかりではない。かつてナシメント先生にその手解きを受けたのであろう中年から初老にかけてのパスィスタたちが，全身に気迫をみなぎらせてパッソを演じる姿は感動的ですらある。20分ほどでこの行列はすでに墓穴の掘られた墓地内の一角に到着した。その一角を埋め尽くした人垣（女性のすすり泣きも聞こえる）が神妙な面持ちで見守る中，棺は墓穴に納められ，その上を花輪やソンブリーニャによって幾重にも覆われた。墓所の傍らではなおパスィスタたちがパッソを演じていた。

注16）　具体的には以下に記す四つの身体動作の連続であった：(1) ファス・パッサ・パッサ・エン・バイショ（Faz passa-passa em baixo：しゃがんだ姿勢から左右の脚を交互に斜め前方へと振り上げ，振り上げた脚の下で傘通しを行う動作を反復する），(2) シューチ・ドス・ペス・パサンド・ソンブリーニャ（Chute dos pés passando sombrinha：しゃがんだ姿勢から連続してかえる跳びを行い，跳躍の度に斜め前方に蹴り出した脚の下で左右交互に傘通しを行う），(3) トラメーラ（Tramela：しゃがんだ姿勢から前後に大きく足を開いて立ち上がる動作を反復する）そして (4) トラメーラ・パサンド・ソンブリーニャ（Tramela passando sombrinha：トラメーラを行いながら足を開いて立ち上がった瞬間に傘通しを行う）。なお (4) は表2-3に示した92種類の身体動作には含まれておらず，(3) の派生型であると解釈できる。

注17）　具体的には，ココ（Coco：第3章の注9の記載を参照），マラカトゥ・ナサゥン，アフォシェー（Afoxé：序章の注6も参照のこと。その身体動作はカンドンブレーの儀式で行われる宗教的な舞踊と類似している）などが踊られていた。特にマラカトゥ・ナサゥンとアフォシェーは，パッソの瞬発的で切れのよい身体動作とは対照的に，アフリカ系の流動的でゆったりとした身体動作に特徴がある。

注18）　浮かせた両足のかかとの上に骨盤を載せて上体を安定させた状態から左右の脚を交互に側方に伸ばしては元の位置に引き寄せる動作を反復する。股関節に柔軟性が乏しい場合には上体を直立させて安定させるのが難しい。図3-2においてフレーヴォの市立学校の生徒たちが練習しているのがこの身体動作である。

注19）　浮かせた両足のかかとの上に骨盤を載せて上体を直立させた状態から左右の脚を交互に前方に伸ばしては元の位置に引き寄せる動作を反復する。直立させた上体を維持したままこの身体動作を安定的に繰り返すには，脚部および体幹部の筋肉群の強靭さが要求される。

注20）　かつてフレーヴォの市立学校でナシメント・ド・パッソの指導するダンスクラ

スに参加したルスィアーノ・アモリン（Luciano Amorim）の以下の証言はその可能性を示唆するものであろう。なお，筆者はこの情報をヴァレリア・ヴィセンチとジオルダーニ・ヂ・ソウザの共著（VICENTE, Valéria e Giorrdani de SOUZA（2015）*Frevo: para Aprender e Ensinar*, Olinda: Editora da Associação Revista; Recife: Editora UFPE, pp. 129-130.）より引用するものである：

> 1996年にはレシーフェ市によって運営される世界で最初にして唯一のフレーヴォの学校〔フレーヴォの市立学校を指す〕が〔レシーフェ市内〕エンクルズィリャーダ地区に設立されるに至った。ダンスクラスが幾つも開講され，数多くの人々がそれに参加した。特に，カルナヴァルが近付くと，その学校の生徒数は受け入れ限度を満たすまでになった。ダンスクラスに遅刻することは許されなかった。そのような場合，ナシメント・ド・パッソはそのダンスクラスを指導しなかった〔ここにもパッソ指導を行う際の彼の厳格な姿勢が見て取れよう〕。とは言え，彼が自宅に戻ってしまうことはなく，腰を下ろしてダンスクラスの様子を見つめていた。彼は「ダンスクラスを見ることによっても学びがある」と言っていた。そして実際，ダンスクラスでパッソを踊っても，その様子を座って見学しても，生徒は多くのことを学んだ。その学校では，生徒たちの間に区別は存在しなかった。全員が一緒にダンスクラスに参加した。子どもも大人も，太った者もやせた者も，背の高い者も低い者も，みな一緒だった。だが，ダンスクラスが無秩序で混乱していたとは思わないでほしい。〔中略〕〔その学校では〕誰もが自分の居場所を確保できた。決まり事と言えば，子どもたちがダンスフロアの前方に，また年長者が後方に位置することであった。生徒たちはダンス教師に向かって何列もの横隊を形成した。

この証言の最後の部分，すなわち「子どもたちがダンスフロアの前方に，また年長者が後方に位置」すること，そして「生徒たちはダンス教師に向かって何列もの横隊を形成」することは，今日のパッソの戦士たちのダンスクラスにそっくりそのまま受け継がれている。

注21）　このスペクタクルの初演は2006年9月，場所はレシーフェ市内レシーフェ地区にあるアポロ劇場（Teatro Apolo）であった。

注22）　1回目は2016年1月10日にレシーフェ市内ジャケイラ（Jaqueira）地区にあるブラジル銀行アスレティッククラブ（Associação Atlética do Banco do Brasil）において，2回目は2016年2月4日にレシーフェ市内ボア・ヴィスタ地区にあるボア・ヴィスタの母胎教会（Igreja Matriz da Boa Vista）前において，そして3回目は2016年9月4日にレシーフェ市内レシーフェ地区のリオ・ブランコ広場（Praça Rio Branco：本章の第3節第4項で言及するマルコ・ゼロ広場（Praça do Marco Zero）の正式名称）において。以上3回の上演は，いずれもレシーフェで活動するカルナヴァル団体が実施するダンスパーティ，あるいは街頭行進の場に招かれて行われた。なお，筆者の個人的な印象では，2016年のカルナヴァルの開幕を翌々日に控えた2月4日の夜間に街頭行進を行うカルナヴァル団体の出発前に数多の民衆に取り

巻かれ高揚感のみなぎる中で行われた2回目の上演が，最もこの作品の『オ・フレーヴォ』という題名に相応しく，その出来栄えも素晴らしかった。

注23) ウェブサイト (http:// guerreirosdopasso.blogspot.jp/p/regulamento.html：2012年6月7日参照) に掲載されているこの組織の規約 (第2章第8項) によれば，その上演は金銭的報酬を伴った依頼を受けて行われることもあり，そのような場合には，個々の出演者は然るべき金額を出演料として受け取ることになっている。

注24) しかしながら筆者が立ち会った3回の上演にはいずれも今日のパスィスタが登場する場面は存在しなかった。その事実について筆者はエドゥアルド・アラウージョに確認できていないが，恐らくそれぞれの上演環境に起因する制約から作品の最後の部分を省略する形で上演されたものと推測される。

注25) 具体的には，外部との交渉，ダンスクラスで使用する備品の管理，写真による活動の記録，そしてこの組織のウェブサイトの管理などである。彼がこのような業務を一手に引き受けていればこそ，この組織の他の関係者はダンス教師の役割やダンスグループでの作品上演に専心することができるのである。

注26) 団体名のインデセンチ (Indecente) には「慎みのない」「無作法な」という意味がある。

注27) 筆者は，2015年10月から翌16年9月までのレシーフェ滞在中，幾つかのカルナヴァル団体の本部に足を運ぶ機会があった。それらはいずれも本部として独立した専用の建物を保有しその設立以来長い歴史を有する地元でも有名な団体であったが，それらの本部を訪れて筆者がまず肌で感じたのは歴史の重みである (かつてその団体の活動に重要な役割を果たしたのであろう人物の写真やカルナヴァルの街頭行進で使用された歴代のエスタンダルチなどが展示されている場合もあった)。本章の注33で言及するオリンダのカルナヴァル団体トロッサ・カルナヴァレスカ・ピトンベイラ・ドス・クアトロ・カントスの代表者に聞き取り調査を行った際，筆者に強く印象付けられたのは，彼が置かれている立場に対する強い責任感である。彼の言葉からは，およそ70年に渡るこの団体の先人たちの残した歴史を現在自らが背負っており，それを次代へと確実に継承しなければならないという決意がひしひしと伝わってきた。

注28) 7種類の身体動作の名称は以下の通りである：ピアゥン (Pião：独楽の意)，カングルー (Canguru：カンガルーの意)，コイセ・ヂ・カヴァーロ (Coice de cavalo：馬の後脚蹴りの意)，コルタ・ジャカ (Corta-jaca：パラミツの実の切り落としの意)，コルタ・カピン (Corta-capim：草刈りの意)，ポンタ・ヂ・ペ・カウカニャール・エン・バイショ (Ponta de pé-calcanhar em baixo：しゃがんだ姿勢でのつま先とかかとの意)，そしてアレイジャード (Aleijado：身体障害者の意)。なお，これらはいずれも表2-3に記した92種類の身体動作には含まれていない。

注29) 一人は，2009年9月9日および2011年8月9日にその自宅を訪れて聞き取り調査を実施したジェラウド・シウヴァ (Geraldo Silva) である。彼はフレーヴォの作曲家であり，本章第3節第4項で検討するカルナヴァル団体「トロッサ・カルナヴァレスカ・ミスタ・オ・インデセンチ」のために曲を提供している。また彼が自ら主宰

第4章　フレーヴォの継承に向けた「パッソの戦士たち」の取り組み　213

するカルナヴァル団体「クルーベ・カルナヴァレスコ・オス・イノセンチス（Clube Carnavalesco os Inocentes：クルーベとはフレーヴォを演奏するオーケストラとパッソを演じるパスィスタを伴って街頭を行進するカルナヴァル団体の一形態であり，団体名のイノセンチスには「無邪気な人々」という意味がある）」の街頭行進にはパッソの戦士たちのパスィスタ（すなわちダンス教師と生徒たち）が参加する。そしてもう一人は，2011年8月24日にエドゥアルド・アラウージョ宅で聞き取り調査を行ったフェルナンド・ザカリーアス（Fernando Zacarías）である。彼はこれまで数十年に渡り，数々の名だたるカルナヴァル団体の街頭行進でポルタ・エスタンダルチ（第1章の注8を参照）の大役を果たしてきた。上述したトロッサ・カルナヴァレスカ・ミスタ・オ・インデセンチが街頭行進を行う際にも，彼にポルタ・エスタンダルチを依頼しているという。

注30）　このカルナヴァル団体の結成に関わったのは本章の注3に名前を挙げた4名であった。またその本部が置かれているのもパッソの戦士たちと同様に主宰者であるエドゥアルド・アラウージョの自宅である。

注31）　このカルナヴァル団体の街頭行進は，カルナヴァルの2週間前の土曜日あるいは日曜日に行われる。その理由は，この時期であればカルナヴァル期間中よりもオーケストラやポルタ・エスタンダルチなどの雇用費用が安く抑えられるからである。この事実から浮かび上がるように，レシーフェ市民にとってカルナヴァルの祝祭とは，行政（レシーフェ市役所）によって公示される日程に先立ってすでに始まっているのである。

注32）　その後2013年と2014年のカルナヴァルにおいてトロッサ・オ・インデセンチは街頭行進を実施できた。その理由は，本章第3節第1項に記したように，2012年から2年間に渡ってパッソの戦士たちがペルナンブーコ文化奨励基金から資金援助を受け，それをこのカルナヴァル団体の街頭行進のための費用としても充当できたからである。しかし2015年以降この団体の街頭行進は資金不足を理由に再び実施できない状況に陥っている。

注33）　レアル（real）はブラジルの現行通貨単位である。この金額を2009年9月当時の為替レートで日本円に換算するとおよそ40万円に相当するが，これが街頭行進に必要なオーケストラやポルタ・エスタンダルチの雇用，衣装の製作，飲食料の調達などの費用に充てられる。筆者は，第3章の注26で言及したカルナヴァル団体トロッサ・カルナヴァレスカ・ピトンベイラ・ドス・クアトロ・カントスの代表（presidente）を務めるジュリオ・シウヴァ（Júlio Silva）に聞き取り調査（2016年1月10日実施）を行った際，カルナヴァルの街頭行進に必要な費用についても質問した。以下はそれに対する彼の回答である。トロッサ・オ・インデセンチとはその歴史的背景と組織の規模が大きく異なるので一概に比較はできないが，参考として記す：

　　〔この団体の所在地である〕オリンダにはカルナヴァルに関する条例があり，カルナヴァル団体の活動を助成するための予算が計上されている〔因みにオリンダ市ではレシーフェ市のようなカルナヴァル団体の街頭行進のコンテスト（第2章

の注 30 を参照）は開催されていない〕。しかしながら〔毎年〕カルナヴァル期間中の月曜日に行われるこの団体の公式の街頭行進に必要な費用を賄うにはその助成金だけでは不十分である。〔2016 年のカルナヴァルの〕街頭行進にはおよそ 100,000 レアル〔聞き取り調査時の為替レートで日本円に換算するとおよそ 300 万円に相当する〕が必要であると見積もっている。その費用を何とか確保しなければ，民衆の期待している第一級の街頭行進を実現させることはできず，どこかで予算を削った伝統からは逸脱したものとなってしまう。

この回答からは，カルナヴァルの街頭行進に対するペルナンブーコ人の並々ならぬ思い入れが伝わってくる。そしてそれとともに，民衆の期待に応える街頭行進の実現に向けたカルナヴァル団体の代表としての強い決意と責任感を読み取ることができよう。

注34）　第 2 章の注 30 に記したように，レシーフェ市は毎年カルナヴァル期間中にカルナヴァル団体による街頭行進のコンテスト（このコンテストに参加する団体にはレシーフェ市から助成金が支給される）を実施するための会場を市内数か所に設定しているのだが，トロッサ・オ・インデセンチがこのような場に出向いてコンテストに参加することはない。彼らは飽くまで地元（イポードロモ地区）での街頭行進に固執する。ここではそれを「地域密着型のカルナヴァル」と表記したが，一方でレシーフェ市が開催するカルナヴァル団体のコンテストは，行政の主導による「中央集約型のカルナヴァル」と呼ぶことができよう。なお，ここで言う中央集約型のカルナヴァルは「見世物型のカルナヴァル（Carnaval Espetáculo）」と言い換えることができよう。すなわちそれは，演者（カルナヴァル団体）と観者（民衆）が空間的に明確に分離され，フレーヴォという民衆の密集状態も出現しないことを意味している。見世物型のカルナヴァルには「民衆参加型のカルナヴァル（Carnaval Participação）」という概念が対置される。これは，演者と観者の別なくカルナヴァル団体と民衆とが一体化して繰り広げられるカルナヴァルを指す。第 2 章の注 31 に記したように，レシーフェ市の北側に隣接するオリンダ市では，未だにこの種のカルナヴァルが命脈を保っている。レオナルド・ダンタス・シウヴァ（Leonardo Dantas Silva）によれば，レシーフェのカルナヴァルに民衆参加型から見世物型への移行の兆しが見え始めるのは，ペルナンブーコ・カルナヴァル連盟からレシーフェ市へとカルナヴァルの運営権限が委譲された（序章の注 15 を参照）1950 年代後半以降であったという（SILVA（1991）"Elementos para a História Social do Carnaval do Recife" In SOUTO MAIOR, Mário e Leonardo Dantas SILVA（eds.）（1991）*Antologia do Carnaval do Recife*, Recife: Editora Massangana, p. LXXXIV.）。すなわちレシーフェのカルナヴァルは，すでに 60 年以上も前から今日的状況（中央集約型あるいは見世物型のカルナヴァルの優位性）を招来する種子を胚胎していたことになる。

注35）　具体的にはレシーフェ市役所やペルナンブーコ州政府，ペルナンブーコ文化奨励基金などの文化活動支援組織，あるいはカルナヴァル団体の活動に賛同して資金援助を申し出る民間企業を指す。

注36) 同様の問題提起は，2011年8月9日に筆者が実施した聞き取り調査においてジェラウド・シウヴァ（本章の注29を参照）によってもなされた。

第4章 引用および参考資料
[1] QUEIROZ, Lucélia Albuquerque de（2009）*Guerreiros do Passo: Multiplicar para Resistir*, Monografia Apresentada Junto ao Curso de Pós-graduação em Cultura Pernambucana da Faculdade Frassinetti do Recife.
[2] QUEIROZ（2009）*ibid.*, pp. 35-36.
[3] 筆者によるエドゥアルド・アラウージョへのインタビュー（2016年5月21日実施）
[4] QUEIROZ（2009）*op.cit.*, p. 36.
[5] QUEIROZ（2009）*ibid.*, p. 40.
[6] QUEIROZ（2009）*ibid.*, p. 40.
[7] QUEIROZ（2009）*ibid.*, p. 36.
[8] 筆者によるエドゥアルド・アラウージョへのインタビュー（2009年9月6日実施）
[9] 筆者によるエドゥアルド・アラウージョへのインタビュー（2016年5月21日実施）
[10] パッソの戦士たちのウェブサイト（http://guerreirosdopasso.blogspot.jp/p/regulamento.html：2012年6月7日参照）
[11] 筆者によるエドゥアルド・アラウージョへのインタビュー（2016年5月21日実施）
[12] 筆者によるエドゥアルド・アラウージョへのインタビュー（2016年5月21日実施）
[13] 筆者によるラエルスィオ・オリンピオ・アギアールへのインタビュー（2016年5月28日実施）
[14] パッソの戦士たちのウェブサイト（http://www.guerreirosdopasso.com.br/p/blog-page_2.html：2017年8月22日参照）
[15] パッソの戦士たちのウェブサイト（http://guerreirosdopasso.blogspot.jp/p/grupo-de-danca.html：2012年6月7日参照）
[16] 筆者によるエドゥアルド・アラウージョへのインタビュー（2016年5月21日実施）
[17] OLIVEIRA, Reinaldo de（2008）"Fazer o Passo" Recife: *Folha de Pernambuco*（13 de Fevereiro）.
[18] 筆者によるエドゥアルド・アラウージョへのインタビュー（2009年9月6日実施）
[19] パッソの戦士たちのウェブサイト（http://guerreirosdopasso.blogspot.jp/p/

regulamento.html：2012 年 6 月 7 日参照）
［20］　GUERREIROS DO PASSO（sem data）*Um Documento Inédito*, sem página.
［21］　QUEIROZ（2009）*op.cit.*, p. 38.
［22］　筆者によるエドゥアルド・アラウージョへのインタビュー（2009 年 9 月 6 日実施）
［23］　筆者によるエドゥアルド・アラウージョへのインタビュー（2009 年 9 月 6 日実施）
［24］　筆者によるエドゥアルド・アラウージョへのインタビュー（2016 年 5 月 21 日実施）

終　章

第1節　結　論

　本書の目的は，レシーフェのカルナヴァルの街頭にフレーヴォという民衆芸能が出現する歴史的経緯を検証した上で，特にフレーヴォという音楽の演奏に合わせて踊られるパッソと呼ばれるダンスについて，その技術的側面および指導法の変容を中心に検討することを通じてこのダンスの今日的様相の一端を明らかにすることであった。その目的を達成するため，まず第1章において，パッソをその重要な構成要素とするフレーヴォという民衆芸能がレシーフェのカルナヴァルの街頭に出現する歴史的経緯を，序章第2節に掲げた先行研究ならびに19世紀中葉から20世紀初頭にかけてレシーフェで発行された新聞各紙の掲載記事を主たる拠り所に検証した。続く第2章では，20世紀後半を代表するパッソの名手にしてこのダンスの指導者として有名なナシメント・ド・パッソという人物に着目し，彼の活動に言及した文献資料ならびにこれまでの筆者の現地調査で得られた情報を主たる手掛かりとして，その半世紀に渡る活動実践，取り分け彼の考案した指導法を詳らかにするとともに，彼の協力の下に撮影されたビデオ映像からパッソを構成する身体動作およびそれを組み合わせることで成立するパッソの演技について分析した。次いで第3章では，1996年にレシーフェ市がパッソの継承と普及を目的に設立したフレーヴォの市立学校に着目し，特にナシメント・ド・パッソが2003年に退任して以降のその活動実態について，レシーフェ市役所のウェブサイトに掲載された情報，そして筆者によるこの学校での参与観察および学校関係者への聞き取り調査の結果を踏まえ，その解明を試みた。最後に第4章では，ナシメント・

ド・パッソの教え子たちによって 2005 年に結成されたパッソの戦士たちという組織に着目し，ナシメント・ド・パッソの指導法を一貫して継続しているこの組織の取り組みについて，この組織に関する論文，この組織のウェブサイト，そしてこの組織の活動現場で筆者が行った参与観察および組織関係者への聞き取り調査から得られた情報を手掛かりに検討した。以下にその結果を要約する。

　フレーヴォという民衆芸能は 20 世紀初頭のレシーフェのカルナヴァルの街頭に出現したと考えられるが，そこに至る前提として二つの要因を指摘すべきであろう。一つは 1850 年代以降のカルナヴァルの街頭における秩序化の促進，すなわち無秩序で破壊的なエントゥルードから組織化された街頭行進への祝祭形態の変化である。そしてもう一つは 19 世紀後半にはすでにその兆候が見られたアフリカ系経済的貧困層の社会的台頭である。1880 年代後半に都市労働者層が結成したクルーベス・ペデストレスと呼ばれるカルナヴァル団体の登場は，レシーフェの民衆を新たなカルナヴァルの祝祭行為（その種のカルナヴァル団体の街頭行進に同行して浮かれ騒ぐこと）へと駆り立てた。ここにフレーヴォと呼ばれる群集の熱狂的態様は出現する。この状況を創出した原動力はカルナヴァル団体の一部を構成する楽隊の演奏した音楽であった。マルシャ・ポルカ（あるいはマルシーニャ）と呼ばれたその音楽は，軍隊行進曲，そしてその当時レシーフェで流行していたダンス音楽や民衆歌謡から影響を受けていた。このマルシャ・ポルカ（あるいはマルシーニャ）を母体としてフレーヴォと呼ばれる音楽は誕生したと考えられる（その過程で歌詞は欠落しテンポは加速されることによりダンス音楽としての特徴が顕わになった）。クルーベス・ペデストレスの街頭行進にはカポエイラと呼ばれるアフリカ系のならず者たちも同行した。行進する軍楽隊の前方で武器を手にカポエイラ術の身体動作を誇示しては騒動を引き起こす彼らの姿がそれ以前から頻繁に目撃されており，カルナヴァル団体の街頭行進への同行もその延長線上に位置付けられよう。結果としてカポエイラの活動に対する警察当局の取り締まりが強化されると，その目を欺くためにカポエイラ術は後にパッソと呼ばれるダンスの身体動作へと偽装された可能性がある（カポエイラ術からパッソへの移

行の過程であからさまな武器ならびに暴力的な身体接触は姿を消した）。こうしてフレーヴォという音楽とパッソというダンスが誕生するにあたっては，カルナヴァルの街頭で楽隊とカポエイラの間に成立したであろう非言語的な相互作用が重要な役割を果たしたと考えられる。

　ナシメント・ド・パッソは，1949年にレシーフェに移り住んでから2003年にフレーヴォの市立学校を退任するまで，半世紀以上に渡り一貫してフレーヴォという民衆芸能に関与し続けた。1950年代末にはダンスコンテストでの活躍を通じてすでにパスィスタとしての名声を確立していた彼は，パッソの実践の場をカルナヴァルの街頭から劇場の舞台にまで拡大した立役者の一人であった。フレーヴォという民衆芸能に対する彼の最大の貢献は，従来パスィスタ同士の眼差しの交換，すなわち互いの演技の直接的な観察を通じて暗黙裡に行われていたパッソの技術の習得を，学校という場を設定するとともにそこでの指導法を考案することにより，年間を通じて誰もが安定的・効率的に行える環境を整備したことであろう。彼の指導法の斬新さは，パッソの演技からそれを構成する個々の身体動作を抽出し，それぞれに名称を付して教材化したことに見られよう。加えて，学校という場でのパッソ指導にあたっては，それを固定化された技術体系の合理的伝達に留めることなく，その先には学習者それぞれの演技を通じての個性の発露が期待されていたことを強調すべきであろう（彼は「すべての人間は自らのリズムの中に固有の創造性を育む能力を備えている」ことを確信していた）。彼の副校長への就任に伴い，その指導法はレシーフェ市の安定した財政基盤を後ろ盾とするフレーヴォの市立学校へと引き継がれたが，その結果，ナシメント・ド・パッソという人物およびその指導法には少なからぬ権威性が付与されることで広く社会に認知されるに至ったと考えられる。

　パッソの身体動作ならびにその独演を記録したビデオ映像の分析から，本書では立った姿勢およびしゃがんだ姿勢がこのダンスの基本姿勢であると解釈した。また2拍周期をその典型とする動作の反復，動作の反復により喚起される左右対称性，足関節の屈曲あるいは伸展を伴う意図的な足部の強調，そして両脚の間にソンブリーニャを通す動作（傘通し）の挿入の

四つを，パッソの身体動作に見られる特徴として指摘した。一方でパッソの独演に関しては，パスィスタにはその演技の中で小刻みに身体動作を切り替える傾向が顕著であること，身体動作の組み合わせ方には明瞭に各人の嗜好が反映されると考えられること，概してより難度の高い身体動作を試みる傾向が認められること，パッソの独演における個々の身体動作の出現頻度には相当程度の差が生じること，そして合理的な指導法を有する学校での教育には複数のパスィスタをして類型化された身体動作の組み合わせへと向かわせる契機となる可能性があることを指摘した。年齢差という観点から成人年齢の熟練者と小学校年齢の経験者の独演を比較したところ，前者の方が演技中に用いる身体動作の種類の重複が少ない傾向，そして基本姿勢で行う身体動作および傘通しを伴う身体動作を多用する傾向が認められた。一方で後者には前者よりも演技中に重心位置の上下動を伴う身体動作を多用する傾向が認められた。また性差という観点から男性の独演者と女性の独演者の演技を比較したところ，女性には基本姿勢で行う身体動作を多用する傾向が，一方で男性には重心位置の上下動を伴う身体動作を多用する傾向が認められた。

　フレーヴォの市立学校は「ペルナンブーコの文化の保護に貢献すること」を目的として1996年3月に設立された。設立当初の運営目標は「〔レシーフェ〕市内の学校に通う児童・生徒の中から400名を〔この学校のダンスクラスに〕受け入れること，およびカルナヴァルに向けてソンブリーニャと仮面を製作するための講習会の場を提供すること」であったが，2008年5月時点のそれでは，パッソの価値の向上と普及という従来の目標に，その実践を通じて実現されるべき新たな内容（踊り手と指導者の養成，生徒の能力の開発，そして社会的包摂と所得の創出）が付加されていた。この学校の新旧二人の校長への聞き取り調査から，これらの目標の達成に向けた三つの主要な活動内容（ダンスクラスにおけるパッソの指導，学校内に設置された舞踊団の活動，そして各種イベントにおけるパッソの実演）が確認された。まず「ダンスクラスにおけるパッソの指導」がこの学校の根幹にして最重要の活動であることに異論の余地はなく，その究極の目的はパッソという身体文化の継承と普及である。2003年にナシメント・ド・パッソが

退任して以降のこの学校のダンスクラスで用いられている指導法は，彼のそれを全面的に放棄しているわけではなく，それを改善，あるいはそれに新たな内容を付加したものであると解釈できる。また今日この学校のダンスクラスでは，従来の「街頭で踊られるパッソ」の指導だけでなく，作品の振付を通じて「舞台で演じられるパッソ」の指導が実践されている。次に「学校内に設置された舞踊団の活動」には，パッソの身体動作で構成された作品の上演を通じて，フレーヴォという民衆芸能に対するブラジル国内外の認知度を高める役割が期待されているが，それとともに舞踊団員にとってその活動は自らの踊り手としての経歴を積み重ねる場としても機能している（今日彼らには，職業舞踊家として合法的に収入を得る資格が付与されている）。最後に「各種イベントにおけるパッソの実演」は，それを行う生徒たちにとって人前で日頃の練習の成果を披露する自己実現の場としての機能を果たしていると考えられる。また一方で，レシーフェ市がフレーヴォという民衆芸能の観光資源化を目論んでいる状況下，この生徒たちの活動はパッソを外部に発信するという役割の一端も担っていると解釈できる。

　パッソの戦士たちは，ナシメント・ド・パッソがフレーヴォの市立学校を退任したのを契機として，その教え子たちが彼の意志を受け継ごうとの決意を固め2005年に結成した組織である。フレーヴォをカルナヴァルという時空間に限定することなく年間を通じてパッソを実践できる安定した環境を確保するという活動目標の実現に向け，彼らはその価値を信じて疑わないナシメント・ド・パッソの指導法を継承する。一般市民を対象としたこの組織のパッソ指導では，体系化された方法論による学習者の技能の向上のみならず，ロダ（円陣）の中での独演を通じてそれぞれの演者の個性の追求が目指されていることを確認した。一方でナシメント・ド・パッソの指導法には含まれていなかった内容を取り入れるなど，彼の指導法の忠実な実践を基本としながらも，この組織内部での主体的な改革の姿勢も見て取れた。またこの組織はフレーヴォという民衆芸能に関する研究活動を行い，その成果をダンスグループおよびカルナヴァル団体としての活動に反映させている。ダンスグループ「パッソの戦士たち」は，パッソの振

付作品を制作して上演するのではなく，その組織の研究活動を通じて確認されたフレーヴォの歴史を，パスィスタとしての自らの経験に基づいて直感的に身体を動かすことで再現しようと試みている。他方，カルナヴァル団体「トロッサ・オ・インデセンチ」は，レシーフェ市内各地区で行われるカルナヴァルの街頭行進の促進・普及・強化をその目標に掲げており，この団体による地域密着型の街頭行進は，パッソの戦士たちが年間を通じて実践しているパッソ指導や研究活動の成果を自ら確認すると同時に，地域住民に披露するための場として機能すべきものである。取り分け一般市民に対するパッソ指導とカルナヴァル団体としての活動を円滑に遂行するには資金面の裏付けが欠かせないが，安定した外部資金の確保がままならず，慢性的に苦しい組織運営を余儀なくされている。とは言え，この組織の粘り強く地道な活動に対する周囲の認知度と評価は，徐々にではあるが着実に高まっていると考えられる。

　本書では，20世紀初頭のカルナヴァルの街頭でカポエイラ術の身体動作を母体として誕生し，以来パスィスタ同士の眼差しの交換，すなわち互いの演技の観察を通じて継承されてきたパッソの技術を，学校という枠組みを設定してその指導法を考案することで誰もが年間を通じて効率的に学習できる環境を整備したナシメント・ド・パッソという人物に着目し，彼の活動実践をその原点に位置付けた。パッソの演技を構成する個々の身体動作を抽出してそれぞれに名称を付与することで教材化するという彼の着想には前例がなかった。カルナヴァルの街頭とは質を異にし，指導者と学習者が明確に区別される学校という環境でパッソを指導することに関しては地元の識者たちから懸念や批判の声も表明されたが，結果として彼は自らの指導法の有効性を副校長に任命されたフレーヴォの市立学校のダンスクラスを通じて実証したと言ってよかろう。しかしながら，その彼の2003年の唐突とも言える退任は，それまでに彼がたゆまずに構築してきたこの学校の指導法に転換を迫る契機となった。そのような状況下で新たな方向性を示したのが，この学校に舞踊団を設立するという使命を受けて着任したアレッシャンドレ・マセードであったと筆者は考えている。彼はバレ・ポプラール・ド・レシーフェというこの地を代表する民衆舞踊団で

も活躍した職業舞踊家であった。その彼の経歴はフレーヴォの市立学校舞踊団の指導に反映されただけでなく，そこで指導を受けた者たちがダンス教師を務めるこの学校のダンスクラスの指導にも少なからぬ影響を及ぼしたことであろう。そしてそれは，フレーヴォの市立学校のパッソ指導がそれまでの「街頭で踊るためのパッソ」に加えて「舞台で演じるためのパッソ」を志向する端緒になったと考えられる。一方で，ナシメント・ド・パッソの指導法は2005年に彼の教え子たちの手で結成されたパッソの戦士たちのダンスクラスに受け継がれた。今日のフレーヴォの市立学校の指導法とパッソの戦士たちのそれを比較してみると，両者は互いに全く相容れない内容で構成されているわけではないことが明らかである。双方ともにナシメント・ド・パッソの指導法を基盤としつつ，前者はそれに修正を施し，また双方がそれにそれぞれが必要と考える新たな要素を付加していると解釈できるのである。とは言え，その前提として，前者のパッソ指導が「街頭」と「舞台」という二つの方向性を視野に入れているのに対し，後者は「街頭で踊られるパッソ」の指導に専心しているという明確な方針の違いを確認しておく必要があろう。

　なお，パッソの見世物化（あるいは舞台芸術化）が進行するのに伴い，クラシックバレエやモダンダンスなど外来の舞踊芸術の影響を受けることでパッソの技術は今後ますます高度化・複雑化することが予想される。取り分け舞台芸術化されたパッソに関しては，もはや筆者が街頭のパスィスタの独演を記録したビデオ映像を用いて本書で実践したような方法でその演技を構成する身体動作を特定することは難しくなると思われる。また，パッソを「個別の運動単位〔身体動作〕を踊り手が自在に組み合わせることによって成立するダンス」と見立てることにも何らかの条件付けが必要となろう。しかしながら，パッソの演技の場が今後どのように多様化し，それに伴ってパッソの技術がどのような変化を遂げようとも，ペルナンブーコの人々の感性に裏打ちされたその演技を構成する個々の身体動作に名称を付与して教材化するというナシメント・ド・パッソの考案した方法論がこのダンスの指導の現場から放棄されることはないであろう。このことを最後に指摘して本書の結論とする。

第2節　残された課題

　本書の端緒は，筆者が初めてレシーフェを訪れた折，バレ・ポプラール・ド・レシーフェの公演でパッソの演技を観賞した1991年にさかのぼる（図2-4はその際に撮影された）。それ以来，ナシメント・ド・パッソとの出会いがあり，フレーヴォの市立学校やパッソの戦士たちの活動実践を調査する機会にも恵まれた。本書はこれらレシーフェのフレーヴォ関係者との長年に渡る交流に支えられている。序章にも記したように，今日このフレーヴォという民衆芸能はブラジルの一地方文化という枠組みを大きく乗り越えてしまっている。そのような状況下，本書はこの民衆芸能を構成するパッソというダンスの極めて限定的な側面に光を当てたに過ぎない。その意味で本書に残された課題は余りにも大きいと言わねばならないのだが，ここでは本書の内容に特に関わると考えられる以下二つの課題を指摘するに留める。

　一つは，パッソの技術についてである。1950年代のレシーフェではパッソのコンテストが頻繁に開催された。また1970年代以降バレ・ポプラール・ド・レシーフェを嚆矢として民衆舞踊団を設立する気運が高まった。これらの事実は，それまで街頭の民衆のただ中で自由気儘に踊られていたパッソに，見世物化あるいは舞台芸術化への道が開かれたことを意味している。見世物化はパッソの演者と観者の立場を明確に区分した。そして舞台芸術化に伴い，パッソの身体動作とクラシックバレエやモダンダンスなど外来の舞踊芸術の身体技法との融合が今後ますます進行すると予想される。その結果，パスィスタの演技の中で用いられる身体動作の特定はこれまで以上に難しくなると考えられる。このように高度化・複雑化することが予想されるパッソの技術の分析に今後いかに対応してゆくかは，筆者を含めたこのダンスの研究者にとって一つの大きな課題であろう。それは，外来の舞踊文化をペルナンブーコの民衆的な感性に基づいて巧みにその内部に回収してきた従来のパッソというダンスが，すでにクラシックバレエやモダンダンスなど欧米に由来する舞踊芸術の身体技法を身に着けた

踊り手の身体性といかに折り合いをつけるのかを見届ける作業であると言い換えることもできよう。

　もう一つは，パッソの指導法についてである。筆者はナシメント・ド・パッソの考案した指導法がレシーフェにおけるパッソ指導の原点であると考えている。その前提に立って本書では，この人物との関わりが深い二つの組織，すなわちフレーヴォの市立学校およびパッソの戦士たちの活動実践を取り上げた。本書には反映させられなかったが，2015 年 10 月から翌 16 年 9 月までのレシーフェ滞在中に，筆者はバレ・ポプラール・ド・レシーフェで芸術監督を務めるアンジェリカ・マドゥレイラ（Angélica Madureira：この舞踊団の創設者であるアンドレ・マドゥレイラの息女）に聞き取り調査を行っている（2016 年 5 月 23 日実施）。そして彼女が指導する民衆舞踊（パッソもその中の一要素である）のダンスクラス（これは有料である）に参加するとともに，この舞踊団のレパートリー作品の通し稽古にも足を運んで見学した。彼女によれば，この舞踊団ではダンサ・ブラズィリカ（Dança Brasílica：ブラジルのダンスの意）と呼ばれる固有の方法論（但しこれはパッソだけに特化したものではない）が実践されているという。また，クルーベ・カルナヴァレスコ・ミスト・ダス・パス・ドウラーダスというカルナヴァル団体で 2005 年からパッソ指導を行っているジェスィランヂ・モンテイロ・ゴメス（Gecilandi Monteiro Gomes）にも筆者は聞き取り調査を行う機会があった（2016 年 7 月 5 日実施）。そしてこの団体の本部で実施されている近隣住民を対象にした彼女のダンスクラス（こちらは無料である）に参加するとともに，その団体のパスィスタたちによる難度の高い練習も見学した。彼女が指導するダンスクラスではナシメント・ド・パッソの指導法が基盤になっているという。これらも今日のレシーフェにおけるパッソ指導の限られた事例に過ぎない。1970 年代以来およそ 30 年間に渡り継続されたナシメント・ド・パッソの孤高とも言える粘り強い指導実践の陰では，彼の考案した指導法を母胎とし，またそれを批判対象としつつ，このダンスに関する新たな指導法が静かに模索されていたのであり，彼がフレーヴォの表舞台を去った今世紀初頭以降になって一気にそれが表面化したというのが，本書を通じて筆者の到達したこのダンス

の指導法を巡る今日的状況である。今日のレシーフェにおいてパッソといけうダンスがどのように受け止められ継承されているのか,その全容に少しでも迫るためには,更なる地道な現地調査の継続が欠かせないと考える。

引用および参考資料一覧

【 文　献 】
ALENCAR, Adriana（2007）"Dança de Rua, Dança de Palco" *Continente Multicultural*, 74: sem página.
ANDRADE, Mário de（1948）"Cícero Dias e as Danças do Nordeste" *Contraponto*, 7: sem página.
ANDRADE, Mário de（2002）*Danças Dramáticas do Brasil*（2ª ed.）Belo Horizonte: Editora Itatiaia.
荒井芳廣（1992）「レシフェのカルナヴァルと黒人フォークロアの形成」，中牧弘允（編）（1992）『陶酔する文化―中南米の宗教と社会』東京：平凡社，pp. 85-116.
荒井芳廣（2019）『ブラジル北東部港湾都市レシフェの地方文化の創造と再創造』東京：丸善プラネット．
ARAÚJO, Rita de Cássia Barbosa de（1996）*Festas: Máscaras do Tempo. Entrudo, Mascarada e Frevo no Carnaval do Recife*, Recife: Fundação de Cultura Cidade do Recife.
ASSUNÇÃO, Matthias Röhrig（2005）*Capoeira: The History of an Afro-Brazilian Martial Art*, London and New York: Routledge.
AZOUBEL, Juliana Amelia Paes（2007）*Frevo and the Contemporary Dance Scene in Pernambuco, Brazil: Staging 100 Years of Tradition*, A Thesis Presented to the Graduate School of the University of Florida in Partial Fulfillment of the Requirements for the Degree of Master of Arts.
ブラジル日本商工会議所（編）小池洋一，西沢利栄，堀坂浩太郎，西島章次，三田千代子，桜井敏浩，佐藤美由紀（監修）（2005）『現代ブラジル事典』東京：新評論．
CÁRDENAS, Carmela Oscanoa de（1981）*O Uso do Folclore na Educação: O Frevo na Didática Pré-escolar*, Recife: Editora Massangana.
CARVALHO, Nelly, Sophia Karlla MOTA e José Ricardo Paes BARRETO（2000）*Dicionário do Frevo*, Recife: Editora Universitária da UFPE.
CASCUDO, Luís da Câmara（1967）*Folclore do Brasil*, Rio de Janeiro: Editôra Fundo de Cultura.
CASCUDO, Luís da Câmara（1993）*Dicionário do Folclore Brasileiro*（7ª ed.）Belo Horizonte e Rio de Janeiro: Editora Itatiaia Limitada.
CASSOLI, Camilo, Luís Augusto FALCÃO e Rodrigo AGUIAR（2007）*Frevo 100 Anos de Folia*, São Paulo: Timbro.
CROOK, Larry（2009）*Focus: Music of Northeast Brazil*（2nd ed.）New York and London: Routledge.

DUARTE, Ruy (1968) *História Social do Frevo*, Rio de Janeiro: Editora Leitura.
FEDERAÇÃO CARNAVALESCA PERNAMBUCANA (1938) *Anuário do Carnaval Pernambucano 1938*, Recife: Federação Carnavalesca Pernambucana.
FERREIRA, Aurélio Buarque de Holanda (1999) *Novo Aurélio Século XXI: O Dicionário da Língua Portuguesa* (3ª ed.) Rio de Janeiro: Editora Nova Fronteira.
FILHO, Ivan Moraes (2002) *É só brilho* (http://www.aponte.com.br/carnaval/esobrilho/nascimento-02-01-23.html：2003 年 2 月 18 日参照).
フレイレ, ジルベルト〈鈴木 茂 訳〉(2005)『大邸宅と奴隷小屋―ブラジルにおける家父長制家族の形成』(全2巻) 東京：日本経済評論社.
GAMA, Miguel do Sacramento Lopes (1844) "Os Nossos Devaneios do Carnaval" Recife: *Diário de Pernambuco* (14 de Fevereiro).
GUERREIROS DO PASSO (sem data) *Um Documento Inédito*.
HOLANDA FILHO, Renan Pimenta de (2010) *O Papel das Bandas de Música no Contexto Social, Educacional e Artístico*, Recife: Caldeira Cultural Brasileira.
IDG：Instituto de Desenvolvimento e Gestão (2015) *Relatório Anual de Prestação de Contas Ano 01-2014: Paço do Frevo Contato de Gestão NR 294*.
神戸周 (1989)「アメリカ黒人のダンス"Lindy Hop"についての一考察― 1920 年代及び 30 年代における Savoy Ballroom の検討」東京学芸大学紀要第5部門, 41：171-179.
KUBIK, Gerhard (1979) *Angolan Traits in Black Music, Games and Dances of Brazil: A Study of African Cultural Extensions Overseas*, Lisboa: Centro de Estudos de Antropologia Cultural.
LÉLIS, Carmem, Hugo MENEZES e Leilane NASCIMENTO (2011) *Zenaide Bezerra: No Passo da Vida...São Dois pra Lá, Dois prá Cá*, Recife: Secretaria de Cultura; Fundação de Cultura Cidade do Recife.
LEWIS, John Lowell (1992) *Ring of Liberation: Deceptive Discourse in Brazilian Capoeira*, Chicago: The University of Chicago Press.
LIMA, Cláudia (2001) *Evoé: História do Carnaval das Tradições Mitológicas ao Trio Elétrico* (2ª ed.) Recife: Editora Raízes Brasileiras.
MELO, Apolônio Gonçalves de (1966) *Recordação dos Carnavais de 1904 a 1965*, Recife: sem editora. In SOUTO MAIOR, Mário e Leonardo Dantas SILVA (eds.) (1991) *Antologia do Carnaval do Recife*, Recife: Editora Massangana, pp. 14-24.
MELO, Guto (2001) *Cultura Popular* (http://www.aponte.com.br/culturapopular/culturapopular-01-09-27.html：2003 年 2 月 18 日参照).
MELO, Mário (1938) "Origem e Significado do Frevo" In FEDERAÇÃO CARNAVALESCA PERNAMBUCANA (1938) *Anuário do Carnaval Pernambucano 1938*, Recife: Federação Carnavalesca Pernambucana, sem página.
MORAIS, Eneida da Costa (1958) *História do Carnaval Carioca*, Rio de Janeiro:

Editora Civilização Brasileira.
MOURA, Ivana (1993) "Para não Perder o Compasso" Recife: *Diário de Pernambuco* (5 de Dezembro).
MOURA, Ivana (2000) "Carnaval Precisa de Som" Recife: *Diário de Pernambuco* (28 de Fevereiro).
NASCIMENTO DO PASSO (1995) *Um Documento Inédito*.
NÚCLEO DE CONCURSOS E FORMAÇÃO CULTURAL (2010) *Relatório: Carnaval 2010*, Recife: Núcleo de Concursos e Formação Cultural; Fundação de Cultura Cidade do Recife.
OLIVEIRA, Maria Goretti Rocha de (1993) *Danças Populares como Espetáculo Público no Recife de 1970 a 1988*, Recife: O Autor.
OLIVEIRA, Reinaldo de (2008) "Fazer o Passo" Recife: *Folha de Pernambuco* (13 de Fevereiro).
OLIVEIRA, Valdemar de (1938) "O Passo: Dansa Carnavalesca Pernambucana" In FEDERAÇÃO CARNAVALESCA PERNAMBUCANA (1938) *Anuário do Carnaval Pernambucano 1938*, Recife: Federação Carnavalesca Pernambucana, sem página.
OLIVEIRA, Valdemar de (1946) "O Frêvo e o Passo, de Pernambuco" *Boletim Latino Americano de Música*, 6: 157-192.
OLIVEIRA, Valdemar de (1947) "Introdução ao Estudo do Frêvo" *Contraponto*, 4: sem página.
OLIVEIRA, Valdemar de (1948) "Conversa com Mário de Andrade" *Contraponto*, 7: sem página.
OLIVEIRA, Valdemar de (1971) *Frevo, Capoeira e Passo*, Recife: Companhia Editora de Pernambuco.
OLIVEIRA, Valdemar de (1976) "Frevo" *Folclore*, 24, Recife: Centro de Estudos Folclóricos do Departamento de Antropologia do Instituto Joaquim Nabuco de Pesquisas Sociais.
PEREIRA DA COSTA, F. A. (1908) *Folk-Lore Pernambucano*, Rio de Janeiro: Imprensa Oficial.
PEREIRA DA COSTA, F. A. (1976) *Vocabulário Pernambucano* (2ª ed.) Recife: Governo do Estado de Pernambuco; Secretaria de Educação e Cultura.
PONTUAL, Virgínia (2000) "O Urbanismo no Recife: entre Idéias e Representações" *Revista Brasileira de Estudos Urbanos e Regionais*, 2: 89-108.
PREFEITURA DO RECIFE (2006) *Dossiê de Candidatura: Frevo — Patrimônio Cultural Imaterial do Brasil*, Recife: Prefeitura do Recife.
QUEIROZ, Lucélia Albuquerque de (2009) *Guerreiros do Passo: Multiplicar para Resistir*, Monografia Apresentada Junto ao Curso de Pós-graduação em Cultura Pernambucana da Faculdade Frassinetti do Recife.

RABELLO, Evandro (1977) "Vassourinhas" *Folclore*, 28, Recife: Centro de Estudos Folclóricos do Departamento de Antropologia do Instituto Joaquim Nabuco de Pesquisas Sociais.

RABELLO, Evandro (1988) "Vassourinhas foi compositada em 1909" *Folclore*, 201, Recife: Centro de Estudos Folclóricos do Departamento de Antropologia do Instituto de Pesquisas Sociais da Fundação Joaquim Nabuco.

RABELLO, Evandro (1990) "Osvaldo Almeida: O Mulato Boêmio que não Criou a Palavra Frevo" Recife: *Diário de Pernambuco* (11 de Fevereiro).

RABELLO, Evandro (ed.) (2004) *Memórias da Folia: O Carnaval do Recife pelos Olhos da Imprensa 1822-1925*, Recife: Funcultura.

REAL, Katarina (1990) *O Folclore no Carnaval do Recife* (2ª ed.) Recife: Editora Massangana.

REGO, Waldeloir (1968) *Capoeira Angola*, Salvador: Editora Itapuã.

SANTOS, Mário Ribeiro dos (2010) *Trombones, Tambores, Repiques e Ganzás: A Festa das Agremiações Carnavalescas nas Ruas do Recife (1930-1945)*, Recife: SESC.

SETTE, Mário (1981) *Maxambombas e Maracatus* (4ª ed.) Recife: Fundação de Cultura Cidade do Recife.

SILVA, Leonardo Dantas (ed.) (1978) *Ritmos e Danças: Frevo*, Recife: Governo do Estado de Pernambuco; MEC-FUNARTE.

SILVA, Leonardo Dantas (1986) "Os Muitos Frevos de um Carnaval" Recife: *Diário de Pernambuco* (8 de Fevereiro).

SILVA, Leonardo Dantas (1990) "O Frevo Pernambucano" *Folclore*, 213/214/215, Recife: Centro de Estudos Folclóricos do Departamento de Antropologia do Instituto de Pesquisas Sociais da Fundação Joaquim Nabuco.

SILVA, Leonardo Dantas (1991) "Elementos para a História Social do Carnaval do Recife" In SOUTO MAIOR, Mário e Leonardo Dantas SILVA (eds.) (1991) *Antologia do Carnaval do Recife*, Recife: Editora Massangana, pp.XII-XCVII.

SILVA, Leonardo Dantas (2000) *Carnaval do Recife*, Recife: Prefeitura da Cidade do Recife; Fundação de Cultura Cidade do Recife.

SOARES, Carlos Eugênio Líbano (2002) "Festa e Violência: Os Capoeiras e as Festas Populares na Corte do Rio de Janeiro (1809-1890)" In CUNHA, Maria Clementina Pereira (org.) (2002) *Carnavais e Outras F(r)estas: Ensaios de História Social da Cultura*, Campinas: Editora da Unicamp, Cecult, pp. 281-310.

SOUTO MAIOR, Mário e Leonardo Dantas SILVA (eds.) (1991) *Antologia do Carnaval do Recife*, Recife: Editora Massangana.

SOUTO MAIOR, Mário (1999a) *Dicionário de Folcloristas Brasileiros*, Recife: 20-20 Comunicação e Editora.

SOUTO MAIOR, Mário (1999b) *Bibliografia Pernambucana do Folclore*, Recife: FJN, Editora Massangana.
SOUTO MAIOR, Mário e Waldemar VALENTE (eds.) (2001) *Antologia Pernambucana do Folclore 2*, Recife: FJN, Editora Massangana.
SUASSUNA, Ariano (1974) *O Movimento Armorial*, Recife: Editora Universitária da UFPE.
TELES, José (2000) *Do Frevo ao Manguebeat*, São Paulo: Editora 34.
TELES, José (2008) *O Frevo Rumo à Modernidade*, Recife: Fundação de Cultura Cidade do Recife.
TELES, José (2015) *O Frevo Gravado: De Borboleta não é Ave a Passo de Anjo*, Recife: Bagaço.
TINHORÃO, José Ramos (1998) *História Social da Música Popular Brasileira*, São Paulo: Editora 34.
VALENTE, Samuel (2001) "Frevo : É Tempo de Carnaval" In SOUTO MAIOR, Mário e Waldemar VALENTE (eds.) (2001) *Antologia Pernambucana do Folclore 2*, Recife: FJN, Editora Massangana, pp. 201-206.
VIANA, Paulo (1974) *Carnaval de Pernambuco: Suas Riquezas Folclóricos e Ritmos Característicos*, Recife: edição do autor. In SOUTO MAIOR, Mário e Leonardo Dantas SILVA (eds.) (1991) *Antologia do Carnaval do Recife*, Recife: Editora Massangana, pp. 303-316.
VICENTE, Valéria (2007) "Ensaiando o Passo" *Continente Documento*, 54: 26-30.
VICENTE, Ana Valéria (2009) *Entre a Ponta de Pé e o Calcanhar: Reflexões sobre Como o Frevo Encena o Povo, a Nação e a Dança no Recife*, Recife: Editora Universitária da UFPE.
VICENTE, Valéria e Giorrdani de SOUZA (2015) *Frevo: para Aprender e Ensinar*, Olinda: Editora da Associação Revista; Recife: Editora UFPE.
VICTOR, Lucas (2004) "Carnavais de História : Entrudeiros, Mascarados, Capoeiras e Passistas nas Folias de Momo do Recife" In RABELLO, Evandro (ed.) (2004) *Memórias da Folia: O Carnaval do Recife pelos Olhos da Imprensa 1822-1925*, Recife: Funcultura, pp. 9-34.
VIEIRA, Frei Domingos (1873) *Dicionário*, Pôrto: sem editora.
矢田部英正 (2004)『たたずまいの美学——日本人の身体技法』東京：中央公論新社.

【新聞記事】
Diário da Noite (1966 年 1 月 18 日付け)
Diário da Noite (1973 年 2 月 6 日付け)
Diário de Pernambuco (1837 年 2 月 6 日付け)
Diário de Pernambuco (1845 年 2 月 13 日付け)

Diário de Pernambuco（1853 年 2 月 14 日付け）
Diário de Pernambuco（1859 年 3 月 8 日付け）
Diário de Pernambuco（1861 年 2 月 9 日付け）
Diário de Pernambuco（1872 年 2 月 10 日付け）
Diário de Pernambuco（1887 年 2 月 17 日付け）
Diário de Pernambuco（1889 年 3 月 5 日付け）
Diário de Pernambuco（1944 年 11 月 23 日付け）
Diário de Pernambuco（1973 年 1 月 29 日付け）
Diário de Pernambuco（1988 年 8 月 21 日付け）
Diário de Pernambuco（1993 年 12 月 5 日付け）
Diário Novo（1852 年 2 月 19 日付け）
Jornal do Brasil（1989 年 1 月 22 日付け）
Jornal do Commercio（1992 年 2 月 16 日付け）
Jornal do Commercio（1993 年 12 月 6 日付け）
Jornal do Recife（1880 年 1 月 28 日付け）
Jornal do Recife（1889 年 3 月 5 日付け）
Jornal Pequeno（1907 年 1 月 24 日付け）
Jornal Pequeno（1907 年 2 月 9 日付け）
Jornal Pequeno（1908 年 2 月 12 日付け）
Jornal Pequeno（1908 年 2 月 15 日付け）
Jornal Pequeno（1909 年 2 月 22 日付け）

【ウェブサイト】
Website de Carnaxe（http://www.carnaxe.com.br/axelook/quadros/arquivos/debret_1823_scenecarnival.htm：2017 年 8 月 22 日参照）
Website da Enciclopédia Itaú Cultural（http://enciclopedia.itaucultural.org.br/obra24907/jogar-capoeira：2017 年 8 月 22 日参照）
Website da Fundação Roberto Marinho（http://www.frm.org.br/acoes/paco-do-frevo/：2017 年 7 月 1 日参照）
Website dos Guerreiros do Passo（http://guerreirosdopasso.blogspot.jp/p/grupo-de-danca.html：2012 年 6 月 7 日参照）
Website dos Guerreiros do Passo（http://guerreirosdopasso.blogspot.jp/p/regulamento.html：2012 年 6 月 7 日参照）
Website dos Guerreiros do Passo（http://www.guerreirosdopasso.com.br/p/blog-page_2.html：2017 年 8 月 22 日参照）
Website do IBGE：Instituto Brasileiro de Geografia e Estatística（https://cidades.ibge.gov.br/v4/brasil/pe/recife/panorama：2018 年 10 月 10 日参照）
Website do IBGE：Instituto Brasileiro de Geografia e Estatística（https://censo2010.

ibge.gov.br/sinopse/index.php?dados=6&uf=00：2017 年 8 月 29 日参照）
Website do IPHAN：Instituto do Patrimônio Histórico e Artístico Nacional（http://portal.iphan.gov.br/pagina/detalhes/62：2017 年 6 月 23 日参照）
Website do Paço do Frevo（http://www.pacodofrevo.org.br/：2017 年 7 月 1 日参照）
Website da Prefeitura do Recife（http://www.recife.pe.gov.br/2007/07/12/mat_145054.php：2008 年 5 月 14 日参照）
Website da Prefeitura do Recife（http://www.recife.pe.gov.br/2008/05/09/mat_162078.php：2011 年 9 月 10 日参照）
Website da Prefeitura do Recife（http://www.recife.pe.gov.br/2009/11/17/mat_169402.php：2011 年 9 月 10 日参照）
Website do Senado Federal（http://legis.senado.gov.br/legislacao/ListaPublicacoes.action?id=66049&tipoDocumento=DEC&tipoTexto=PUB：2017 年 8 月 31 日参照）
Website da UNESCO：United Nations Ecucational, Scientific and Cultural Organization（https://ich.unesco.org/en/RL/frevo-performing-arts-of-the-carnival-of-recife-00603：2017 年 6 月 23 日参照）
Website da Villa Digital administrada pela Fundação Joaquim Nabuco（http://villadigital.fundaj.gov.br/index.php/fotografias/itemlist/category/34-katarina-real：2017 年 6 月 29 日参照）
Website of Youth America Grand Prix（http://www.yagp.org/eng/index.asp：2008 年 6 月 6 日参照）

【インタビュー記録】
Entrevista de Autor ao Alexandre Macedo（2016 年 4 月 27 日実施）
Entrevista de Autor ao André Freitas（2016 年 6 月 3 日実施）
Entrevista de Autor à Angélica Madureira（2016 年 5 月 23 日実施）
Entrevista de Autor à Anna Miranda（2011 年 8 月 17 日実施）
Entrevista de Autor à Anna Miranda（2016 年 8 月 22 日実施）
Entrevista de Autor à Bárbara Heliodora（2007 年 8 月 22 日実施）
Entrevista de Autor ao Eduardo Araújo（2009 年 9 月 6 日実施）
Entrevista de Autor ao Eduardo Araújo（2016 年 5 月 21 日実施）
Entrevista de Autor à Gecilandi Monteiro Gomes（2016 年 7 月 5 日実施）
Entrevista de Autor ao Geraldo Silva（2011 年 8 月 9 日実施）
Entrevista de Autor ao Hugo Pordeus（2015 年 11 月 2 日実施）
Entrevista de Autor ao Hugo Pordeus（2015 年 12 月 2 日実施）
Entrevista de Autor à Inaê Silva（2011 年 8 月 12 日実施）
Entrevista de Autor ao João Vieira（2016 年 4 月 6 日実施）
Entrevista de Autor ao José Fernando Souza e Silva（2016 年 5 月 10 日実施）
Entrevista de Autor ao José Valdomiro（2011 年 8 月 19 日実施）

Entrevista de Autor ao José Valdomiro(2016 年 8 月 30 日実施）
Entrevista de Autor ao Júlio Silva(2016 年 1 月 10 日実施）
Entrevista de Autor ao Laércio Olímpio Aguiar(2016 年 5 月 28 日実施）
Entrevista de Autor ao Maestro Spok(2016 年 3 月 22 日実施）
Entrevista de Autor ao Nascimento do Passo(2003 年 8 月 28 日実施）
Entrevista de Autor ao Otávio Bastos(2016 年 4 月 29 日実施）

索引（事項）

【あ】

アイデンティティ　178, 179
アフォシェー　20, 211
アフリカ系　20, 24, 26, 28, 36, 47, 49, 50, 52, 53, 60, 131, 178, 180, 211, 220
アポロ劇場　212
アルモリアル運動　79, 128
安全（身体の）　100, 164, 165
一般市民／不特定多数の市民　15, 76, 77, 79, 101, 186-188, 206, 223, 224
イメージ（運動の）　83, 165
インペリオ・セラーノ（カルナヴァル団体）　177
ヴァソウリーニャス（カルナヴァル団体）　37, 44, 70, 71, 75
ヴァソウリーニャスのマルシャ第1番（作品）　22, 42, 179, 198
ウォーミングアップ　93, 100, 163-165, 192-194, 206
ウルソ（ス）（民衆芸能・団体種別）　20, 132
エアロビック体操　78, 128
エヴォルサウン（ダンス）　20
エスコーラ(ス)・ヂ・サンバ（民衆芸能・団体種別）　12, 19, 20, 75, 126, 127, 132, 177
エスタンダルチ／クルーベの旗／カルナヴァル旗　35, 38, 56, 127, 180, 181, 191, 211, 213
エントゥルード　10, 16, 25, 31-34, 53, 55, 56, 220
エンパリャドーレス（カルナヴァル団体）　39, 41
オーケストラ　22, 23, 27, 44, 60, 61, 72, 125, 127, 171, 180, 198-201, 208, 210, 211, 214

オ・フレーヴォ（作品）　197, 209, 213
オリンダ市（行政機関）　214
オリンダのヴァソウリーニャス（カルナヴァル団体）　97
オンダ　42, 97, 131

【か】

カイアドーレス（カルナヴァル団体）　37
街頭行進　5, 6, 9, 20, 24, 36-39, 41-46, 50, 53, 55, 56, 59, 60, 71, 97, 98, 127, 131-133, 170, 171, 179, 180, 203-206, 210, 212-215, 220, 224
街頭（で）のパッソ／街頭で踊られるパッソ／街頭で踊るためのパッソ　100, 157, 158, 174, 194, 223, 225
街頭文化　49
カヴァロ・マリーニョ（民衆芸能）　178
楽隊／軍楽隊　16, 35, 36, 38-46, 50, 51, 55, 57, 59, 201, 220, 221
傘通し　105, 106, 110-112, 119, 120, 122, 134, 211, 221, 222
仮装行列　10, 16, 34, 35
楽器編成　43, 60, 61
学校（パッソを指導するための）　8, 14, 17, 19, 23, 27, 67, 76, 77, 80, 82, 83, 92, 95, 113, 121, 122, 128-131, 155-157, 186, 195, 208, 221, 222, 224
学校化（パッソの）　14, 27, 130
学校教育　13, 23, 24, 27
可動域（身体の）　153
カニンデース（カルナヴァル団体）　75
カポエイラ　12, 16, 26, 28, 43, 45, 46, 48-53, 55, 56, 59, 62, 72, 82, 124, 156, 197, 199-201, 209, 220, 221
カポエイラ術　12, 16, 26, 46-48, 50, 52, 53, 55, 61, 62, 129, 155, 162, 178, 199, 200, 220, 224

索引（事項）　237

カボクリーニョス（民衆芸能・団体種別）　20, 24, 75, 131, 178
仮面舞踏会　10, 16, 33-35, 56
カーラ・ドゥーラ（カルナヴァル団体）　38
カルナヴァル　5, 6, 8-11, 14, 16, 19, 20, 23-25, 27, 28, 31-39, 41-43, 45, 50, 53, 55, 56, 58-60, 67, 68, 71-73, 77, 79, 97, 121-125, 127, 129, 131, 132, 138, 140, 143, 155, 156, 169, 171, 173, 175, 176, 179, 186, 188, 189, 201-206, 208, 212-215, 219-224
カルナヴァル団体　5, 6, 9, 10, 19, 20, 22, 24, 25, 35-39, 41-44, 50, 53, 55, 56, 59, 60, 71, 72, 75, 97, 98, 121, 123, 127, 131, 132, 170, 177, 179, 180, 186, 187, 198, 201, 203, 204, 206, 208, 210, 212-215, 220, 223, 224, 227
観光資源／観光資源化　7, 171, 174, 223
観察（演技の）　19, 73, 81, 91, 92, 121, 128, 131, 209, 221, 224
観者／観客／観衆　73, 74, 91, 125, 133, 153, 157, 170, 172, 199, 201, 215, 226
カンドンブレー　129, 178, 211
技術的側面（パッソの）　9, 17, 67, 101, 121, 219
偽装　52, 53, 55, 220
技能水準　144, 146, 148, 164, 191, 196
基本姿勢（パッソの）　102, 118, 119, 122, 221, 222
強化（腹筋や背筋の）　131, 152, 153, 157, 163
教材／教材化　82, 121, 155, 159, 195, 221, 224, 225
教師（パッソの）　92, 124, 130, 131, 140-142, 144, 151-154, 159, 161, 166, 169, 175, 176, 184, 185, 191-193, 195-197, 201, 208, 209, 212-214, 225
強靭さ（筋力の）　133, 154, 156, 195, 211
共和政　37, 49, 62
近接性（身体動作間の）　90

近代主義　123
クァドゥリーリャ（音楽・ダンス）　41, 42, 58
クァドゥリーリャ（民衆芸能）　176
屈曲（足関節の）　103, 122, 221
クーリングダウン　157, 165, 193, 194, 206
クルーベ（ス）・アレゴリコ（ス）　36-38, 56
クルーベ・オス・イノセンチス（カルナヴァル団体）　214
クルーベ（ス）・ヂ・アレゴリーア・イ・クリチカ（団体種別）　20, 56
クルーベ（ス）・ヂ・フレーヴォ（団体種別）　5, 20, 24, 43, 60, 75, 123, 127, 131-133
クルーベ（ス）・ヂ・ボネーコ（団体種別）　20, 131, 133
クルーベ・ドス・アズクリンス（カルナヴァル団体）　35
クルーベ（ス）・ペデストレ（ス）　37, 38, 42, 43, 50, 53, 55, 57, 59, 60, 220
軍事政権　76, 126, 127
経験／体験（パスィスタとしての）　79, 91, 100, 161, 206, 224
経済的中間層／中層階層　25, 169
経済的貧困層／経済的貧困状態　34, 36, 45, 56, 126, 140, 169, 172, 173, 220
経済的富裕層／富裕層　10, 16, 25, 32-38, 41, 49, 53, 56
芸術的な表現　164, 165
継承（パッソの）　17, 19, 24, 67, 73, 78-83, 121, 129, 137-139, 142, 155, 171, 173, 183, 184, 202, 205, 206, 219, 222, 224, 228
けがの予防　153, 191
健康の増進　77-79, 150
公現祭　37
講習会　138, 140, 143, 173, 175, 222
行進曲／軍隊行進曲　5, 16, 41, 55-57, 220
巧緻性　133, 154
合理化／合理性／合理的　82, 83, 91, 92,

112, 121, 122, 153, 221, 222
国際連合教育科学文化機関（UNESCO）　6, 21, 132, 139, 145, 171
黒人王　56, 62
国立先住民保護財団（FUNAI）　68
国立歴史芸術遺産院（IPHAN）　6, 7, 21, 139, 145
ココ（ダンス）　176, 211
個性（演者の）／個性的　73, 81, 82, 92, 93, 121, 193, 196, 199, 206, 221, 223
コルダゥン　131
コンクール　167, 179
コンゴス（民衆芸能）　52, 62
コンテスト（カルナヴァル団体の）　19, 20, 60, 97, 121, 123, 131-133, 177, 204, 214, 215
コンテスト（パッソの）　14, 72-75, 121, 125, 221, 226
コンテストならびに文化教育実施本部　132
コンテンポラリーダンス　161, 167, 176

【さ】

最低賃金　168, 170, 175
サヴォイ・ボールルーム　60
作品発表会　143, 158, 159, 174-176
砂糖（の）生産／砂糖農園　4, 5, 31, 48, 49, 51, 52, 62
左右の切り替え　103
30種類の基本的な身体動作（ナシメント・ド・パッソの）　83, 93, 130, 133
サンタ・イザベウ劇場　56, 58, 74
サンバ（音楽・ダンス）　19, 75
資金援助（外部からの）　169, 187, 188, 190, 204, 214, 215
自己実現　172, 174, 223
四旬節　19, 31, 55
実演（パッソの）　132, 142, 170-174, 222, 223
指導内容　144, 151, 156, 163, 166, 191, 195
指導法（アレッシャンドレ・マセードの）　164, 166
指導法（ナシメント・ド・パッソの）　17-19, 27, 82, 92-94, 99-101, 121, 154, 156-158, 165, 166, 173, 178, 183, 193-195, 199, 205-208, 219-221, 223-225, 227
指導法（パッソの）　9, 17, 67, 100, 112, 121, 122, 209, 219, 221, 222, 224, 227, 228
指導法（フレーヴォの市立学校の）　99, 101, 151, 152, 158, 164, 173, 194, 195, 223-225
自発性／自発的　14, 59, 73, 92, 98, 127, 128, 130, 131, 193, 198, 199, 205
社会的包摂　138, 140, 172, 173, 222
しゃがんだ姿勢　102, 114, 116, 118, 122, 124, 133, 134, 151, 152, 154, 176, 191, 193, 196, 211, 213, 221
社交ダンス　167
シャシャード（ダンス）　176
ジャズダンス　167
重心位置の上下動／上下方向への重心移動　106, 116, 118, 119, 122, 152, 154, 176, 191, 193, 196, 222
集団演技／集団的なダンス　38, 59, 98, 128, 133, 156, 176, 179
柔軟性（身体の）　131, 133, 153, 154, 177, 195, 211
祝祭形態　10, 11, 16, 25, 31, 33-36, 53, 220
出現頻度（身体動作の）　110, 114, 116, 119, 120, 122, 222
瞬発力／瞬発的　116, 134, 153, 211
ジョアキン・ナブーコ財団　96
衝動性　198, 199
職業舞踊家　100, 133, 165, 166, 168-171, 174, 223, 225
植民地時代　4, 10, 16, 31, 37, 62, 122
助成／助成金　24, 79, 124, 127, 204, 214, 215
ショティッシュ（音楽）　57
所得の創出　138, 140, 172, 173, 222
ジョルナウ・ド・コメルスィオ（JC）紙

78, 129
ジョルナウ・ド・ブラジル紙　78
ジョルナウ・ド・レシーフェ(JR)紙　37, 45, 51
ジョルナウ・ペケーノ(JP)紙　39, 41
序列集団　60, 132, 133, 177
ジンガ　50, 62
身体技法　101, 125, 178, 179, 226
身体接触（暴力的な）　52, 55, 221
身体知　91, 166, 193
身体動作　6, 8, 13, 15, 17, 27, 43, 46, 48, 50, 52, 53, 55, 59, 61, 62, 67, 72, 78, 82, 83, 90-94, 97, 99-103, 105, 106, 108-110, 113, 114, 116, 118-122, 124, 125, 128-130, 133, 134, 151-159, 161-166, 174, 176-178, 191-196, 200, 202, 209, 211, 213, 219-226
伸展（足関節の）　103, 109, 114, 122, 134, 178, 221
シンメトリー／左右対称性　103, 122, 133, 134, 221
人類無形文化遺産　6, 21, 139, 145, 171
スウィング（音楽）　60
ストレッチ（筋肉の）　93, 94, 131, 151-153, 157, 163-165, 177, 191, 192
生計を立てる（ダンス・音楽で）　23, 75, 126, 168-170
性差　119, 122, 222
総合的方法　164
相互作用（非言語的な／無意識的な）　43, 51, 55, 59, 60, 201, 221
創造／創造性／創造力／創造物／創造的　59, 72, 73, 92, 121, 126, 130, 131, 198, 199, 221
即興／即興性／即興的　14, 59, 60, 73, 91, 98, 106, 120, 155, 156
即興演技　90, 165, 166
ソンブリーニャ　52, 62, 80, 95-97, 103, 105, 106, 110, 120, 122, 125, 134, 138, 173, 175, 177, 180, 210, 211, 221, 222

【た】
第31回オリンピック競技大会　6, 59, 179
大衆文化　72, 127
立った姿勢　102, 110-112, 114, 116, 118, 122, 134, 151-154, 176, 191, 192, 221
タップダンス　167
ダンサ・ブラズィリカ　227
ダンス音楽　16, 41, 43, 45, 55, 58, 60, 220
ダンスクラス　82, 83, 90, 91, 93, 99, 124, 128, 129, 131, 137, 138, 140-146, 148, 150-159, 162-164, 166, 169, 173-177, 183, 188-193, 195, 196, 201, 207-213, 222-225, 227
団体種別　20, 60, 75, 132, 133, 177
ヂアリオ・ダ・ノイチ紙　75, 125
ヂアリオ・ヂ・ペルナンブーコ(DP)紙　26, 32-35, 37, 55, 57, 76, 77, 79, 97
ヂアリオ・ノヴォ紙　56
地域主義／地域主義運動　72, 123
地域密着型　203-206, 215, 224
中央集約型　215
跳躍力　177
直観／直観的　198, 199, 206, 224
帝政／帝政期　16, 37, 49, 62
テルトゥリアーノ・フェイトーザ広場　187, 188, 191, 197, 201, 202, 206, 208, 209
伝統主義　25
同業者組合　37, 41
独演（パッソの）　91, 92, 98, 101, 106, 109, 110, 112-114, 116, 118, 119, 121, 122, 133, 134, 152, 154-156, 161, 166, 191, 193, 195, 196, 199, 206, 221-223, 225
独舞　27, 155, 156
都市労働者層／下層中産階級　28, 37, 38, 41, 53, 220
ドブラード（音楽）　41, 50, 200
トリーボ(ス)・ヂ・インヂオ（民衆芸能・団体種別）　20, 132
奴隷／黒人奴隷　5, 36, 45, 48, 49, 51, 52,

61
奴隷制度／黒人奴隷制度　37, 49, 51, 61
トロッサ（ス）（団体種別）　20, 131, 133, 208
トロッサ・ア・カバスーダ（カルナヴァル団体）　187
トロッサ・オ・インデセンチ（カルナヴァル団体）　201, 203-206, 213-215, 224

【な】

ナポレオン戦争　57, 58
南米のヴェネチア　4, 39
熱帯冬雨気候　3
年齢差　119, 120, 122, 222

【は】

パス／パス・ドウラーダス（カルナヴァル団体）　39, 57, 75, 132, 227
パスィスタ　11, 12, 19, 52, 53, 59, 62, 71-76, 79, 81, 82, 91, 94-98, 105, 106, 109, 110, 113, 114, 120-122, 124, 125, 127, 128, 130-134, 156, 157, 171, 177, 178, 186, 197-201, 203, 206, 208-211, 213, 214, 221, 222, 224-227
パッソ（ダンス）　6-9, 11-17, 19, 20, 22, 23, 25-27, 43-45, 51-53, 55, 59, 60, 62, 67, 68, 71-83, 90-103, 105, 106, 110, 118, 120-122, 124-134, 137-139, 141, 142, 144, 145, 148, 150-180, 183, 184, 186-189, 191-202, 205, 206, 208, 209, 211, 212, 214, 219-228
パッソ・ド・フレーヴォ（文化施設）　6, 8, 22, 164, 171
パッソの王様　75, 94
パッソの実験室　202
パッソの十戒　77, 78
パッソの戦士たち　15, 18, 19, 101, 123, 124, 131, 169, 183-188, 193-198, 200-210, 212, 214, 220, 223-227
パッソの戦士たち（ダンスグループ）　186, 197-199, 201, 206, 208, 209, 213,
223
ハバネラ（音楽）　58
パラグアイ戦争　46, 61
パルキ劇場　178
バレエ／クラシックバレエ／クラシックダンス　110, 124, 125, 130, 133, 165, 167, 176, 178, 179, 225, 226
バレ・ブリンカンチス・ヂ・ペルナンブーコ（舞踊団）　27, 133, 178
バレ・ポプラール・ド・レシーフェ（舞踊団）　27, 79, 80, 100, 133, 159, 165, 178, 224, 226, 227
パントマイム　162
反復（動作の）　100, 102, 103, 106, 110-112, 114, 122, 133, 152, 154, 165, 195, 211, 221
ピトンベイラ・ドス・クアトロ・カントス（カルナヴァル団体）　179, 213, 214
ファヴェーラ　126
フェスタ・ジュニーナ　175
フェルヴォ（作品）　197, 198
フォリアゥン　42, 131, 208, 209
フォリャ・ヂ・ペルナンブーコ紙　198
負荷（身体への）　15, 100, 152, 193
普及（パッソの）　14, 15, 17, 78-81, 83, 95, 127, 129, 137-139, 142, 155, 160, 171, 173, 183, 184, 202, 205, 219, 222
舞台芸術／舞台芸術化　153, 179, 225, 226
舞台作品化　155, 159, 177
舞台でのパッソ／舞台で演じられるパッソ／舞台で演じるためのパッソ　99, 158, 174, 194, 223, 225
復活祭　19, 143, 188
舞踊芸術　179, 225, 226
舞踊文化　125, 183, 226
ブラジル先住民　5, 24, 68, 75, 176
ブラジル無形文化遺産　6, 7, 21, 22, 139, 145
振付（パッソの）　80, 155, 158, 159, 166, 174, 176, 178, 194, 198-200, 206, 223

索引（事項）　241

ブレイクダンス　167
フレーヴォ（音楽）　7-9, 11-13, 16, 22-24, 26, 27, 42-45, 55, 58-60, 71-73, 77, 93, 97, 103, 121, 123, 126, 127, 132, 153, 164, 170, 171, 179, 180, 192, 193, 198, 199, 201, 208, 211, 213, 214, 219-221
フレーヴォ（祝祭形態）　8, 10, 12, 16, 20-22, 25, 26, 39-42, 45, 52, 55, 57, 131, 132, 180, 200, 201, 215, 220
フレーヴォ（民衆芸能）　5-9, 11-13, 16, 17, 19-22, 24-27, 31, 32, 43, 45, 53, 67, 68, 71-76, 79, 92, 94, 97, 99, 120, 121, 124-128, 132, 133, 139, 145, 159, 167, 170, 171, 174, 178, 183, 184, 186, 189, 194, 197, 199, 201-206, 208, 219-221, 223, 224, 226, 227
フレーヴォ・カンサゥン（音楽）　42, 58, 59
フレーヴォ・ヂ・ブローコ（音楽）　20, 58, 59, 165
フレーヴォ・ヂ・ルア（音楽）　16, 20, 43, 44, 58, 59, 151, 153, 180, 200
フレーヴォの学校　6, 17, 27, 76, 80, 129, 130, 137, 138, 160, 161, 191, 212
フレーヴォの市立学校　17-19, 23, 81, 82, 92-94, 99-101, 113, 121, 126, 128, 129, 133, 137-140, 142-144, 146, 148, 150-152, 154-164, 166-180, 183-189, 191, 194-196, 201, 205-208, 211, 212, 219, 221-227
フレーヴォの市立学校舞踊団　99, 133, 141, 142, 158, 160-164, 166-168, 170, 173, 174, 177-179, 222-225
フレーヴォの誕生100周年　23, 56, 167
ブローコ（ス）／ブローコ（ス）・ヂ・パウ・イ・コルダ（民衆芸能・団体種別）　20, 131
プロスィサゥン・ドス・ファラーポス（作品）　27, 162, 164
分析的方法　164
ブンバ・メウ・ボイ（民集芸能）　52, 122

ペルナンブーコ・カルナヴァル連盟　8, 9, 24, 25, 123, 215
ペルナンブーコ・コンヴェンションセンター　80, 180
ペルナンブーコ州／ペルナンブーコ州政府　21, 25, 126, 169, 215
ペルナンブーコ州舞台芸能関係者組合（SATED-PE）　168
ペルナンブーコ州立文書館　26, 56
ペルナンブーコ文化奨励基金（Funcultura PE）　187, 190, 214, 215
ペルナンブーコ連邦大学　100, 128, 133
ボイ（民衆芸能）　68
ボイ（ス）・ヂ・カルナヴァル／ボイ（ス）・ド・カルナヴァル（民衆芸能・団体種別）　20, 68, 122, 132
方法論　67, 82, 106, 128, 130, 186, 187, 195, 206, 208, 209, 223, 225, 227
ポルカ（音楽）　38, 41, 42, 57, 58
ポルタ・エスタンダルチ／旗持ち　38, 56, 181, 214
ポルトガル人　4, 5

【ま】

マシーシ（音楽）　41
マズルカ（音楽）　57
眼差しの交換　19, 73, 81, 121, 221, 224
マラカトゥ　26, 36, 49, 53, 56, 61
マラカトゥ・ナサゥン（民衆芸能）　5, 20, 24, 56, 178, 180, 211
マラカトゥ（ス）・ヂ・バッキ・ヴィラード（団体種別）　20, 131
マラカトゥ（ス）・フラウ（フライス）／マラカトゥ（ス）・ヂ・バッキ・ソウト（民衆芸能・団体種別）　20, 131
マルコ・ゼロ広場／リオ・ブランコ広場　204, 212
マルシーニャ（音楽）　42, 43, 55, 56, 58, 59, 220
マルシャ（音楽）　38-42, 45, 56, 59
マルシャ・ポルカ（音楽）　42, 43, 55, 56,

58, 59, 220
見世物化／舞台化／見世物的　14, 76, 157, 158, 197, 225, 226
見世物型　215
民衆／民衆的　10, 16, 19, 20, 23, 28, 34, 38, 39, 41, 45, 46, 53, 57-59, 72-74, 97, 123-128, 132, 186, 207, 212, 215, 220, 226
民衆音楽　16, 58, 60
民衆歌謡　38, 41, 45, 55, 220
民衆芸能　5-9, 12, 13, 16, 17, 19, 20, 22, 24, 25, 27, 31, 32, 43, 52, 53, 56, 62, 67, 68, 70, 72, 73, 75, 79, 92, 94, 96, 99, 120-122, 124, 126, 127, 139, 145, 162, 170, 171, 174, 178, 180, 183, 184, 186, 189, 199, 202, 203, 205, 219-221, 223, 226
民衆参加型　20, 215
民衆舞踊　14, 58, 60, 78, 126, 167, 170, 174, 176-178, 193, 227,
民衆舞踊団　79, 133, 159, 178, 224, 226
民衆文化　9, 72, 75, 78, 79, 124, 126-128, 138, 201, 206, 207
民族主義　129
モダンダンス　133, 162, 163, 165, 167, 179, 225, 226
モザーニャ（音楽）　41

【や】

ユース・アメリカ・グランプリ（ダンスコンクール）　167, 179
40種類の基本的な身体動作(ナシメント・ド・パッソの)　83, 93, 99, 102, 108, 109, 130, 151, 153, 192, 194-196, 208

【ら】

ランセイロス（音楽）　58

療法　78
リラックス（身体の）　165, 193
リンディ・ホップ（ダンス）　60
ルーティン(30種類の身体動作から成る)　83, 93, 133
ルーティン(40種類の身体動作から成る)　83, 90, 93, 99, 102, 151, 153, 192, 194, 196, 208
ルンバ（音楽・ダンス）　95
レアル（通貨単位）　21, 203, 214, 215
レシーフェ市／レシーフェ市役所（行政機関）　6-8, 17, 18, 20-23, 25, 27, 56, 60, 80, 97, 121, 123, 124, 126, 129, 131-133, 137-139, 143, 150, 160, 161, 167-171, 173-175, 184, 204, 207, 212, 214, 215, 219, 221, 223
レシーフェ市教育局　174
レシーフェ市文化局　79, 132, 167
レシーフェ市文化財団　97, 132, 133, 171, 174
レシーフェ市民　33, 37, 79, 145, 175, 189, 214
レシフェルヴェンド（作品）　179
レニャドーレス（カルナヴァル団体）　60, 75
レパートリー作品　163, 170, 178, 227
ローゼンブリット（レコード会社）　72, 73
ロダ　193, 206, 223
ローマ・カトリック教　5

【わ】

ワルツ（音楽）　57, 58
ン・ゴーロ　47

索引（事項）　243

索引（地名）

【ア】

アフォガードス（地区）　55, 123
アフリカ　4, 5, 26, 47-49, 58, 162, 176
アマゾナス（州）　68, 76
アメリカ合衆国　14, 60, 123, 125, 127, 129, 167, 179
アラカジュー（市）　167
アルゼンチン　61
アンゴラ　47-49
イギリス　58
イタリア　58
イブーラ（地区）　76
イポードロモ（地区）　187, 188, 206, 215
ウィーン（市）　57
ヴェネチア（市）　34
ウルグアイ　61
エンクルズィリャーダ（地区）　140, 212
オリンダ（市）　21, 97, 132, 170, 179, 187, 213-215

【カ】

ガラニュンス（市）　166
キューバ　58, 95

【サ】

サルヴァドール（市）　5, 20, 61, 160, 166
サン・ジョゼ（地区）　36, 70
サンタ・カタリーナ（州）　177
サント・アマーロ（地区）　210
サント・アントニオ（地区）　26, 36, 56
サンパウロ（市）　125, 167
ジャケイラ（地区）　212
ジャルヂン・ブラジル・ドイス（地区）　187

【タ】

ドイツ　57, 167
トーレ（地区）　127

【ナ】

西アフリカ　129, 178
ニース（市）　34
日本　167
ニューヨーク（市）　60, 167, 168, 179

【ハ】

バイーア（州）　4, 20, 48, 160
パラグアイ　61
パリ（市）　34
ハーレム（地区）　60
フォルタレーザ（市）　166
ブラジリア（市）　167
ブラジル（連邦共和国・帝国・植民地）　3, 4, 6, 9, 10, 19-22, 24, 27, 31-33, 41, 42, 46, 48, 49, 56-59, 61, 62, 79, 123, 127-129, 139, 143, 166-168, 170, 171, 174, 178, 204, 214, 223, 226
ブラジル中西部　167
ブラジル南東部　19, 167
ブラジル南部　177
ブラジル北東部　3, 4, 20, 48, 52, 68, 79, 122, 166, 167, 175, 176
ブラジル北部　68
フランス　58, 167, 180
ペルー共和国　68
ペルナンブーコ（州）　3, 4, 5, 12, 14, 21, 22, 24-26, 31, 33, 34, 40, 42, 48, 74, 80, 92, 96, 123-126, 130, 138, 139, 160, 162, 166, 167, 170, 176, 178, 180, 201, 204, 208, 222, 225, 226
ベルリン（市）　168

ベンジャミン・コンスタン（市） 68
ボア・ヴィアージェン（地区） 126
ボア・ヴィスタ（地区） 36, 178, 212
ボヘミア 56
ポーランド 57
ポルトガル 4, 16, 31-33, 37, 48, 49, 61, 122

【マ】

マセイオー（市） 167
マダレーナ（地区） 34
マナウス（市） 68, 70, 122

【ヤ】

ヨーロッパ 4, 16, 33, 34, 49, 57, 58, 179

【ラ】

リオデジャネイロ（市） 5, 6, 12, 19, 20, 33, 46, 56, 57, 59, 61, 62, 70, 72, 75, 167, 177, 179
リオデジャネイロ（州） 19
リオ・ドースィ（地区） 187
リスボン（市） 58
ルアンダ（市） 47
レシーフェ（市） 3, 5-11, 13-16, 19-21, 23-27, 31, 32, 34-36, 39-43, 45, 46, 48-53, 55-59, 61, 62, 67, 68, 70-77, 79, 95, 100, 101, 121-127, 132, 133, 139, 140, 142, 150, 156, 160, 162, 167-172, 174-176, 178, 179, 187, 188, 191, 192, 194, 197, 198, 201-204, 206, 207, 210, 212, 213, 215, 219-222, 224, 226-228
レシーフェ（地区） 21, 212
レシーフェ大都市圏 142, 175
ロシア 124, 125

索引（人名）

【ア】

アウステルマン, J.（Jurandy Austermann） 13
アウメイダ, O.（Osvaldo Almeida） 39, 57
アウメイダ, R.（Rosane Almeida） 94
アギアール, L. O.（Laércio Olímpio Aguiar） 124, 131, 195, 208
アゾウベウ, J. A. P.（Juliana Amelia Paes Azoubel） 14, 73, 99, 123
アモリン, L.（Luciano Amorim） 91, 212
荒井芳廣 5, 128
アラウージョ, E.（Eduardo Araújo） 185, 187, 188, 191, 193, 194, 197, 200-205, 207-210, 213, 214
アラウージョ, R. C. B.（Rita de Cássia Barbosa de Araújo） 10, 31, 35, 59, 129
アレンカール, A.（Adriana Alencar） 177-179
アンドゥラーヂ, M.（Mário de Andrade） 42, 52, 62
ヴァウドミーロ, J.（José Valdomiro） 156-158, 161, 162, 166, 177, 178
ヴァスコンセーロス, J.（Jarbas Vasconcelos） 129
ヴェルジェ, P.（Pierre Verger） 123
ヴィアーナ, P.（Paulo Viana） 42, 45
ヴィエイラ, J.（João Vieira） 161, 163
ヴィセンチ, A. V.（Ana Valéria Vicente） 15, 26, 72, 73, 90, 93, 97, 101, 126, 197, 212
エリオドーラ, B.（Bárbara Heliodora） 139, 141, 142, 144, 161, 173
オランダ・フィリョ, R. P.（Renan Pimenta de Holanda Filho） 57

オリヴェイラ, M. G. R.（Maria Goretti Rocha de Oliveira） 14, 72, 74, 77, 79, 83, 93, 124, 127, 129, 130, 133, 159, 177
オリヴェイラ, R.（Reinaldo de Oliveira） 198-200
オリヴェイラ, W.（Waldemar de Oliveira） 8, 9, 11-13, 25, 27, 41-47, 50, 52, 53, 62, 92, 101, 126-128, 130, 131, 198, 199, 209

【カ】

カウント・ベイシー（Count Basie） 60
カスクード, L. C.（Luís da Câmara Cascudo） 5, 20, 45, 47-49
カステラゥン, F.（Fernando Castelão） 125
ガマ, M. S. L.（Miguel do Sacramento Lopes Gama） 33
カリスト（Kalisto） 62
カルデナス, C. O.（Carmela Oscanoa de Cárdenas） 13, 43
カンペーロ, S.（Samuel Campelo） 9, 25
クービック, G.（Gerhard Kubik） 48, 61
クルック, L.（Larry Crook） 41, 60
クレベール, D.（Débora Kleber） 26
ケイロース, L. A.（Lucélia Albuquerque de Queiroz） 15, 18, 70, 91, 122-124, 127, 184, 186, 187, 203, 205, 207-210
ケッペン, W.（Wladimir Köppen） 3
ゴメス, G. M.（Gecilandi Monteiro Gomes） 132, 227

【サ】

ザカリーアス, F.（Fernando Zacarías） 214
サントス, M. R.（Mário Ribeiro dos Santos） 25, 123

シウヴァ, G.（Geraldo Silva）　213, 216
シウヴァ, G.（Gil Silva）　207-210
シウヴァ, I.（Inaê Silva）　166, 176
シウヴァ, J.（Júlio Silva）　180, 214
シウヴァ, J. B.（José Bezerra da Silva）　199
シウヴァ, L. D.（Leonardo Dantas Silva）　10, 13, 24, 31, 52, 62, 127, 133, 215
シウヴァ, N.（Nestor Silva）　61
ジェイムス, L.（Leon James）　60
スアスーナ, A.（Ariano Suassuna）　79, 128, 129
スタニスラフスキー, K.（Konstantin Stanislavskii）　130
スターンズ, M.（Marshall Stearns）　60
セーザル・ブラジル（César Brasil）　125
セチ, M.（Mário Sette）　9, 25, 26, 50, 61
セチ・モーラス（Sete Molas）　124
ソアーレス, C. E. L.（Carlos Eugênio Líbano Soares）　46
ソウザ, G.（Giorrdani de Souza）　15, 212
ソウザ・イ・シウヴァ, J. F.（José Fernando Souza e Silva）　127, 128, 209
ソウト・マイオール, M.（Mário Souto Maior）　10

【タ】

チニョラウン, J. R.（José Ramos Tinhorão）　41, 57
テリス, J.（José Teles）　25, 59, 72
ドゥアルチ, R.（Ruy Duarte）　12, 75, 126
ドゥブレ, J. B.（Jean-Baptiste Debret）　55
ドン・ジョアウン6世（Dom João VI）　57

【ナ】

ナシメント・ド・パッソ（Nascimento do Passo）　13-19, 27, 67, 68, 71, 74-80, 82, 83, 90-102, 106, 108, 109, 112, 120-130, 133, 137-139, 151-159, 164-166, 170, 171, 173, 177-180, 183-187, 191-196, 199, 201-212, 219-227
ナポレアゥン, R.（Ricardo Napoleão）　208
ネヴェス・イ・ソウザ, A.（Albano de Neves e Souza）　47, 48
ネト, V.（Valdemiro Neto）　192, 207-210

【ハ】

バストス, O.（Otávio Bastos）　158, 168, 169
バルボーザ, D. C.（Domingos Caldas Barbosa）　58
フィリョ, I. M.（Ivan Maraes Filho）　67, 68, 73, 125, 129
フェレイラ, N.（Nelson Ferreira）　75, 125, 126
フェーロ, F.（Flaira Ferro）　79
フレイタス, A.（André Freitas）　58
フレイレ, G.（Gilberto Freire）　5, 123
ベゼーラ, E.（Egídio Bezerra）　75, 76, 81, 82, 94, 127, 129
ベゼーラ, Z.（Zenaide Bezerra）　94
ペレイラ・ダ・コスタ, F. A.（Francisco Augusto Pereira da Costa）　20, 39, 45, 48, 50
ポルデウス, H.（Hugo Pordeus）　7, 8, 23

【マ】

マエストロ・スポッキ（Maestro Spok）　23, 24
マセード, A.（Alexandre Macedo）　99, 100, 160, 163-166, 169, 178, 179, 224
マドゥレイラ, A.（André Madureira）　79, 80, 124, 125, 134, 159, 227
マドゥレイラ, A.（Angélica Madureira）　227
ミランダ, A.（Anna Miranda）　139, 140, 142, 144, 145, 150, 152, 170, 171, 173,

175, 176
メイラ, C.（Célia Meira） 163
メロ, M.（Mário Melo） 9, 25, 40, 42

【ヤ】

ヤング, L.（Lester Young） 60

【ラ】

ラベージョ, E.（Evandro Rabello） 11, 31, 39, 56, 57, 59
ランゲ, C.（Curt Lange） 11
リマ, A.（Adriana Lima） 98
リマ, C.（Cláudia Lima） 33
ルイス, J. L.（John Lowell Lewis） 48, 49, 61
ルゲンダス, J. M.（Johann Moritz Rugendas） 61
レアウ, K.（Katarina Real） 5, 9, 44, 50, 60, 96
レアゥン, C.（Célia Leão） 151
レゴ, W.（Waldeloir Rego） 47
ローゼンブリット, J.（José Rozenblit） 123

著者紹介

神戸　周（かんべ　ちかし）

1959年東京都生まれ。早稲田大学大学院スポーツ科学研究科博士課程修了。博士（スポーツ科学）。現在，東京学芸大学教育学部教授。専門はスポーツ人類学・舞踊学。
著書および論文に，「ブラジルにおける『国民的なダンス』の誕生—Lunduと呼ばれるダンスの成立過程」（共著，『体育・スポーツの近現代—歴史からの問いかけ』不昧堂出版，2011），「フレーヴォの誕生とパッソの実際—ブラジル，ペルナンブーコ州レシーフェの民衆芸能に関する一考察」（『スポーツ人類學研究』第9号，2008）など。

ブラジルの民衆舞踊パッソの文化研究

令和元年12月10日　発行

著　者　神戸　周
発行所　株式会社　溪水社
　　　　広島市中区小町1-4（〒730-0041）
　　　　電話 082-246-7909　FAX 082-246-7876
　　　　E-mail: info@keisui.co.jp（代表）
　　　　URL: www.keisui.co.jp

ISBN978-4-86327-496-9　C3039